« DES FORÊTS DE SYMBOLES »

L'INITIATION CHRÉTIENNE ET LA BIBL[illegible]ÈCLE)

CW01160656

Déjà paru dans la série « Antiquité »
sous la direction de Paul Demont :

Paul DEMONT et Anne LEBEAU :
Introduction au théâtre grec antique.

Philippe BRUNET :
La Naissance de la littérature dans la Grèce ancienne.

Carlos LÉVY :
Les Philosophies hellénistiques.

Laurent PERNOT :
La Rhétorique dans l'Antiquité.

Jean-Christian DUMONT et Marie-Hélène FRANÇOIS-GARELLI :
Le Théâtre à Rome.

Michèle DUCOS :
Rome et le droit.

Jacqueline CHAMPEAUX :
La Religion romaine.

MARTINE DULAEY

« DES FORÊTS DE SYMBOLES »

L'INITIATION CHRÉTIENNE ET LA BIBLE (Ier-VIe SIÈCLE)

LE LIVRE DE POCHE

Série « Antiquité » dirigée par Paul Demont

Martine Dulaey, longtemps professeur d'Université (Amiens, Nantes), est actuellement Directeur d'études à l'EPHE (section des sciences religieuses). Elle a publié *Le Rêve dans la vie et la pensée de saint Augustin* (1973), et *Victorin de Poetovio, premier exégète latin* (Institut d'Études Augustiniennes, 1993). Elle s'intéresse particulièrement aux rapports qu'entretiennent le premier art chrétien et les textes anciens.

© Librairie Générale Française, 2001.

La nature est un temple où de vivants piliers
Laissent parfois sortir de confuses paroles.
L'homme y passe à travers des forêts de symboles
Qui l'observent avec des regards familiers.

BAUDELAIRE, *Correspondances.*

Les âmes goûtent la fraîcheur à l'ombre des sens qu'elles trouvent dans les Écritures, et s'y promènent en quelque sorte comme en des bois profonds.

ORIGÈNE, *Homélies sur les Nombres* 17, 4.

Origine des principaux auteurs cités.

AVANT-PROPOS

Ceux qui ont fait leurs délices de *Trois hommes dans un bateau* de Jerome K. Jerome se souviennent peut-être du portrait qu'il brosse du chien Montmorency, un fox-terrier à l'air si angélique que son maître avait d'abord pensé : « Ce chien ne vivra pas ! Il sera enlevé dans le ciel lumineux sur un char ! », avant que ses méfaits ne le convainquent « que tout compte fait, on le laisserait sur terre quelque temps », vu qu'il avait reçu une dose de péché originel deux fois supérieure à la normale. Maint lecteur aura imputé pareille réflexion à la singularité de l'humour britannique et passé outre, faute d'avoir reconnu dans ce texte une allusion à l'enlèvement au ciel du prophète Élie sur le char igné de Dieu. Et même si les notes d'une édition scolaire le lui expliquent, il est à craindre que la remarque de l'humoriste ne perde pour lui sa saveur s'il n'a pas présente à l'esprit l'atmosphère solennelle de théophanie de l'épisode biblique (2 Rois 2), qui forme un contraste plaisant avec le portrait de ce chien canaille qui n'aime rien tant qu'à courir les rues en douteuse compagnie.

La littérature et l'art européens plongent leurs racines autant dans la Bible que dans le monde gréco-romain, et force est de reconnaître que si l'Antiquité classique est peu connue, la Bible et la tradition chrétienne le sont encore moins. Pourtant, la musique baroque suscite l'enthousiasme d'amateurs nombreux, qui souvent disposent maintenant du livret des chants qu'ils écoutent ;

les visiteurs se pressent dans les musées et les cathédrales, où plus d'un lit avec application les panneaux explicatifs. Mais en pénètre-t-on vraiment le sens ? Une jeune collègue en histoire de l'art me racontait que devant une Vierge à l'enfant, ses étudiants ne voyaient rien d'autre qu'« une femme avec un bébé dans les bras ». Qui dès lors connaît encore le sens qu'avait pour les hommes du XVe siècle, le rosier des tableaux de la Vierge au buisson de roses, figure de Marie elle-même, tige qui porta la rose qu'est le Christ, et de sa virginité laissée intacte par la nativité, comme le buisson ardent de l'Exode portait le feu divin sans se consumer ? Quand, dans la galerie des peintures religieuses du XVIIe siècle français au Louvre, je lis que Laurent La Hyre a peint Laban fouillant les tentes de Jacob, à supposer même que cet épisode me rappelle quelque chose, aurai-je pour autant compris la raison qui a fait choisir à l'artiste un thème qui me semble à première vue dépourvu d'intérêt ? Au Moyen Age, au siècle de Louis XIV encore, l'homme simple en savait souvent plus que nous en ce domaine, écoutant le prône du curé et regardant les images de son église. Bientôt, on comprendra moins les textes médiévaux ou classiques que les mythes bantous.

Il est urgent de nous réapproprier notre patrimoine culturel. La Bible est un livre de sagesse pluri-millénaire qui n'intéresse pas les seuls croyants. Du reste, plusieurs des histoires de la Bible qui ont eu le plus de succès dans la littérature et dans l'art, celles de Noé, Job, Jonas, pour ne citer qu'eux, ne sont-elles pas déjà des réinterprétations de mythes archaïques universels plus anciens ? La Bible a largement contribué à forger notre civilisation, et, comme tous les grands livres qui nous viennent du fond des âges, elle a quelque chose à nous dire sur l'homme et sur le sens de la vie. Mais imposer aux textes anciens nos grilles de lecture est la meilleure façon de n'y rien comprendre. Pour passionnante que soit à nos yeux d'Occidentaux la question de l'historicité des personnages ou des événements bibliques, qui a longtemps bloqué les lecteurs, elle semblait secondaire aux anciens, même si, dans la plupart des cas, ils n'avaient guère de raisons de la mettre en doute.

L'histoire des religions, l'histoire littéraire aussi, nous a appris à considérer ce qu'est un mythe : une histoire inventée porteuse d'une vérité profonde. Personne ne croit qu'un monsieur Orphée est vraiment descendu aux Enfers par le cratère de l'Averne pour aller chercher une très réelle Eurydice, mais le mythe n'en perd pas sa portée pour autant. Qu'il y ait eu ou non un Daniel historique, qui a échappé à la dent des lions auxquels il avait été jeté pour avoir refusé de renier ce qui lui paraissait être la vérité, importe aussi peu que de connaître un modèle de Don Juan ou du père Grandet en chair et en os : son histoire, stylisée, a été investie de toute l'expérience des hommes qui, à travers l'Histoire, ont résisté aux persécutions d'un pouvoir totalitaire. Si l'on considère que le christianisme n'est qu'un mythe, pourquoi ne pas lui accorder le même intérêt qu'aux grands mythes de l'humanité ? N'est-il pas parmi les plus beaux ? Que l'homme, même le plus blessé par la vie, soit assez précieux aux yeux de Dieu pour qu'il passe des millénaires à l'apprivoiser, à l'éduquer pour qu'il devienne apte à nouer avec lui une relation d'amour ; que ce Dieu l'aime assez pour venir lui proposer son amour en se faisant semblable à lui, au point de vivre, souffrir et mourir comme lui, et que, ce faisant, il le transfigure, que tout homme devienne « ce frère pour qui le Christ est mort », comme dit Paul, n'est-ce pas une merveilleuse histoire, porteuse de multiples enseignements pour quiconque ?

Mais comment pénétrer ce vaste domaine qui paraît souvent si étranger ? Étranger, le message chrétien l'était aussi aux Romains et aux Grecs auxquels il fut prêché dans les premiers siècles de son existence. Comment l'enseignait-on ? On racontait une histoire, « l'histoire sainte », comme on dira plus tard, en parcourant et en commentant la Bible dans ses épisodes importants, qui se fixaient dans les mémoires comme autant d'images indélébiles, reprises indéfiniment dans l'art. Des histoires, des images : tels sont les principes très simples sur lesquels reposait le premier enseignement chrétien. La Bible est bien peu systématique, et encore moins abstraite. Il faut revenir à la pédagogie des premiers siècles pour pénétrer plus facilement dans la doctrine. C'est l'approche que propose ce livre. Après un aperçu historique sur la façon dont s'était mis en place l'enseignement chrétien et une réflexion sur la place que l'image et le symbole y tenaient, nous plongerons dans ce monde d'images et d'interprétations, en partant des figures les plus couramment utilisées dans les premiers siècles, en nous efforçant de laisser autant que possible la parole aux auteurs anciens.

CHAPITRE I

LA MISE EN PLACE DE L'ENSEIGNEMENT CHRÉTIEN

1. DU KÉRYGME DE L'APÔTRE À L'ENSEIGNEMENT DU DIDASCALE

Le christianisme a commencé à se répandre à Jérusalem, puis en Judée et dans divers centres urbains du monde gréco-romain où étaient installées des communautés de la diaspora juive, par le bouche à oreille d'abord, puis lors de voyages missionnaires, qu'ils aient été entrepris à titre individuel par des chrétiens, comme cela semble être le cas de Paul en Arabie dans ses débuts (Épître aux Galates 1, 16-17), ou que les missions aient été programmées par une Église, comme lorsque Paul et Barnabé sont envoyés d'Antioche à Chypre et en Asie Mineure (Actes 13, 1-3). Les commerçants, les voyageurs en tout genre, les fonctionnaires envoyés en poste en divers lieux de l'Empire, les exilés, ont été les vecteurs de la diffusion de ce nouveau courant religieux, qui se voulait certainement juif dans les débuts, mais n'a pas tardé à être considéré comme une nouvelle religion : quand, vers 43, ils reçoivent le nom de « chrétiens », cela n'est probablement encore que la désignation péjorative, de la part des Romains, d'un groupe juif dissident qui inquiète l'État ; mais lors du grand incendie de Rome en 64 et de la persécution qui s'en est suivie, les autorités romaines avaient déjà appris à faire la différence entre les juifs, dont la religion était reconnue par le Sénat romain, et les chrétiens, qui ne bénéficiaient d'aucune reconnaissance officielle et suivaient donc une *religio illicita* : les historiens latins Tacite et Suétone attestent qu'ils servirent de bouc émissaire et que plusieurs d'entre eux périrent alors, accusés d'avoir mis le feu à la ville.

Quelle était donc la caractéristique du nouveau mouvement religieux ? Vu de l'extérieur, du côté romain, tout tournait autour d'« un certain Jésus, qui est mort, mais que Paul prétendait toujours vivant » (Actes 25, 19) : obscur fait divers dont on se demandait bien pourquoi cela attisait les passions des milieux juifs. Ce Jésus était « un prophète puissant en œuvres et en paroles devant Dieu et devant tout le peuple » (Luc 24, 20), crucifié peu auparavant par les Romains qui voyaient en lui un agitateur, et en qui ses partisans avaient pensé reconnaître le Messie (Christ, en grec), figure royale et religieuse « qui allait délivrer Israël » (Luc 24, 21). On aurait pu penser que le mouvement des sympathisants de Jésus allait disparaître après la crucifixion (vers 30), d'autant que, selon les récits des Évangiles, ses disciples n'avaient guère manifesté de courage ni d'esprit d'entreprise en ces jours-là. Mais voici que s'était répandue la nouvelle : « Il est vraiment ressuscité ! », phrase qui revient comme un leitmotiv dans le livre des Actes des Apôtres. L'événement de Pâques échappe à l'historien, et décider si les apôtres ont eu la berlue, si c'était là une chimère ou au contraire une vérité porteuse d'une espérance inouïe, relève de l'appréciation de chacun ; il est toutefois certain que la pleine assurance des disciples sur la vérité de cette résurrection est fondée sur les apparitions de Jésus après Pâques telles que les relate le Nouveau Testament.

Mais après tout, Lazare aussi était revenu à la vie, si l'on en croit l'Évangile de Jean (Jean 11), et les païens disaient la même chose d'Apollonios de Tyane. En quoi cela pouvait-il constituer une bonne nouvelle pour les juifs et les païens ? De très anciens discours chrétiens, mis dans la bouche de l'apôtre Pierre dans les Actes des Apôtres, l'expliquent : « Le Dieu de nos pères a ressuscité ce Jésus que vous aviez fait mourir en le suspendant au gibet. C'est lui que Dieu a exalté par sa droite en le faisant prince et sauveur » (Actes 5, 30-31). De même l'apôtre Paul écrit aux Corinthiens : « Il a été crucifié en raison de sa faiblesse, mais il est vivant par la puissance de Dieu. Et nous aussi, nous sommes faibles en lui, bien sûr, mais nous vivrons avec lui par la puissance de Dieu » (Seconde Épître aux Corinthiens 13, 4). Des deux côtés le message est le même : la mort et la résurrection de Jésus apportent aux hommes le salut. Il est en effet le Messie attendu par Israël, Fils de Dieu et Seigneur, tous points présents dans les confessions de foi anciennes antérieures à la Première Épître aux Thessaloniciens, le premier écrit de Paul rédigé vers 50-51.

En milieu juif, la première prédication chrétienne — le kérygme — prend souvent place dans les synagogues et consiste à montrer que Jésus était le Messie attendu (cf. Actes 13, 16-42 ; 17, 11). Elle s'adresse à des juifs pieux qui connaissent les Écritures, et c'est en les parcourant que l'on raisonne. Le livre des Actes des Apôtres rapporte l'histoire de l'eunuque de la reine Candace, qui, dans le char qui le menait de Jérusalem à Gaza, lisait le passage où le prophète Isaïe dépeint le Serviteur de Dieu « comme un agneau muet conduit à l'abattoir ». « Je t'en prie, demande-t-il au diacre Philippe, de qui le prophète a-t-il dit cela ? De lui ou de quelqu'un d'autre ? Philippe prit alors la parole, et, partant de ce texte de l'Écriture, lui annonça la bonne nouvelle de Jésus » (Actes 8, 26-35). De telles démonstrations supposent, de la part de la communauté primitive, une intense activité de relecture des Écritures pour entrer après coup, à la lumière de la résurrection, dans l'intelligence de ce qui n'avait pas été compris du vivant de Jésus. Les textes anciens gardent trace de cette réflexion. Comme le dit l'Évangéliste Jean à propos de l'entrée de Jésus à Jérusalem quelques jours avant la Passion, « cela, les disciples ne le comprirent pas tout d'abord ; mais c'est quand Jésus eut été glorifié qu'ils se souvinrent que tout cela était écrit à son sujet » (Jean 12, 16). Jésus lui-même, dans l'Évangile de Luc, fait aux disciples une démonstration scripturaire de ce genre après sa résurrection : « Commençant par Moïse et parcourant tous les prophètes, il leur interpréta dans toutes les Écritures ce qui le concernait » (Luc 24, 27) ; « il leur ouvrit l'esprit à l'intelligence des Écritures et il leur dit : “ainsi était-il écrit que le Christ souffrirait et ressusciterait d'entre les morts le troisième jour, et qu'en son nom le repentir en vue de la rémission des péchés serait proclamé à toutes les nations, à commencer par Jérusalem » (Luc 24, 45-47).

Quand il s'est agi de présenter aux païens « la bonne nouvelle » (c'est le sens du mot Évangile), les choses furent plus complexes. Car un païen ne voyait aucun inconvénient à voir en Jésus une divinité qui serait venue sur la terre — il y en avait d'autres dans la mythologie —, comme le prouve l'épisode pittoresque où les habitants de la ville de Lystres, prenant Paul et Barnabé pour Zeus et Hermès, ont voulu leur offrir des sacrifices (Actes 14, 11) ; mais cela n'impliquait nullement à leurs yeux d'adhérer à l'enseignement de la Bible et se conformer à la loi morale qu'elle exige. Il fallait d'abord convertir ces païens au monothéisme. De plus, l'affirmation que Jésus était le Messie « roi d'Israël » les laissait indifférents : la réflexion des premiers chrétiens s'attacha donc à comprendre en quoi Jésus pouvait être le sauveur de tous les hommes, comme on le voit dans les écrits de Paul. On imagine volontiers que si ce dernier a particulièrement souligné le caractère universel du salut apporté par le Christ, c'est parce que la nécessité de présenter le message pascal aux païens l'a obligé à approfondir ce point fondamental. Que ce soit auprès des juifs ou des païens, les Actes des Apôtres et les Épîtres de Paul s'accordent à dire que la prédication chrétienne était accréditée par les miracles qui se produisaient à travers les disciples de Jésus : c'est ce qu'ils appellent « le témoignage de l'Esprit Saint ».

Il semble que, dans les premiers temps, on ait baptisé assez rapidement ceux qu'attirait la foi nouvelle. « Voici de l'eau. Qu'est-ce qui empêche que je sois baptisé ? », dit à l'apôtre Philippe l'eunuque de la reine Candace, une fois convaincu par ses propos ; « et il fit arrêter le char. Ils descendirent tous deux dans l'eau, Philippe avec l'eunuque, et il le baptisa » (Actes 8, 3-37). De même, le centurion Corneille, un « craignant Dieu », c'est-à-dire un païen déjà converti au judaïsme, est baptisé avec sa maison après un enseignement rapide (Actes 11, 48), tout comme Lydie, la marchande de pourpre de Philippes (Actes 16, 15). Dans le cas de juifs pieux ou de judaïsants bien préparés à s'ouvrir au message, la chose était possible. Mais le processus se révéla trop précipité en bien des cas. Des formations superficielles entraînèrent des apostasies, et, à mesure qu'on s'adressait davantage aux païens, la nécessité d'une formation solide s'est imposée. Très vite apparaissent des docteurs, ou didascales, itinérants ou fixes, qui le plus souvent se consacrent exclusivement à cette tâche et vivent de ce que leur donnent les fidèles, comme en témoignent les Épîtres de Paul ou la *Didachè*.

Dans la pratique, apôtres et didascales ne sont pas toujours distincts : ce sont là des fonctions plutôt que des titres. Paul lui-même se qualifie à la fois d'apôtre et de didascale (2 Timothée 1, 11) : apôtre quand il va de ville en ville pour proclamer la bonne nouvelle, didascale quand il séjourne en un lieu et peut y donner des enseignements plus approfondis, échelonnés sur un laps de temps plus long. Selon les dons personnels et les situations locales, certains docteurs pouvaient être aussi les pasteurs qui gouvernaient les communautés. À Antioche, dans les années 45-50, on énumère plusieurs « prophètes et docteurs » (Actes 13, 1). Dans la liste des charismes, ou dons de l'Esprit pour le service de la communauté mentionnée dans la Première Épître aux Corinthiens, les didascales apparaissent après les apôtres et les prophètes (12, 28). À l'origine, ces maîtres sont très certainement des juifs, instruits des Écritures et rompus aux méthodes d'exégèse des synagogues, qui se sont convertis au christianisme. La fonction était auréolée d'un certain prestige, mais requérait des compétences que tout le monde n'avait pas. « Ne soyez pas nombreux, mes frères, à vouloir devenir didascales », avertit l'Épître de Jacques (3, 1).

Passée la première adhésion à la foi nouvelle, à la suite de l'annonce initiale de l'Évangile par les apôtres, les docteurs assuraient le suivi et continuaient à instruire les nouveaux adeptes. Parmi les didascales d'Antioche est mentionné Barnabé, qui fut un temps le collaborateur de Paul, et à qui la tradition attribue une *Épître,* qui remonte dans son état actuel à la première moitié du IIe siècle, mais dont le noyau ancien pourrait être de Barnabé. Quoi qu'il en soit, l'auteur est bien un de ces maîtres itinérants qui instruisaient les premières communautés chrétiennes, et la lecture de l'Épître nous renseigne sur le contenu et la méthode des didascales.

Arrêtons-nous un instant sur le contenu de ce document. On y trouve une ébauche de réflexion sur l'Incarnation, et une vision de l'histoire du salut qui sous-tend toute l'interprétation que fait Barnabé des Écritures. Jésus est à la fois celui qui a inspiré les prophètes de jadis et qui accomplit leurs prophéties : il est la « bouche de Dieu ». C'est de lui que parlaient la Loi et les prophètes : dans l'Écriture, « tout est en lui et tout est pour lui » (12, 7c). L'auteur déploie une interprétation spirituelle de l'Écriture, où les pratiques cultuelles juives (circoncision, sabbat, observances alimentaires) sont transposées sur le plan spirituel, parfois au prix d'allégories compliquées. Il développe une exégèse qui fait des sacrifices de l'Ancienne Alliance (sacrifice d'Isaac, du bouc émissaire ou de la génisse rousse) une préfiguration du sacrifice du Christ. Dans le serpent d'airain fixé au bois par Moïse, ou encore en Moïse priant les bras en croix lors de la bataille contre Amalec, il voit une image de Jésus crucifié pour le salut du peuple.

Les regroupements de versets sur lesquels s'appuie l'*Épître de Barnabé* se rencontrent chez d'autres auteurs anciens : tous utilisaient, semble-t-il, des florilèges de textes bibliques, sortes de manuels très anciens élaborés en vue de la prédication, et dont le traité *À Quirinus* de Cyprien donne une idée. De même, l'enseignement éthique des derniers chapitres, axé sur une antithèse entre le chemin de la vie et le chemin de la mort, reprend largement un opuscule, baptisé *Traité des deux voies* par les modernes, également exploité dans la *Didachè,* livre qui contient peut-être le plus ancien texte chrétien qui soit parvenu jusqu'à nous. Le petit traité était selon toute vraisemblance un manuel rédigé en milieu juif à l'intention des païens qui voulaient se convertir au judaïsme, et qui a été christianisé par les premiers didascales chrétiens. Ces derniers ont en effet élaboré leur pédagogie dans le sillage du judaïsme, même lorsqu'ils voient la première Alliance d'un œil particulièrement négatif, comme le fait Barnabé. Il ne faut pas perdre de vue à ce sujet que, dans les premiers temps, la polémique des partisans de Jésus avec les juifs de leur temps est quelque chose d'interne au judaïsme ; ils n'avaient nullement l'idée qu'ils étaient en train de poser les bases d'une nouvelle religion, mais étaient seulement convaincus de représenter l'Israël fidèle qui avait accueilli le Messie envoyé par Dieu.

2. DÉVELOPPEMENT DE L'ENSEIGNEMENT CHRÉTIEN AUX IIe ET IIIe SIÈCLES

Vers la moitié du IIe siècle, Justin, un philosophe converti au christianisme qui tenait école à Rome — de philosophie et de christianisme : pour lui comme pour Tertullien, c'est tout un, car le Christ est le seul véritable philosophe —, atteste que déjà de son temps, des règles plus strictes s'étaient imposées pour l'admission au baptême. Il écrit en effet dans la *Première Apologie* qu'il adresse à l'empereur Antonin : « Ceux qui croient à la vérité de nos enseignements et de notre doctrine promettent d'abord de vivre selon cette doctrine. Alors, nous leur apprenons à prier et à demander à Dieu, dans le jeûne, la rémission de leurs péchés, et nous-mêmes, nous prions et jeûnons avec eux. Ensuite, ils sont conduits par nous au lieu où est l'eau, et là, de la même manière que nous avons été régénérés nous-mêmes, ils sont régénérés à leur tour. Au nom de Dieu le Père et maître de toutes choses, et de Jésus-Christ, notre Sauveur, et du Saint-Esprit, ils sont alors lavés dans l'eau » (61, 2-3). Il s'agit là de la préparation immédiate au rite du baptême, et le texte ne dit malheureusement rien de la façon dont le catéchumène était ouvert à « la vérité des enseignements et de la doctrine ».

Mais la méthode suivie par Justin dans ses enseignements est vraisemblablement la même que celle qu'il met en œuvre dans son *Dialogue avec le juif Tryphon.* Si les Évangiles y sont explicitement désignés comme « Écritures » au même titre que l'Ancien Testament, c'est surtout sur ce dernier qu'il s'appuie pour exposer sa foi non seulement en un Dieu unique, créateur de l'univers, mais en Jésus-Christ, Fils de Dieu, dès l'origine collaborateur du Père qu'il manifeste aux hommes, Verbe (c'est-à-dire Parole) de Dieu, qui parle dans les prophètes et apparaît aux patriarches, fils de l'homme et Fils de Dieu. Sa passion et sa résurrection salvatrices sont présentées comme « prédites par l'Esprit prophétique », « afin que lorsque l'événement arriverait, on sache qu'il est arrivé par la puissance et la volonté du créateur de l'univers » (*Dialogue,* 84, 2). Toute l'Écriture, dit Justin, était voilée jusqu'à la venue du Christ ; elle « parlait en mystère », « en parabole », « symboliquement », du Christ et du mystère par excellence, la crucifixion. L'Ancien Testament requiert donc une interprétation symbolique. « Serons-nous assez déraisonnables pour prendre cela tel quel comme font vos didascales, et non comme des symboles ? », dit-il à ses interlocuteurs juifs (112, 2). Le *Dialogue* enrichit considérablement les listes antérieures des passages bibliques censés annoncer par avance la vie du Christ ou la réalité de la nouvelle Alliance qu'il inaugurait : l'histoire des patriarches et celle de Josué fournissent de nouvelles figures, et de même les observances cultuelles.

À Carthage, en 202, la *Passion de Perpétue et Félicité* mentionne des jeunes gens qualifiés de « catéchumènes », ce qui nous prouve que la formation chrétienne continue à se codifier. Dans un traité contemporain *Sur le baptême,* Tertullien se montre soucieux d'exposer la portée théologique du sacrement, conféré à Pâques ou à la Pentecôte, parce que fondé sur la mort et la résurrection du Christ (§ 11). On voit les responsables de l'Église préoccupés de ne pas donner le baptême à la légère : mieux vaut le retarder pour que soit confirmée la maturité de qui le requiert, car « une candidature peut être trompeuse et aussi trompée » (18, 3). Pour faire comprendre ce qu'est le baptême, sont convoquées plusieurs figures bibliques : l'eau originelle sur laquelle planait l'Esprit de Dieu à la création, les eaux du déluge qui purifient la terre, la mer Rouge qui engloutit les Égyptiens et sauve Israël, le Jourdain où Jésus fut baptisé ou encore la piscine de Bethesda où s'opèrent des guérisons. Combien de temps duraient alors les enseignements prébaptismaux ? Tertullien n'en dit rien, mais à Rome, sans doute vers la même époque, la *Tradition apostolique* attribuée à Hippolyte parle de trois ans. « Les catéchumènes, y lit-on, entendront la parole pendant trois ans » (§ 17), c'est-à-dire qu'ils écouteront trois années durant, les instructions données par le docteur dans la liturgie commune à tous les fidèles, avant d'être admis au baptême et de recevoir une formation plus spécifique (§ 20).

L'ouvrage qui nous donne sans doute l'idée la plus nette de ce que pouvait être une bonne catéchèse à la fin du IIe siècle est la *Démonstration de la prédication apostolique* d'Irénée de Lyon, même si elle se présente davantage comme un « mémoire sur les points capitaux » de la foi, destiné à quelqu'un qui est déjà chrétien. Le livre s'ouvre sur un exposé doctrinal très dense de la « règle de foi » reçue au baptême, suivi d'un parcours biblique retraçant l'histoire du salut depuis la création jusqu'à la résurrection du Christ et à la prédication évangélique dans l'Église. La seconde partie du livre examine et commente systématiquement tous les textes de l'Ancien Testament considérés comme des prophéties du Christ. Comme chez Justin, l'Ancien Testament sert de base à tout l'enseignement, même si, cela va sans dire, la notion même de prophétie suppose un va-et-vient constant entre les deux Testaments. « Règle de foi », histoire du salut, accomplissement des prophéties : cela va demeurer les bases de l'enseignement catéchétique dans les siècles suivants.

La Règle de foi, dont le contenu fondamental est très semblable d'une Église à l'autre, mais dont la formulation varie, est l'ancêtre du Symbole, ou *Credo,* que les candidats au baptême devront apprendre par cœur et réciter après qu'on le leur aura commenté. Citons celui que rapporte Irénée, ne serait-ce que pour mettre en place le cadre de la doctrine, sur laquelle on n'insistera guère dans ce livre, qui n'est pas un ouvrage de théologie. « Voici, dit Irénée, la règle de notre foi, le fondement de notre édifice et l'appui de notre conduite. Un seul Père increé, qui ne peut être contenu, invisible, Dieu unique, auteur de toutes choses : tel est le premier article de la foi. Deuxième article : le Verbe de Dieu, le Fils de Dieu, Jésus-Christ notre Seigneur, qui est apparu aux prophètes selon le trait distinctif de leur prophétie et la nature particulière des “économies” du Père [c'est-à-dire : de ses actions providentielles en vue du salut], par l'entremise de qui toutes choses ont été faites et qui, dans les derniers temps, pour récapituler toutes choses, s'est fait homme parmi les hommes, visible et palpable, afin de détruire la mort, de faire apparaître la vie et d'opérer une

Christ enseignant ; à gauche, la *capsa*, avec ses rouleaux, évoque les Écritures. (Rome, Cimetière Majeur, fresque.)

communion de Dieu et de l'homme. Troisième article : le Saint-Esprit, par lequel les prophètes ont prophétisé, les Pères ont appris les choses de Dieu et les justes ont été guidés dans le chemin de la justice, et qui, dans les derniers temps, a été répandu d'une manière nouvelle sur l'humanité, renouvelant l'homme sur toute la terre en vue de Dieu » (*Démonstration* 6).

Dans cette formule de foi, ce qui est dit du Père emprunte au vocabulaire philosophique, mais le reste est tiré des Écritures, et les affirmations qui sont là résumées vont être illustrées et expliquées dans la suite du développement, où Irénée feuillette la Bible en sélectionnant les épisodes qui lui paraissent le mieux à même de mettre en valeur une idée fondamentale : il y a dans l'Ancien Testament une révélation progressive du Verbe de Dieu, c'est-à-dire de sa Parole, incarnée en Jésus-Christ, et le Nouveau Testament manifeste et achève ce qui était ébauché dans l'Ancien. L'incarnation du Fils de Dieu mène à son terme le plan divin, et achève la création : d'une part en effet elle rend visible en Jésus ce qu'était l'image de Dieu selon laquelle l'homme avait été créé (Genèse 1, 26), car il est l'Homme parfait, le seul qui soit vraiment à l'image divine ; d'autre part, il restaure la communion, rompue par la désobéissance d'Adam, entre Dieu et l'homme.

L'évêque de Lyon brosse une histoire de l'humanité qui est un exposé de la manière dont Dieu s'y prend pour sauver les hommes du gâchis qui a commencé avec Adam. Il s'attarde sur Adam et Ève, créés libres et maîtres de tout, mais encore enfants, et donc fragiles, dont l'éducation fut ratée par la faute du Serpent, figure de Satan. Les choses allant de mal en pis après la chute, Dieu doit de nouveau sévir et noie les fautes des hommes sous les eaux du Déluge, auquel échappe seulement le juste Noé, principe d'une nouvelle humanité, qui ne tarde pas à se rebeller elle aussi contre Dieu, et à s'enorgueillir tout comme Adam, au point de prétendre monter au ciel par la tour de Babel. Dieu va de nouveau s'efforcer de réparer les dégâts, à partir d'un juste, Abraham, mais, changeant de méthode (l'homme a grandi !), il remplace le bâton par la carotte : à Abraham et à sa descendance, il promet une terre et une nombreuse postérité pour prix d'une fidélité obéissante. De l'aventure spirituelle d'Abraham, modèle du croyant, on passe très vite à Moïse et à la sortie d'Égypte, qui déjà annonce la délivrance définitive de l'humanité (car « Moïse, montra en mystère la Passion du Christ par l'immolation de l'agneau sans tache » § 25), puis à l'installation en Terre promise, sous la conduite de Josué, et enfin à la construction du Temple de Jérusalem et à son culte. Le rôle des prophètes n'est qu'effleuré, car l'analyse des prophéties fait l'objet de la seconde partie. Enjambant les siècles, Irénée arrive à l'Incarnation, montrant que la vie du Christ reprend, c'est-à-dire restaure et refait l'œuvre gâtée par Adam : « il défait les nœuds » malencontreusement noués par l'homme, et « il relève en lui-même l'homme tombé à terre » (§ 38).

Dans la première partie du livre, Irénée interroge le sens de l'histoire rapportée par la Bible, et l'interprétation symbolique des textes ne joue qu'un rôle modeste. Celle-ci domine en revanche la seconde partie de l'ouvrage, où l'on voit se multiplier non seulement les paroles de l'Ancien Testament considérées comme des annonces prophétiques du mystère du Christ, mais aussi les récits des épisodes où se profile déjà la réalité future : l'arbre du paradis, qui annonce la croix (§ 33), l'échelle de Jacob, également figure de la croix, parce qu'elle rétablit la communication entre le ciel et la terre (§ 45), les différents événements de l'Exode (§ 46). Le livre est extrêmement dense et riche, et il est difficile d'en rendre compte en quelques lignes ; il fallait pourtant tenter de le faire, parce qu'il recouvre l'essentiel du champ de la catéchèse antique : condensé dogmatique de la formule de foi, survol de l'histoire du salut, et interprétation symbolique des épisodes de l'Ancien Testament dessinant par avance le salut apporté par le Christ.

3. L'ORGANISATION DU CATÉCHUMÉNAT (IVe-Ve SIÈCLE)

À mesure que la nouvelle religion fut autorisée (en 313, par l'édit de Milan), puis devint la religion de l'empereur, et enfin, en 391-392, fut par décret la religion officielle de l'Empire romain, les candidats au baptême se multiplièrent, ce qui nécessita une organisation plus rigoureuse, d'autant que, le christianisme étant désormais la religion de la majorité, on décidait parfois de se faire baptiser moins par suite d'une conversion profonde que par désir de faire comme tout le monde. Le zèle ayant tendance à être moindre chez beaucoup, il fallut légiférer.

On établit une distinction entre les *competentes,* candidats au baptême, et les « catéchumènes », sympathisants du christianisme, qui n'avaient pas l'intention de se faire baptiser dans l'immédiat, ce qui aurait signifié satisfaire aux exigences radicales de la vie chrétienne. Les catéchumènes participaient à leur gré aux liturgies communautaires, à une exception près : lors de la célébration de l'eucharistie, ils étaient solennellement renvoyés par un diacre avant la récitation du *Credo* et la consécration, à laquelle on ne pouvait assister avant d'être baptisé. L'exemple d'Augustin est représentatif de l'époque : il avait été « catéchumène » jusqu'à l'âge de 32 ans ; présenté à l'Église dès la petite enfance, il avait à l'occasion fréquenté les basiliques chrétiennes, mais n'avait fait que bien plus tard le pas de la conversion. À la fin du IVe siècle, plusieurs Pères s'élèvent contre la propension de leurs contemporains à retarder le baptême le plus possible.

Quant aux *competentes,* il leur fallait se faire inscrire avant le carême et, si leur candidature était acceptée, ils s'engageaient dans une préparation immédiate de quarante jours et parfois davantage. En plus d'une préparation rituelle et morale, sur laquelle on ne s'étendra pas ici, les futurs baptisés recevaient alors un enseignement quotidien, jusqu'à trois heures par jour à Jérusalem, mais cela semble avoir été une exception. C'était comme un temps de retraite où l'évêque, ou parfois celui qu'il avait délégué, leur expliquait la prière du Notre Père et le Symbole de foi (ou *Credo*) et dispensait des enseignements bibliques. Dans le détail, les coutumes des différentes Églises variaient : le cursus n'était pas identique à Rome, à Milan, à Jérusalem ou à Constantinople, et la manière de le conduire était largement laissée à l'initiative de l'évêque du lieu.

Après le baptême venait l'explication des sacrements reçus, baptême et eucharistie. L'évêque Ambroise de Milan en donne la raison : d'une part « la lumière des mystères pénètre chez ceux qui ne s'y attendent pas mieux que si une explication les avait précédés » (*Des mystères* 1, 2) ; d'autre part, le baptême est illumination : il ouvre les yeux du cœur et dessille le regard spirituel : « par la fontaine du Seigneur et la prédication de sa Passion, tes yeux se sont ouverts. Toi qui semblais avoir le cœur aveuglé, tu t'es mis à voir la lumière des sacrements » (*Des sacrements* 15). La même idée se rencontre chez Cyrille de Jérusalem : « Celui qui a été jugé digne de recevoir le Saint-Esprit a l'âme illuminée, et il voit de façon plus qu'humaine ce qu'il ne connaissait pas jusque-là » (*Catéchèses* 16, 16). C'est donc un souci pédagogique et la foi en l'efficace du sacrement qui justifie cette coutume qui nous paraît étrange, et non une discipline de l'arcane qui n'existait guère, puisque les rites, déjà décrits par Justin ou Tertullien, sont connus de tous. Toute cette organisation tombera d'elle-même au VIe siècle, quand les baptêmes d'adultes se raréfieront au profit du baptême des enfants.

Pour les IVe et Ve siècles, plusieurs documents nous font connaître ce que pouvait être l'enseignement donné sur l'Écriture dans le cadre de la préparation baptismale : homélies prêchées en la circonstance ou manuels destinés à aider ceux qui avaient la responsabilité de suivre les candidats au baptême. Le plus ancien est sans doute les *Catéchèses prébaptismales* de Cyrille de

Jérusalem au milieu de IVe siècle. Elles mêlent indissolublement la formation doctrinale, morale, rituelle et scripturaire. Les trois premières catéchèses parlent de l'importance du baptême et des dispositions que doivent avoir les candidats ; la quatrième est un abrégé des dogmes chrétiens : « Il sera bon, dit Cyrille, d'entreprendre tout de suite un bref résumé des dogmes essentiels, de peur que le grand nombre des enseignements à donner et l'échelonnement des jours tout au long du saint Carême, n'engendrent l'oubli dans les esprits les moins expérimentés de votre assemblée » (4, 8). L'enseignement théologique proprement dit, qui forme la substance des quatorze homélies suivantes, se conforme à l'ordre du Symbole de foi, mais est toujours « une démonstration tirée des Écritures » (4, 17).

Les *Catéchèses* de Cyrille, comparées à la *Démonstration de la prédication apostolique* d'Irénée, manifestent les progrès de la théologie systématique, qui prend chez lui le pas sur les perspectives de l'histoire du salut. Mais dans le détail, l'argumentation scripturaire est fort semblable : elle exploite les prophéties de l'Ancien Testament, dont elle enrichit seulement les interprétations symboliques. C'est ainsi, pour prendre un seul exemple, que le jardin où Marie Madeleine cherche Jésus après la Résurrection est mis en relation avec le paradis des origines, ce qui constitue une image forte du salut comme réparation des fautes de l'humanité. Les *Catéchèses mystagogiques,* qui complètent les premières et sont peut-être à attribuer au successeur de Cyrille, Jean de Jérusalem, renferment quant à elles une explication détaillée des rites du baptême et de l'eucharistie, donnée comme à Milan après la réception des sacrements, une fois les néophytes « en état de comprendre les mystères les plus divins » (1, 1).

Le traité *Des mystères* d'Hilaire de Poitiers, rédigé à peu près à la même époque, est un manuel d'interprétation de l'Écriture à l'usage des catéchètes et prédicateurs. Il semble, dans l'état actuel du texte (il comporte des lacunes), que seuls des épisodes des livres de la Genèse, de l'Exode et du livre de Josué aient été exploités par l'évêque de Poitiers. Sont passées en revue un certain nombre de figures bibliques sélectionnées par Hilaire dans un répertoire déjà traditionnel. Dans la Genèse : Adam et Ève ; le meurtre d'Abel par Caïn ; l'arche de Noé : le sacrifice d'Abraham ; les fiançailles d'Isaac avec Rébecca ; la bénédiction de Jacob. Dans le livre de l'Exode sont retenus : la naissance de Moïse, la théophanie du buisson ardent, les prodiges opérés par Moïse en Égypte, le rocher frappé par Moïse, l'oasis d'Élim, l'adoucissement des eaux de Mara, le don de la manne. Dans le livre de Josué, le passage du Jourdain, la circoncision à Gilgal, l'histoire de la courtisane Raab et de la chute de Jéricho fournissent également d'importantes figures. Le survol de l'histoire d'Israël s'arrête là, mais la conclusion fait rapidement allusion à des thèmes que l'évêque de Poitiers regrette de n'avoir pu traiter : Lot fuyant Sodome, l'hospitalité du chêne de Mambré, les trois Hébreux dans la fournaise… « Rien n'est raconté, ajoute-t-il, dont nous ne devions par la réflexion chercher la signification spirituelle » (2, 11).

Une vingtaine d'années plus tard, Égérie, une grande dame originaire d'Espagne ou du sud-ouest de la Gaule, a eu l'excellente idée de rédiger à l'usage de ses compatriotes un récit de son pèlerinage en Terre Sainte. Voici ce que dit notre voyageuse de l'enseignement que dispensait, entre 381 et 384, l'évêque de Jérusalem à l'intention des candidats au baptême, dans la grande basilique à cinq nefs édifiée par l'empereur Constantin à proximité de la rotonde du Saint-Sépulcre : « Commençant par la Genèse, pendant ces quarante jours, l'évêque parcourt toutes les Écritures, en expliquant d'abord le sens littéral, puis en dégageant le sens spirituel. De même aussi sur la résurrection, et pareillement sur la foi, on les instruit de tout durant ces jours-là ; c'est ce qu'on appelle la catéchèse. Au bout de cinq semaines d'instruction, alors, ils reçoivent le Symbole, dont on leur explique la doctrine, comme celle de toutes les Écritures, phrase par phrase, d'abord au sens littéral, puis au sens spirituel. » « Il en résulte, poursuit Égérie, que dans ces pays, tous les fidèles suivent les Écritures quand on les lit à l'Église, parce que tous sont instruits pendant ces quarante jours, depuis la troisième heure jusqu'à la sixième heure, puisque la catéchèse dure pendant ces trois heures », — c'est-à-dire de six heures à neuf heures du matin (*Journal d'Égérie* 46). L'étonnement admiratif d'Égérie suggère que l'intensité de la formation n'était pas égale partout.

Vers 391, on dispose du témoignage d'Ambroise sur la catéchèse dispensée à Milan. Abordant les enseignements de l'octave de Pâques sur les sacrements déjà reçus par les néophytes, Ambroise écrit : « Nous vous avons donné chaque jour des instructions morales, tandis qu'on lisait soit l'histoire des patriarches, soit les maximes des Proverbes, afin que formés et instruits par là, vous vous accoutumiez à entrer dans la voie de nos ancêtres, à suivre leur chemin et à obéir à la parole de Dieu » (*Des mystères* 1, 1). Il s'agit donc d'un enseignement biblique fondé sur la Genèse et l'Exode, ainsi que sur les livres de sagesse, avec une insistance toute particulière sur la leçon que les futurs chrétiens pourraient en tirer dans leur vie personnelle, ce qui suppose une lecture symbolique des textes telle qu'on la trouve dans les différents traités consacrés par l'évêque de Milan à la vie des patriarches. Les traités *Des mystères* et *Des sacrements,* remaniement de catéchèses baptismales ambrosiennes en vue de la publication, passent en revue l'arche de Noé, le passage de la mer Rouge, la purification des eaux de Mara, la guérison du lépreux Naaman le Syrien, ainsi que les sacrifices d'Abel, d'Abraham et de Melchisédech. Un bref commentaire du Symbole de foi (*Explanatio symboli*) complète cet ensemble.

Pour l'Afrique, nous sommes renseignés par un petit ouvrage rédigé vers 400-403 par Augustin à la demande d'un certain Deogratias, un diacre de Carthage sur lequel

L'enseignement de la doctrine sacrée : le *pallium* porté à même la peau désigne les personnages comme des « philosophes ». (Rome, Vatican, Museo Pio Cristiano, sarcophage.)

l'évêque Aurélius se déchargeait en partie de la catéchèse et qui, conscient de la difficulté de la tâche, avait interrogé l'évêque d'Hippone sur la meilleure façon de procéder. Ce traité de *Première Catéchèse* est un sympathique petit chef-d'œuvre de finesse psychologique et d'intelligence pédagogique. Augustin commence par réconforter son correspondant, en lui confiant que lui-même sort souvent découragé de séances d'enseignement de ce genre, parce qu'il a l'impression d'être incapable d'exprimer vraiment ce qu'il voudrait dire et de n'être pas à la hauteur de la situation. Il n'y a pas de schéma idéal, dit Augustin, et il faut savoir s'adapter à l'auditoire et tenir compte des questions et de la culture de chacun ; cela dit, il propose deux parcours préliminaires, l'un très bref (une demi-heure), l'autre plus long (deux heures). Le modèle bref insiste sur quelques points fondamentaux : bonheur éternel ou jugement attendent l'homme pécheur selon qu'il aura ou non accepté d'accorder sa foi au Fils de Dieu incarné par amour pour les hommes. La vérité de cette foi est garantie par le fait que l'Ancien Testament a préalablement annoncé le mystère du Christ et de l'Église : déjà en partie réalisé dans l'Incarnation, il se prolonge dans l'histoire de l'Église. Ce qu'on peut percevoir aujourd'hui de cet accomplissement des prophéties garantit l'accomplissement de celles qui concernent les fins dernières : résurrection des justes et jugement des impies. Le discours est conclu par une exhortation à mettre concrètement en pratique les valeurs chrétiennes. Ce schéma vise de toute évidence des candidats sans culture pourvus de faibles capacités d'attention.

Le modèle long montre bien ce que devait comporter aux yeux d'Augustin une catéchèse prébaptismale complète. Tout homme, dit-il, désire le bonheur ; or, il n'y a de vrai bonheur que spirituel et éternel. Le but de la révélation biblique est de guider les hommes vers ce bonheur ; un récit de l'histoire du salut met ensuite en évidence le plan de Dieu pour ce faire. « Le récit est complet, dit Augustin, lorsque la catéchèse part du verset de l'Écriture “au commencement, Dieu créa le ciel et la terre” pour atteindre la période actuelle de l'Église » ; pas question, évidemment, d'être exhaustif : « il faut choisir des faits marquants qu'on écoute avec grand plaisir et qui se situent aux moments cruciaux », et les mettre en valeur, tandis que les autres ne seront que rapidement évoqués. Brasser trop de matière et tout mettre sur le même plan, c'est le meilleur moyen pour que tout se confonde dans l'esprit de l'auditeur et qu'il ne retienne rien (3, 5). Il faut mettre en lumière l'essentiel du message chrétien : « Le Christ est venu pour que l'homme apprît combien Dieu l'aime, et qu'il l'apprît afin de s'enflammer d'amour pour celui qui le premier l'a aimé, et pour aimer son prochain, selon le précepte et selon l'exemple de Celui qui s'est fait le prochain de l'homme au temps où l'homme n'était pas proche de Dieu, mais errait loin de lui » (4, 8). Le but de Dieu est de faire entrer l'homme dans ce double amour, et les Écritures exposent la lente éducation à laquelle il soumet l'humanité dans cette perspective.

Les grandes articulations de l'histoire du salut sont passées en revue : création et chute, Déluge, temps des patriarches, Exode, captivité à Babylone, Incarnation et temps de l'Église, retour du Christ à la fin des temps et Jugement dernier. On retrouve là nombre des épisodes déjà traités par les successeurs d'Augustin, mais son originalité est de vouloir couvrir toute l'histoire de l'humanité. Ce n'est pas seulement la réalisation des prophéties de l'Ancien Testament au temps de l'Incarnation qui doit conforter le fidèle dans la foi, mais aussi l'accomplissement des prophéties concernant l'expansion de l'Église, dont ils sont témoins dans le présent. Cela dit, la première catéchèse repose essentiellement pour Augustin sur le Pentateuque, les livres historiques (dont Esdras), l'Évangile et les Actes des Apôtres (3, 5). Comme à Milan et à Jérusalem, il y avait des catéchèses postbaptismales durant le temps pascal, et on sait que, durant l'octave de Pâques, Augustin se tenait tous les jours à heure fixe à la disposition des néophytes dans une salle attenant à la basilique d'Hippone pour répondre à leurs questions.

En Orient, les catéchèses de Jean Chrysostome et de Théodore de Mopsueste, en raison des positions de l'école d'Antioche en matière d'exégèse biblique, contenaient moins de figures bibliques qu'en Occident, et c'est pourquoi elles ne retiendront pas ici notre attention. Dans le monde latin, il faut encore mentionner le livre *Des promesses* de Quodvultdeus, évêque de Carthage que l'invasion et la persécution des Vandales chassa d'Afrique vers l'Italie en 439. L'ouvrage vise sans doute ceux qui ont la responsabilité de la catéchèse, et, suivant les conseils d'Augustin, parcourent toute la Bible pour en repérer et expliquer les prophéties et les figures. Au début du VIIe siècle, Isidore, évêque de Séville, nourrira un projet analogue, mais encore plus ambitieux, puisque son intention sera d'exposer toutes les figures bibliques connues, à travers des citations des commentaires latins de ses prédécesseurs. Cette synthèse de l'interprétation symbolique des Pères est d'un grand intérêt, et elle a exercé une influence importante sur le Moyen Age. Peut-être le projet dépassait-il les possibilités d'un seul homme : le livre de la Genèse est le seul qui ait été traité à fond.

CHAPITRE II

IMAGE ET FORMATION DANS LE CHRISTIANISME ANCIEN

La première catéchèse est fondée sur la Bible, et plus particulièrement sur l'Ancien Testament. Mais ce n'est là que le début de la vie chrétienne. Alors commence une « formation continue » à laquelle contribuent l'art, la liturgie et l'homélie, beaucoup plus que le contact direct avec l'Écriture. Si en effet, au début du IVe siècle, on trouve aisément à se procurer la Bible, dont il existe désormais des copies relativement bon marché (mais toujours en plusieurs volumes), tout le monde ne sait pas lire suffisamment pour lire un livre, et la lecture individuelle demeure l'exception. « Tous ne peuvent lire les Écritures, dit Cyrille de Jérusalem : les uns à cause de leur ignorance, les autres parce que leurs occupations les éloignent de la connaissance » (*Catéchèses* 5, 12). Le caractère essentiellement oral de l'enseignement explique en partie la popularité des figures bibliques, faciles à mémoriser. Il y a là toutefois plus qu'un procédé pédagogique : l'exégèse symbolique, et plus particulièrement « typologique », est inhérente au message chrétien.

1. L'ART PALÉOCHRÉTIEN ET LA CATÉCHÈSE

Fonction didactique des images ?

« On utilise la peinture dans les églises, pour que les analphabètes puissent lire du regard sur les murs ce qu'ils sont incapables de lire dans les livres », écrit Grégoire le Grand à un prêtre de Marseille, inquiet de voir se multiplier dans les églises des images qui tendaient à être considérées comme des icônes, ce qui n'était nullement le cas dans les premiers siècles (*Épître* 9, 208). Mais cette phrase ne date que de la fin du VIe siècle. Qu'en était-il à une date antérieure ? Vers 402, Paulin, un Aquitain devenu évêque de Nole, petite ville sise au pied du Vésuve, avait fait figurer, sur les parois des basiliques qu'il avait rénovées ou construites, un cycle de représentations dont le but avoué était d'instruire les fidèles, ceux qui savaient lire, puisque de brèves inscriptions métriques accompagnaient les images, mais aussi les paysans incultes des environs. « Celui qui regarde cela, dit-il, nourrit son âme fidèle d'images qui ne sont pas inutiles quand, sous des figures sans réalité, il reconnaît la vérité » (*Poèmes* 27, 511-515). À peu près à la même époque, le poète espagnol Prudence compose le *Dittochaeon,* une série de petits poèmes vraisemblablement destinés à commenter un cycle de peintures ou de mosaïques. Déjà une vingtaine d'années auparavant, un ensemble d'inscriptions métriques, sans doute œuvre de l'évêque Ambroise, illustraient les peintures de la basilique ambrosienne à Milan. À la fin du IVe siècle, donc, l'image fait partie des moyens employés pour la formation des chrétiens, et l'on voit du reste parfois des prédicateurs qui, dans leur sermon, prennent appui sur une fresque ou une mosaïque à contenu biblique que les fidèles ont sous les yeux dans la basilique.

Des témoignages littéraires nous informent qu'une iconographie chrétienne s'est développée à partir du IIe siècle, mais si la ville de Doura Europos, sur les bords de l'Euphrate, n'avait été prise par les Perses vers 256 et abandonnée par ses habitants, ensevelissant dans ses ruines une « maison chrétienne » avec son baptistère, nous ignorerions absolument tout de l'existence d'une décoration murale des édifices de culte avant le IVe siècle. À Rome même, on n'a conservé aucune peinture ou mosaïque d'église antérieure au IVe siècle. Cela ne signifie pas qu'il n'en ait pas existé : la nécessité de remplacer des édifices trop petits par d'autres plus vastes, en une ville où l'espace était mesuré, a tout fait disparaître. Pour le IVe siècle même, les vestiges sont rares : peintures de Saints-Jean-et-Paul sur le Célius, mosaïques de Sainte-Constance, abside de Sainte-Pudentienne... Il faut attendre le Ve siècle pour trouver les magnifiques mosaïques de Sainte-Marie-Majeure ou la porte de cèdre sculptée de Sainte-Sabine. Quant aux cycles qui décoraient Saint-Pierre et Saint-Paul, ils ont complètement disparu et sont au mieux connus par des descriptions anciennes. À Rome pourtant, les papes du haut Moyen Age ont eu à cœur de préserver la tradition ancienne de l'Église, selon les moyens qu'ils avaient en des temps troublés ; en bien des villes d'Orient, les vicissitudes de l'histoire ont presque anéanti toute trace de l'art chrétien ancien. Si donc avant la fin du IVe siècle les images pariétales ont eu dans les basiliques une finalité didactique, nous sommes condamnés à n'en pas voir grand-chose.

Fin IVe siècle ou début Ve siècle, les figures de l'Ancien Testament l'emportent nettement en nombre sur les motifs du Nouveau Testament. Dans les vingt et un distiques d'Ambroise, quatre seulement décrivent une scène évangélique ; sur les dix-sept peintures qui concernent l'ancienne Alliance, onze illustrent un passage de la Genèse. À Nole, les représentations de l'Ancien Testament sont également en nombre important ; il y avait, au dire de l'évêque Paulin, tout ce que Moïse a décrit dans le Pentateuque, les entreprises de Josué, et l'histoire de Ruth (*Poème* 27, 516 et suiv.). À Rome, si l'arc absidal primitif de Sainte-Marie-Majeure (devenu arc triomphal au Moyen Age) comporte des scènes de l'enfance du Christ, les deux murs latéraux de la nef sont entièrement couverts de mosaïques représentant la vie des patriarches, de Moïse et de Josué. À Saint-Paul hors les murs, où nous sommes renseignés par des dessins exécutés au XVIIe siècle, quand existaient encore les peintures murales de la nef, dues sans doute au pape Léon le Grand (milieu du Ve siècle), il y avait un équilibre voulu entre les images des deux Testaments. Le mur gauche de la nef était consacré aux scènes de l'Ancienne Alliance : création et chute, Caïn et Abel, Déluge, vision d'Abraham à Mambré, sacrifice d'Isaac, bénédiction de Jacob et songe de l'échelle, un ensemble de scènes de la vie de Joseph et des illustrations de l'Exode. Les petits poèmes du *Dittochaeon* de Prudence décrivent un nombre égal de scènes des deux Testaments, et manifestent une volonté de couvrir toute l'histoire d'Israël, même si en fait les quatre cinquièmes des poèmes se rapportent à la période archaïque antérieure aux rois.

Pour les siècles les plus anciens, nous en sommes réduits au témoignage de l'art funéraire. Les autres images de la vie quotidienne nous échappent largement : chatons de bagues, médailles, coupes et plats décorés, peintures et sculptures des maisons privées, de tout cela nous savons bien peu de choses, car les objets conservés sont souvent de provenance et de datation incertaines. Les tombes, moins exposées aux transformations que les demeures des vivants, parce que « sacrées » et régies par un droit funéraire rigoureux, nous ont préservé une documentation inestimable. C'est tout particulièrement vrai à Rome : dans son terrain mouvementé, les creux comblés par les siècles servent de conservatoire ; dans son sol, les bancs de tuf volcanique, faciles à creuser, permirent d'installer des cimetières protégés, hypogées familiaux, catacombes privées ou ecclésiastiques. Les Romains avaient coutume d'entourer les tombes de représentations rappelant la vie quotidienne du défunt, le métier qu'il avait exercé, les honneurs dont il avait été l'objet ; ils y plaçaient aussi des compositions évoquant les convictions du mort, éventuellement son espérance d'une vie future. L'inoubliable Trimalcion croqué par Pétrone dans le *Satyricon* décrit minutieusement le tombeau qu'il s'est fait construire, avec une décoration qui vante la position sociale à laquelle ses entreprises commerciales lui ont permis d'accéder. De très nombreux sarcophages et peintures représentent des scènes mythologiques auxquelles souvent, sous l'influence du stoïcisme ou du platonisme, on attribuait un sens symbolique en rapport avec une certaine conception de la vie de l'au-delà, comme le sommeil d'Endymion ou les noces de Bacchus et Ariane.

Les chrétiens étaient gens de leur temps, et quand ils étaient aisés et jouissaient de quelque culture, ils voulaient eux aussi entourer leur dépouille mortelle d'images en rapport avec leur foi. Au début, c'est-à-dire vers la fin du IIe siècle, car notre documentation ne remonte guère au-delà, ils se sont contentés de choisir dans le répertoire funéraire du temps des images neutres auxquelles ils pouvaient donner un sens chrétien, comme il ressort d'un passage de Clément d'Alexandrie (*Le Pédagogue* 3, 59). Un chrétien qui voulait pour sa tombe une sculpture ou une peinture devait évidemment passer par un atelier spécialisé, dont les artisans étaient à l'origine païens ou qui, même quand ils s'étaient convertis (la *Tradition apostolique* d'Hippolyte leur permet de continuer à exercer leur métier, pourvu qu'ils ne sculptent plus de dieux païens § 16), avaient été formés par des maîtres païens. Il est donc compréhensible que les premières images de l'art funéraire soient des représentations de bergers ou de musiciens, qui appartiennent au répertoire profane, mais qu'on pouvait investir d'un sens conforme à la religion nouvelle. Les sarcophages de La Gayolle et de Santa Maria Antica, avec leurs bergers, leurs marines ou leurs scènes d'enseignement pouvaient être déchiffrés différemment par un païen et par un chrétien.

Mais dès le IIIe siècle, les chrétiens ont créé leur propre répertoire, presque entièrement inspiré des Écritures. Au début du siècle apparaissent plusieurs scènes bibliques, en nombre plus restreint que dans l'art basilical, si l'on en juge par comparaison avec l'église de Doura, parce qu'on choisissait de préférence des scènes ayant un lien avec le thème de la mort et de la vie éternelle. La plus fréquente à date ancienne, celle du berger, est commune aux deux Testaments. Parmi les images qui sont certainement antérieures à la paix de l'Église de 313, on relève des scènes empruntées au Nouveau Testament : résurrection de Lazare, guérison du paralytique, baptême du Christ, adoration des mages... Mais elles sont en nombre plus limité que les images tirées de l'Ancien Testament : Jonas, de loin la plus répandue ; puis, dans un ordre qui peut varier selon qu'on se fonde sur les images précédant la paix de l'Église ou sur l'ensemble des images funéraires, ou encore suivant que l'on considère les fresques ou les sarcophages : Moïse frappant le rocher, Daniel au milieu des lions, le sacrifice d'Abraham, etc. La même prédilection pour l'Ancien Testament se fait jour dans les inscriptions funéraires quand elles citent la Bible.

Les représentations figurées comme témoins de la catéchèse

Ce n'est que progressivement après 313 que les catacombes vont devenir des lieux de pèlerinage fréquentés, en raison des tombes de martyrs qu'elles renfermaient ; encore ne s'agissait-il que de certaines galeries. On n'allait généralement visiter les tombes qu'aux jours d'enterrement et aux fêtes des morts : *Rosalia, Parentalia,* anniversaire de la mort du défunt, que les chrétiens appelaient son *dies natalis,* jour de naissance à la vie véritable. Il paraît donc difficile de soutenir que les représentations funéraires avaient un rôle pédagogique. Mais les images que les chrétiens faisaient représenter sur leurs tombes exprimaient leurs convictions ; si elles ne constituent pas une catéchèse en image, elles sont le reflet de l'enseignement reçu. Peut-être sont-elles encore plus intéressantes à ce titre pour nous : elles nous disent ce qu'on retenait de la catéchèse, ce qui y était considéré comme le plus important.

Dans les chapitres suivants, on aura recours au témoignage de l'art funéraire pour sérier les thèmes bibliques qui sont fondamentaux dans la formation chrétienne, et l'on s'interrogera sur la convergence des significations qui leur sont attribuées dans l'art et dans les textes. La question du rapport entre texte et image est difficile. On ne prétendra pas qu'à la vue de telle fresque de catacombe, n'importe quel fidèle du IVe siècle avait en tête le foisonnement de significations que les textes des Pères permettent de dégager. Toutefois, derrière le choix de cette image, il y a eu des enseignements du type de ceux que l'on cite, et cela éclaire grandement la représentation figurée, qu'on ne saurait réduire à une signification unique (baptismale, funéraire…) comme on le fait souvent. La polysémie étant la règle dans l'enseignement ecclésial courant, il faut là aussi laisser jouer toutes les harmoniques.

C'est volontairement et très consciemment que l'on rapprochera des images et des textes qui ne sont pas exactement contemporains ni géographiquement proches, contrairement aux règles reçues de l'iconographie, qui, dans le cas de l'art paléochrétien, conduisent souvent à une impasse. Les hasards de l'histoire font qu'en un lieu et un temps donnés, on a parfois une ample moisson d'images et pas de textes, ou l'inverse. À Rome, du début du IIIe siècle à la moitié du IVe siècle, les catacombes et cimetières abondent en fresques et sarcophages, mais les textes sont maigres : on n'est pas sûr que les commentaires d'Hippolyte aient été rédigés à Rome, et le traité *Sur la Trinité* de Novatien ne peut pas beaucoup nous aider à comprendre les représentations figurées. Ce sont des textes de Clément d'Alexandrie qui éclairent les représentations (presque toutes romaines) du Christ en Orphée, et ce sont les poèmes d'Éphrem, diacre de la lointaine Nisibe, qui ont le plus d'accointances avec certaines fresques romaines. La proximité géographique n'est pas forcément significative : si les grandes Églises sont largement autonomes et possèdent en propre des traditions liturgiques, administratives, voire parfois exégétiques et théologiques, il n'en demeure pas moins que toutes ont un fond commun considérable, et que les contacts entre elles sont nombreux et complexes. De l'illusion que l'Église était uniforme et immuable, certains sont passés à l'image non moins illusoire d'un christianisme ancien totalement éclaté. La non-contemporanéité d'une image et d'un texte n'est pas non plus un critère absolu pour refuser un rapprochement. Il n'est pas rare, en effet, que des thèmes très anciennement attestés semblent disparaître après le IIe siècle pour faire une brusque réapparition à la fin du IVe ou au début du Ve siècle : l'image du bon Pasteur est mise en relation avec la descente aux enfers aux Ier-IIe siècles, et l'idée ne resurgit dans les textes qu'à la fin du IVe siècle. Entretemps, ces motifs ont continué une vie souterraine, dans une production orale ou même littéraire qui nous échappe aujourd'hui complètement : on n'a pas cessé de prêcher en Occident de 230 à 350, mais nous n'avons conservé presque aucune trace de ces prédications.

2. LA BIBLE DANS LA LITURGIE

Les lectures liturgiques

La catéchèse baptismale culminait dans la célébration du sacrement, généralement pendant la nuit de Pâques, car le baptême est un rite d'initiation qui comporte l'imitation rituelle de la mort et de la résurrection du Seigneur.

Comme l'explique Basile de Césarée, le baptême mime l'ensevelissement du Christ : « le corps des baptisés est comme enseveli dans l'eau ; le baptême suggère symboliquement une déposition des œuvres de la chair », entendons : du péché en général ; « la seconde naissance est le commencement d'une autre vie », et pour y accéder, « il faut mettre un terme à la précédente » ; « l'eau réalise l'image de la mort, et les arrhes de la vie sont fournies par l'Esprit » (*Sur l'Esprit-Saint* 15, 35). À propos du déroulement de la vigile pascale, la *Didascalie syriaque* de la première moitié du IIIe siècle donne les indications suivantes : « Restez éveillés depuis le soir jusqu'au chant du coq et, rassemblés dans l'église, veillez en priant et en invoquant Dieu pendant votre veille, en lisant la Loi, les prophètes et les psaumes jusqu'au chant du coq » (*Constitutions apostoliques* 5, 19, 3).

Certaines de ces lectures sont fixes et universelles, d'autres varient selon les lieux. Pour Jérusalem, le *Lectionnaire arménien* du début du Ve siècle énumère douze lectures : dans la Genèse, le récit de la création et du sacrifice d'Abraham ; dans l'Exode, l'immolation de l'agneau pascal et le passage de la mer Rouge ; dans le livre de Josué, le passage du Jourdain ; dans le livre des Rois, l'enlèvement d'Élie ; le livre de Jonas en entier ; le récit concernant les trois Hébreux dans la fournaise dans le livre de Daniel ; dans les prophètes, on lisait le passage d'Isaïe sur la gloire de la Jérusalem nouvelle (ch. 60, 1-13), les versets de Jérémie concernant la nouvelle Alliance (ch. 31, 31 et suiv.), et la vision de la résurrection des ossements desséchés dans Ézéchiel (ch. 37) ; les livres sapientiaux n'étaient représentés que par le passage de Job sur la Sagesse de Dieu créatrice (38, 2-28). À Rome, le *Sacramentaire gélasien* du VIIe siècle, qui témoigne de coutumes liturgiques bien antérieures, connaît également douze lectures : récit de la création, Déluge, promesses à Abraham et sacrifice d'Isaac, immolation de l'agneau et passage de la mer Rouge, etc. Pour les autres Églises, nous sommes moins bien renseignés, mais par exemple à Vérone, on sait qu'à la fin du IVe siècle, on lisait à Pâques le récit de la Création, l'immolation de l'agneau, le passage de la mer Rouge et l'histoire des trois Hébreux dans la fournaise.

Point d'aboutissement d'une démarche personnelle, le baptême est seulement le point de départ de la vie dans l'Esprit-Saint, où l'on participe désormais à l'eucharistie et à la prière de la communauté. Après les enseignements complémentaires de l'octave de Pâques, le néophyte désireux de continuer à s'instruire dispose de plusieurs moyens. À l'origine, c'était l'assemblée eucharistique, et d'autres réunions plus informelles de prière et d'enseignement. La situation a varié selon les différentes Églises en fonction de leur ancienneté et de leur importance, mais au IIIe siècle, il y avait en beaucoup d'endroits les mercredi, vendredi et dimanche une célébration eucharistique, qui, au IVe siècle, tendra à devenir quotidienne ; les autres jours, il semble qu'il pouvait y avoir de simples réunions de prière, matin et soir, dont certaines comportaient des enseignements. Les chrétiens ont très vite pris l'habitude d'accompagner l'eucharistie de lectures bibliques, à l'image de ce qui se faisait dans le culte synagogal, où existait depuis le Ier siècle une lecture de la Torah ou Pentateuque (les cinq premiers livres de la Bible), une autre lecture tirée des prophètes (désignation qui incluait à l'époque des livres que nous qualifions d'historiques, comme ceux de Josué, des Juges de Samuel et des Rois), et peut-être aussi le chant des psaumes. À Rome, au IIe siècle, Justin témoigne que les chrétiens y avaient ajouté une lecture de ce qu'on allait bientôt appeler le Nouveau Testament : « On lit les Mémoires des apôtres ou les écrits des prophètes, autant que le temps le permet. Quand le lecteur a fini, celui qui préside fait un discours pour avertir et exhorter à l'imitation de ces beaux enseignements » (*Première Apologie* 67, 3-4).

Les homélies d'Origène montrent qu'au IIIe siècle on pouvait lire ainsi de vastes pans de la Genèse, de

Évocation de la catéchèse et de l'eucharistie : enseignement reçu dans la prière
par la femme en orante ; à droite, banquet sacré au pain et au poisson.
(Rome, Vatican, Museo Pio Cristiano, sarcophage.)

l'Exode, du Lévitique, du livre des Nombres, du Deutéronome, des Juges, des Rois, des prophètes ; ses sermons sur les Évangiles sont en nombre bien moindre. À lire Origène, on voit que, lorsque l'évêque, ou encore le prêtre ou le diacre délégués à cet effet par lui, étaient compétents, on pouvait recevoir un enseignement solide sur l'Écriture dans le cadre de la liturgie. Au début du ve siècle, en dehors des grandes fêtes annuelles, Pâques, Pentecôte, Noël et Épiphanie, le célébrant disposait encore de beaucoup de liberté dans le choix des lectures liturgiques, et pouvait opter pour la lecture suivie d'un livre et le commenter méthodiquement, comme en témoignent les sermons d'Augustin.

La prépondérance des leçons tirées de l'Ancien Testament dans les assemblées liturgiques chrétiennes est un fait jusqu'au début du ve siècle. Elle suppose évidemment une lecture symbolique de la plupart de ces textes, vers laquelle tout dans la liturgie oriente, à commencer par le chant des Psaumes, qui alternait avec les lectures selon une coutume attestée au début du IIIe siècle à Carthage et fréquemment mentionnée ensuite : chant du psaume par toute l'assemblée, ou encore psalmodie par un *cantor* ou un *lector,* avec répons chanté en refrain par la foule. Or, l'interprétation figurée des psaumes est spontanée : c'est par elle que le croyant s'approprie le sens du texte. « Béni soit le Seigneur, mon rocher, qui instruit mes mains au combat », chante-t-on dans le psaume 144,1-2, « ma citadelle et mon libérateur, mon bouclier, en lui je m'abrite ; il range les peuples sous moi » : à moins de voir là avec presque tous les commentateurs la guerre spirituelle que l'âme mène contre le mal, on n'aura pas souvent l'occasion de réciter un tel verset.

Comme le chant, la lecture solennelle, parfois cantillée, rend l'homme plus réceptif, fait résonner au texte dans l'esprit et dans le cœur et favorise la méditation, comme le montre ce passage des *Confessions,* où Augustin résume les sentiments qu'il éprouvait en participant aux liturgies de l'Église milanaise dans les premiers temps de sa conversion. « En ces jours-là, écrit-il, en s'adressant à Dieu, je ne me rassasiais pas de la surprenante douceur que j'éprouvais à considérer les desseins profonds que tu formes pour le salut du genre humain. Combien j'ai pleuré à entendre tes hymnes, tes cantiques, les suaves accents dont retentissait ton Église ! Quelle émotion j'en recueillais ! Ils coulaient dans mon oreille, distillant la vérité dans mon cœur » (9, 6, 14). La succession et l'accumulation des lectures fait ressortir le caractère prophétique de l'histoire d'Israël, et l'unité du plan de Dieu, introduisant au temps sacré de la liturgie où passé, présent et futur s'imbriquent, comme le dit Augustin : « En célébrant la solennité annuelle de la Résurrection, nous rappelons le passé et représentons par cette même vigile ce que nous vivons par la foi. Car l'histoire de notre monde s'écoule comme cette nuit où l'Église veille attentive, les yeux de la foi tournés vers les saintes Écritures comme vers des lampes nocturnes » (*Sermon Wilmart* 4, 3).

Les oraisons

La mémoire est au cœur de la Bible et de la religion chrétienne. « Dieu, nous avons entendu dire, et nos pères nous ont répété… », dit le psaume 43. On rappelle indéfiniment, dans la grisaille des jours ordinaires, les événements par lesquels Dieu s'est manifesté en toute clarté. La mention des grandes actions de Dieu en faveur de son peuple, caractéristique de la prière des psaumes, se retrouve dans la prière ecclésiale. « Sauve-moi, Seigneur, de la tentation, comme tu as délivré Daniel de la gueule des lions, Jonas du monstre marin… » : ce type de prière (dite parfois « paradigmatique », parce qu'elle se fonde sur des exemples) est très fréquent dans l'Antiquité. En faisant mémoire des actions salutaires de Dieu dans le passé, le fidèle se rappelle ce qu'Il est capable de faire et l'implore d'agir de même aujourd'hui. Ces catalogues de paradigmes bibliques ont nourri tant la prédication que l'art chrétien depuis les origines. Les spécialistes de l'iconographie invoquent toujours à ce sujet la prière de la *Commendatio animae,* qui a l'inconvénient d'être tardive (VIIIe siècle). En fait, ce type d'énumération se répand à la fin du IVe siècle, et il vaudrait mieux se référer à deux passages d'Augustin où l'on trouve la liste des principales figures de salut communes à la liturgie et à l'art.

Commentant dans une homélie le psaume 21, 6 (« en toi nos pères ont espéré et tu les as délivrés »), l'évêque d'Hippone déclare : « Nous savons, nous avons lu combien de nos pères Dieu a délivrés parce qu'ils espéraient en lui. Il a délivré le peuple d'Israël de la terre d'Égypte ; il a délivré les trois jeunes gens de la fournaise de feu ; il a délivré Daniel de la fosse aux lions ; il a délivré Suzanne de l'accusation mensongère. Tous l'ont invoqué, et ils ont été délivrés » (*Sur le psaume* 21, 2, 6). Dans un texte plus tardif concernant le même verset, il varie la liste : Dieu, dit-il, a libéré « Noé du Déluge, Lot du feu du ciel, Isaac du glaive suspendu sur sa tête, Joseph des calomnies d'une femme et de la prison, Moïse des Égyptiens, Raab de la destruction de la ville, Suzanne des faux témoins, Daniel des lions, les trois Hébreux du feu, et d'autres pères encore, qui ont crié et ont été sauvés » ; quelques paragraphes auparavant, il avait donné les exemples d'Isaac, Job et Daniel (*Épître* 140, 11, 28 ; 7, 20). Toutes ces figures reviennent avec insistance dans l'art funéraire ; seules celles de Raab et Joseph appartenaient davantage au répertoire iconographique des lieux de culte.

C'est tout particulièrement la prière de la consécration eucharistique, ou Canon, qui procédait à une mise en perspective de figures bibliques. Une ligne continue court des personnages et institutions de l'Ancien Testament à la personne de Jésus, à la vie présente de l'Église et aux temps eschatologiques. C'est ainsi que l'offrande du pain et du vin par Melchisédech (Genèse 14) préfigure la dernière Cène, où Jésus institua l'eucharistie ; et le sacrement célébré dans le présent à l'autel « annonce la mort du Seigneur, jusqu'à ce qu'il vienne » (1 Corinthiens 11, 26). Voici par exemple l'oraison que prononçait le prêtre à Milan à la fin du IVe siècle au moment de la consécration : « Nous rappelant sa très glorieuse passion, sa résurrection des enfers et son ascension au ciel, nous t'offrons cette victime sans tache, cette victime spirituelle, cette victime non sanglante, ce pain sacré et le calice de la vie éternelle ; et nous te demandons et te prions d'accepter cette offrande par les mains de tes anges sur ton autel d'en-haut, comme tu as daigné accepter les dons de ton serviteur le juste Abel, le sacrifice de notre père Abraham et celui que t'offrit le grand-prêtre Melchisédech » (Ambroise, *Des sacrements* 4, 27). Le *Sacramentaire léonien,* représentant de la liturgie romaine au VIe siècle, dit de son côté : « C'est Abel qui a inauguré la figure de ce sacrifice ; l'agneau pascal l'a représentée, Abraham l'a célébrée, Melchisédech l'a montrée ; mais c'est le véritable Agneau, le grand-prêtre éternel, qui l'a réalisée » (B. Botte, *Abraham dans la liturgie*, p. 186). La liturgie apparaît donc comme le lieu par excellence où l'on s'imprègne de l'exégèse figurative des Écritures, omniprésente dans les rites et prières, et commentée dans le sermon.

Les homélies

Les homélies sont évidemment une source de première importance pour la connaissance de la formation dispensée aux chrétiens. C'est en écoutant ces prédications jour après jour que les fidèles se pénétraient de l'Écriture et du sens qui lui était donné par la tradition. Pour le IIIe siècle, nous disposons de sermons d'Hippolyte et surtout d'Origène ; au IVe siècle, des auteurs comme Hilaire, Ambroise ou Jérôme n'ont laissé que bien peu d'homélies. Le corpus des sermons d'Augustin est une véritable mine de renseignements, mais nous informe mal sur ce qu'était la prédication d'un évêque moyen : de grands esprits comme Origène et Augustin ne s'attardaient guère aux thèmes rebattus de l'enseignement traditionnel, et leur imprimaient de toute manière leur marque propre. Les sermons d'évêques moins doués d'éloquence et moins versés dans la science des Écritures sont souvent plus révélateurs. Un Zénon de Vérone, un Grégoire d'Elvire, un Chromace d'Aquilée, pour ne rien dire des « Pseudo-Augustin », appellation sous laquelle on range divers auteurs d'homélies anonymes, « transmettent ce qu'ils ont reçu », selon le mot de l'apôtre Paul (1 Corinthiens 15, 3) et nous permettent souvent mieux que les grands ténors de nous faire une idée du contenu de l'enseignement courant. Le lecteur ne s'étonnera donc pas de les voir convoqués au rang des témoins à côté des auteurs illustres.

3. UNE EXÉGÈSE SYMBOLIQUE DE LA BIBLE

Lecture symbolique, allégorique : on songe spontanément aux spéculations savantes dont on surcharge un texte ; mais dans l'Église des premiers siècles, c'est la base des enseignements au peuple. Nous sommes choqués que l'exégèse littérale tienne si peu de place dans l'esprit des anciens. Mais à lire nos commentaires, ils seraient plus scandalisés encore de voir le peu de cas que les modernes font de la lecture symbolique. Car pour eux, c'est là que réside le vrai sens de la Bible. « Qui, sinon un esprit faux, dit Augustin, pourrait soutenir que des livres conservés si religieusement pendant des millénaires et gardés avec un tel souci d'observer la tradition, ont été écrits inutilement, et qu'il ne faut y voir que des histoires ? » ; « il ne faut pas, dit-il, y chercher seulement des faits historiques réels qui n'auraient aucune signification allégorique » (*Cité de Dieu* 15, 27, 1). On ne répète les vieux textes que parce qu'ils sont aujourd'hui encore porteurs d'un sens qui dépasse de loin leur sens littéral. L'Écriture, disent les Pères, est remplie de mystères, parce qu'elle est divinement inspirée ; elle est tout entière régie par le jeu de la prophétie et de l'accomplissement, et présente des sens riches et multiples.

Le sens des obscurités des Écritures

Au XXe siècle, où l'on a l'habitude de parcourir les textes plutôt que de les lire vraiment, on est facilement rebuté par ce qu'on ne comprend pas de prime abord. Mais les chrétiens des premiers siècles partagent avec les philosophes de leur temps cette conviction : rien de ce qui est important n'est immédiatement accessible, et il faut se donner la peine de chercher le sens, qui est toujours caché. L'Écriture paraît obscure, mais c'est parce qu'elle est profonde : « Quand tu lis, dit Augustin, c'est Dieu qui te parle » (*Sur le psaume* 85, 7). Or, ajoute-t-il, Dieu ne parle ni grec, ni latin, ni même hébreu : « La Sagesse de Dieu […] se communique aux âmes saintes ; elle en fait les amis et les prophètes de Dieu et, sans bruit, *leur raconte intérieurement* ses œuvres » (*Cité de Dieu* 11, 4, 1). L'Écriture renferme « un enseignement divin dispensé en paroles humaines », c'est-à-dire qu'elle est une parole inspirée traduite en langage humain (*Sur la Genèse, contre les manichéens* 2, 5, 6), et l'homme n'y a pleinement accès que s'il est dans les dispositions requises pour l'entendre.

Pour le chrétien, la parole de Dieu n'est pas seulement un texte. Dieu étant l'Être et le Vivant par excellence, sa parole même n'est pas comme les nôtres, fugace et partielle, mais une réalité substantielle et éternelle qui l'exprime tout entier, lui est semblable, engendrée de lui comme un fils. Elle est le Verbe ou Logos de Dieu, dont la théologie ancienne dit qu'il s'est d'abord manifesté aux hommes dans toute l'histoire de l'Ancien Testament avant de s'incarner : « Partout dans les Écritures de Moïse est semé le Fils de Dieu », dit Irénée (*Contre les hérésies* 4, 10, 1) ; et le Prologue de l'Évangile de Jean proclame de ce Verbe qu'il « s'est fait chair et a habité parmi nous » en la personne de Jésus, le Fils de Dieu (1, 14), qui « montre Dieu à l'homme et présente l'homme à Dieu », comme le dit encore Irénée (4, 20, 7).

Si la parole de Dieu n'est pas réductible au texte de la Bible, le travail du docteur ou du prédicateur ne consiste pas seulement à expliquer un texte le plus clairement possible. Celui qui commente l'Écriture doit suggérer, conduire à l'écoute du Maître intérieur qui seul enseigne vraiment, faire voir, peut-être le temps d'un flash, qu'il y a quelque chose à voir : d'où l'importance de l'image et du symbole, qui prend ici le pas sur l'abstraction, car, pour reprendre les mots du grand théologien que fut Urs von Balthasar, « aucune théologie ne traduira jamais d'une manière pleinement valable en notions abstraites les dimensions poétiques et imagées de l'Écriture » (*La Gloire et la croix,* t. III, 2, p. 230). Dans la Bible, la vérité éclate en de multiples paroles et images, dont toutes ont quelque chose à dire du mystère et dont aucune ne peut le dire en entier, parce que, dit Irénée, « riche et multiple est le Père » (*Contre les hérésies* 4, 14, 2).

L'obscurité, en quelque sorte constitutive de l'Écriture, a une finalité double : celer le mystère à ceux qui en sont indignes, et aiguillonner les autres dans leur quête. « Les Écritures révèlent leur signification mystérieuse aux âmes attentives et les tiennent fermées aux âmes négligentes », dit l'Ambrosiaster (*Questions sur l'Ancien Testament* 95). Et Origène écrit de son côté : « L'intention était d'éviter que le premier venu disposât de ces mystères comme d'objets à fouler aux pieds ; ils devaient être à celui qui se serait livré à ce genre d'études avec une pureté et une sobriété parfaite, avec l'effort des veilles, afin de pouvoir d'aventure scruter par ces moyens le sens profondément caché de l'Esprit de Dieu, sens dissimulé sous le langage d'un récit ordinaire… » (*Des principes* 4, 2, 7). Pour Augustin, les Écritures cachent les mystères pour les faire désirer (*Épître* 137,

5, 18). « Plus les vérités paraissent voilées par des expressions métaphoriques, plus le voile enlevé, elles paraissent attrayantes » (*La Doctrine chrétienne* 4, 7, 15). C'est pour éviter que les vérités manifestes ne soient lassantes, qu'elles ont été recouvertes d'un voile : elles deviennent ainsi objet de désir (*Épître* 137, 5, 18). L'évêque d'Hippone parle de « l'avantage que représentent les replis des énigmes pour aviver l'amour de la vérité et secouer la torpeur de l'ennui » : l'allégorie stimule l'esprit (*La Première Catéchèse* 9, 13). « Si l'Écriture n'était jamais claire, dit-il encore, elle ne pourrait pas te nourrir ; si elle n'était jamais obscure, elle ne t'inciterait pas à la recherche » (*Sur le psaume* 140, 2).

À cet éloge de l'allégorie, dont on trouverait des équivalents chez les philosophes païens contemporains, il faut ajouter que l'image a dans l'Antiquité un statut plus élevé qu'aujourd'hui. Dans la conception platonicienne du monde, qui marque largement toute la pensée des anciens, le monde visible est une image, la copie d'une réalité (ou Idée) céleste : il renvoie tout entier à quelque chose qui le dépasse et dont il n'est que l'expression. Tout est image, mais l'image n'est pas seulement un vêtement dont on habille artificiellement des pensées profondes à des fins pédagogiques : elle a un caractère révélateur. Comme le dit Origène, « le monde visible instruit de l'invisible. Les choses terrestres contiennent certaines "copies des réalités célestes" (Hébreux 9, 23), afin que nous puissions de ces choses d'en bas nous élever jusqu'aux réalités d'en haut, et à partir de ce que nous voyons sur la terre, percevoir et comprendre ce qui est dans les cieux » ; « peut-être que chacune des réalités terrestres est à l'image et à la ressemblance d'une réalité céleste » (*Sur le Cantique des Cantiques* 3, 13, 9).

Tout, dans le monde comme dans le récit biblique, peut être utilisé par Dieu, comme les lettres d'un alphabet par le moyen duquel il cherche à communiquer avec l'homme, enfoui dans ce monde sensible et incapable de le dépasser. « De même que l'homme s'énonce par des paroles, de même la puissance divine parle par des faits », dit Augustin (*Épître* 102, 6, 33). Comme il l'explique ailleurs, le feu, la nuée, la colonne de feu, dont parle l'Écriture sont des « paroles visibles » : « Dieu, dans son indicible miséricorde, n'a pas dédaigné d'utiliser, par les créatures raisonnables soumises à ses lois, des sons, des lettres, du feu, de la fumée, un nuage, une colonne, comme autant d'expressions sensibles, pour jouer en quelque sorte avec les bébés que nous étions, au moyen de paraboles et de comparaisons, et guérir avec cette espèce de boue notre regard intérieur », comme Jésus avait guéri les yeux de l'aveugle de Siloé (*Sur la vraie religion* 50, 99).

Prophétie et accomplissement

Il est encore une autre raison de l'obscurité des Écritures, inhérente au fondement même du christianisme, où le point focal de l'histoire est l'irruption de la divinité en l'humanité lors de l'Incarnation du Fils de Dieu, qui donne son sens tant à ce qui est avant qu'à ce qui vient après elle. En dehors des notions de prophétie et d'accomplissement, les rapprochements de textes faits par les Pères risquent d'apparaître comme un jeu gratuit qui n'aurait au mieux qu'une finalité pédagogique. « Toute prophétie, dit Irénée, n'était avant son accomplissement qu'énigmes et ambiguïtés pour les hommes ; mais lorsque arriva le moment et que s'accomplit la prédiction, alors celle-ci trouva son exacte interprétation » (*Contre les hérésies* 4, 26, 1).

Quand, dans la Bible, Dieu se décide à intervenir pour son peuple, il annonce préalablement la chose pour la faire reconnaître et accepter de l'homme, cette créature qu'il a voulu libre. Ce qui est vrai dans l'histoire d'Abraham et de Moïse l'est plus encore quand il s'agit de l'Incarnation, événement si incroyable qu'il a fallu longuement préparer le terrain : c'est le rôle de la prophétie. Le terme, qui tend aujourd'hui à désigner seulement une annonce de l'avenir, recouvrait jadis une notion plus large. Tous les livres de l'Écriture, et pas seulement ceux des prophètes au sens strict, comme Isaïe ou Jérémie, sont considérés comme prophétiques. « Ce n'est pas seulement en ceux qu'on appelle prophètes en rigueur de termes, c'est dans l'histoire même de l'Ancien Testament que la prophétie s'avère explicite pour ceux qui étudient avec piété et sont dans cette recherche assistés de Dieu », dit Augustin (*Quatre-vingt-trois Questions diverses* 58, 2). Le prophète n'est pas d'abord un « voyant » inspiré (même s'il peut l'être aussi), il est quelqu'un qui par ses paroles, par sa personnalité, ses actes et les événements auxquels il est mêlé, manifeste quelque chose de Dieu. La prophétie, continue Augustin, « se révèle surtout dans les grandes actions figurées particulièrement évidentes : le juste Abel est assassiné par son frère et le Seigneur par les juifs ; l'arche de Noé est gouvernée comme l'Église dans le déluge du monde ; Isaac est conduit pour être sacrifié à Dieu et le bélier qui va lui être substitué est découvert comme crucifié dans un buisson ; par les deux fils d'Abraham, nés l'un de la servante et l'autre de la femme libre, on entend les deux Testaments ; les deux peuples sont préfigurés dans les jumeaux, à savoir Esaü et Jacob ; Joseph, après avoir été persécuté par ses frères, est honoré par des étrangers, de même que le Seigneur, persécuté par les juifs, fut glorifié chez les païen ». Inutile de prolonger l'énumération, puisque l'Apôtre conclut en disant : « Cela leur arrivait symboliquement, mais ce fut écrit pour nous à qui aboutit l'accomplissement des temps » (*Ibidem*).

Toute l'Écriture parle du Christ, car elle est parole qui n'a d'autre raison d'être que d'exprimer la Parole. Comme le dit Irénée, « il est le trésor caché dans les Écritures, car il était signifié par des figures et des paraboles qui, humainement parlant, ne pouvaient être comprises avant l'accomplissement des prophéties, c'est-à-dire avant la venue du Seigneur ». Pour Origène, les Écritures sont le livre scellé de sept sceaux de l'Apocalypse, que seul peut ouvrir l'Agneau immolé ; le Christ en est la clé (*Sur l'Évangile de Jean* 5, 6). C'est quand il est étendu sur la croix que le livre est ouvert et la prophétie dévoilée, dit Hippolyte : « Ce qui autrefois était scellé et inconnaissable est aujourd'hui annoncé sans ambages sur les toits. Le livre de la vie ouvert désormais au grand jour est déployé sur le bois, avec son titre en latin, en grec et en hébreu, pour que Romains, Hellènes et Hébreux y puisent la doctrine, pour que, dans l'attente des biens à venir, les hommes croient à ce qui est écrit dans ce livre de vie » (*Sur Daniel* 4, 60).

Ainsi, l'accomplissement des Écritures est la révélation (au sens où le développement révèle une photographie) du mystère qui y était caché. Désormais, l'image de l'Ancien Testament aux contours encore flous, pour laquelle les Pères parlent de croquis, d'ébauche, ou de maquette, apparaît en toute clarté. Cette lecture est fondamentale dans le christianisme dès l'origine. « Celui dont ont parlé la Loi et les prophètes, nous l'avons trouvé ! » est un cri de triomphe qui résonne au seuil de l'Évangile de Jean (1, 45) ; il résume l'intense activité exégétique à laquelle se sont livrées les premières générations chrétiennes, et dont les Évangiles, tissés d'allusions scripturaires, sont déjà les témoins.

La « typologie »

Sur la base de ces principes, il apparaissait légitime de chercher dans l'Ancien Testament, dans les paroles, mais aussi les personnages, les récits, les institutions cultuelles, mille signes précurseurs de la Figure unique, la seule Image authentique de Dieu qu'est le Fils unique. On parle généralement à ce sujet d'exégèse « typologique ». De l'idée primitive qu'il y a dans l'Ancien Testament des préfigurations, on est passé à la conviction que « tous les événements qui ont eu lieu dans l'ancienne Loi étaient autant de signes préfiguratifs de notre foi », comme l'écrit l'Ambrosiaster (*Questions sur l'Ancien Testament* 95). Et Augustin : « Tout ce qui est contenu dans ces livres ou bien est dit de lui ou bien en vue de lui » (*Contre Fauste* 12, 7).

Toutes les figures convergent vers le Christ, et elles sont comme différentes notes écrivant une unique mélodie. L'Écriture, disait Origène, « est l'instrument de musique unique de Dieu, parfait et accordé, produisant à l'aide de sons différents une seule mélodie salutaire pour qui veut bien l'apprendre » ; il en est des livres de la Bible « comme des différentes cordes du psaltérion ou de la cithare : chacune d'elles produit un son qui lui est propre, en apparence sans ressemblance avec celui des autres ; l'ignorant, celui qui ne connaît pas les règles de l'harmonie musicale, croit qu'elles sont en dysharmonie à cause de la dissemblance des sons ; de la même façon, ceux qui ne savent pas écouter l'accord de Dieu dans les Écritures sacrées croient que l'Ancienne Écriture est sans accord avec la Nouvelle, les Prophètes sans accord avec la Loi, les Évangiles sans accord entre eux, l'Apôtre (Paul) sans accord avec l'Évangile ou avec lui-même ou avec les autres apôtres. Mais que vienne celui qui a été instruit dans l'art musical de Dieu, quelque savant en actes et en paroles [...] et celui-là produira le son de l'art musical de Dieu » (*Philocalie* 6, 2).

Les chapitres qui suivent mettront en lumière tel ou tel aspect de la lecture typologique, ce qui nous dispense d'en dire ici davantage. Contentons-nous de citer l'introduction du traité *Des mystères* d'Hilaire, qui montre bien l'importance que revêt pour les anciens ce type d'exégèse. « Toute l'œuvre contenue par les saints Livres, écrit l'évêque de Poitiers, annonce par des paroles, révèle par des faits, établit par des types (*exempla*), l'avènement de notre Seigneur Jésus-Christ qui, envoyé par son Père, s'est fait homme en naissant d'une Vierge par l'opération du Saint-Esprit. C'est lui en effet qui, pendant toute la durée du monde présent, par des préfigures vraies et manifestes, engendre, lave, sanctifie, sépare ou rachète l'Église dans les patriarches : par le sommeil d'Adam, par le déluge de Noé, par la bénédiction de Melchisédech, par la justification d'Abraham, par la naissance d'Isaac, par la servitude de Jacob. Bref, pendant tout le déroulement du temps, l'ensemble des prophéties, mise en œuvre du mystère, nous a été donné par bienveillance pour nous faire connaître son Incarnation à venir » ; « chaque personnage, chaque époque, chaque fait, projette comme sur un miroir toute l'image de sa venue, de sa prédication, de sa Passion et de sa Résurrection » ; aussi Hilaire se propose-t-il « de traiter de tout, chaque chose en son temps, à commencer par Adam, point de départ de notre connaissance du genre humain, pour qu'on reconnaisse que ce qui a reçu dans le Seigneur son total achèvement était préfiguré de multiple façon depuis l'origine du monde » (1, 1).

L'exégèse paléochrétienne est donc foncièrement christocentrique. Comme le dit Augustin, « actuellement, notre préoccupation unique, que nous écoutions les psaumes, les prophètes ou la Loi, tous écrits avant la venue dans la chair de notre Seigneur Jésus-Christ, doit être d'y voir le Christ » (*Sur le psaume* 98, 1). Même les paraboles qui nous semblent comporter une leçon essentiellement éthique, comme celle du Bon Samaritain, qui invite à voir en tout homme le prochain qu'il faut aimer comme soi-même, sont d'abord un enseignement sur le Christ : c'est lui le Bon Samaritain.

Mais les anciens reconnaissent aussi que les textes doivent être lus à différents niveaux de signification. La plupart du temps, ils parlent de deux sens, littéral et « spirituel ». Le sens « spirituel » est un sens figuré, qui peut recevoir des dénominations diverses en fonction des différentes applications qui en sont faites. Le livre de l'Exode raconte que Dieu nourrit le peuple au désert d'une manne venue du ciel. Prendre le texte au sens littéral, c'est admettre qu'un jour est tombée du ciel une substance nourrissante qui a permis aux Hébreux dans la détresse de se sustenter ; la plupart du temps, ce sens

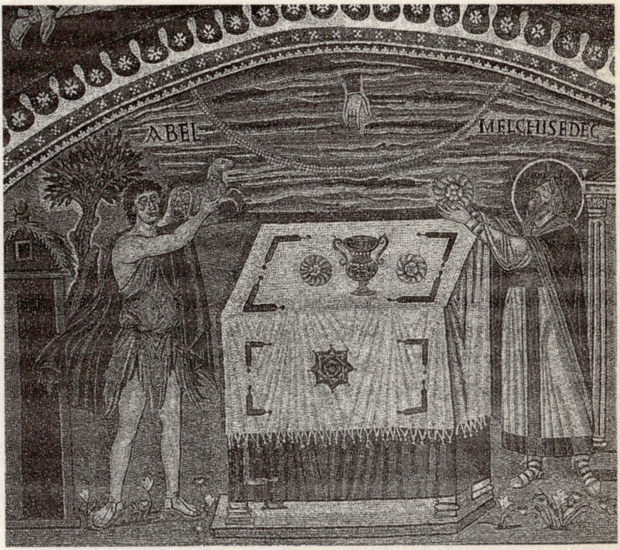

Offrande eucharistique : évocation « typologique » du sacrement, à travers l'offrande d'Abel à Melchisédech. (Ravenne, Saint-Vital, mosaïque.) © Dagli Orti.

est admis sans autre forme de procès, mais on ne s'y attarde pas. Au sens spirituel, ou typologique, on dira que le don de la manne au désert préfigurait les multiplications des pains relatées dans les Évangiles, quand Jésus a nourri de quelques pains la foule qui l'avait suivi dans les lieux déserts pour écouter son enseignement. Mais on pourra dire également que la manne est la figure du sacrement de l'eucharistie, pain « venu du ciel », par lequel, durant le temps de l'Église, le Seigneur continue à nourrir les croyants dans les déserts de la vie. En fait, une même figure de l'Ancien Testament est susceptible de recevoir trois applications distinctes : au temps de l'Incarnation, au temps de l'Église, aux temps eschatologiques. Ainsi, Noé dans l'arche peut représenter le Christ au tombeau, le croyant lors du baptême et l'homme au jugement dernier.

Aux deux sens fondamentaux s'en ajoute un troisième, parfois dénommé sens « moral », et que les modernes qualifieraient plus volontiers de spirituel, car il applique la figure à la vie spirituelle de l'individu. En effet, ce qui est dit du Christ peut souvent être dit aussi du fidèle, car il s'est incarné pour être « l'aîné d'une multitude de frères », et il est, selon la métaphore employée dans les Épîtres de Paul, la Tête du Corps que représente l'Église, ensemble des croyants. L'Écriture peut ainsi recevoir des sens multiples, tous licites dans la mesure où ils sont conformes à « la règle de vérité », c'est-à-dire à l'ensemble de la doctrine, qui demeure la pierre de touche de toute exégèse. C'est dans l'approche « spirituelle » des textes sacrés que les anciens excellaient ; et si les progrès de l'étude des textes ont rendu fastidieuses et obsolètes leurs explications littérales, leur exégèse symbolique demeure un monde fascinant, où inventivité, fantaisie et poésie corrigent ce qu'il pourrait y avoir de rebutant dans une littérature de commentaire.

Les anciens se sont souvent émerveillés de la richesse des Écritures. « Qui est capable de saisir toutes les dimensions d'une de tes paroles, ô Dieu ? Ce que nous en laissons est bien plus abondant que ce que nous en prenons, comme lorsque l'assoiffé s'abreuve à une source », dit Éphrem (*Sur le Diatessaron* 1, 18). La profondeur de l'Écriture, son obscurité mystérieuse, son abondance nourricière, s'expriment dans l'image de la forêt. Origène « parcourt la vaste forêt des Écritures » (*Sur Ézéchiel* 4, 1) ; Tyconius parle de « l'immense forêt de la prophétie » (*Règles* 1), et Augustin écrit dans les *Confessions* : « Ce n'est pas pour rien, Seigneur, que tu as voulu faire écrire tant de pages obscures et secrètes ; ces forêts-là n'ont-elles pas leurs cerfs qui s'y réfugient, y refont leurs forces, s'y promènent et y paissent, s'y couchent et y ruminent ? » (11, 2, 3). Les Écritures sont l'objet d'un approfondissement et d'une recherche constants, parce que c'est Dieu que l'on recherche et que l'on rencontre à travers sa parole.

Le témoignage de l'art paléochrétien, de la liturgie et des textes anciens convergent : l'enseignement chrétien des premiers siècles repose surtout sur l'Ancien Testament, dont on fait une lecture symbolique. Plusieurs facteurs ont contribué à cela, dont le moindre n'est pas la valeur pédagogique des images. Que pouvait-on imaginer de mieux, pour fixer dans les mémoires l'essentiel de la doctrine, que de le rattacher aux anciennes figures ? Ces vieux textes patinés par le temps, si concrets, si imagés, si bizarres parfois, si simples et en même temps si profonds, sont tout simplement inoubliables.

[illegible]

[illegible] comme le [illegible]
[illegible]
[illegible] pour les [illegible]
[illegible] des biens [illegible]
ou encore un [illegible]
d'affection [illegible]
chasse le [illegible]
tion [illegible]
[illegible]
enfants des villages [illegible]
[illegible]

CHAPITRE III

LE BERGER DIVIN

Comprenons donc la réalité cachée sous ces images. Cette brebis n'était pas réellement une brebis, et ce berger est tout autre chose qu'un berger. Ce sont là des exemples qui nous enseignent des mystères cachés.

Astérios d'Amasée

« Un pauvre n'avait qu'une brebis, une seule petite brebis qu'il avait achetée. Il la nourrissait et elle grandissait avec lui et avec ses enfants, mangeant avec lui, buvant dans sa coupe, dormant sur son sein : c'était comme sa fille ! » (2 Samuel 12, 3). Cette image touchante que le prophète Nathan met devant les yeux du roi David pour lui faire comprendre la vilenie qu'il a commise en s'emparant de la femme d'Urie le Hittite, comme le méchant riche de la brebis du pauvre, révèle combien la relation entre la brebis et le berger était parlante pour les anciens. Mainte représentation nous montre des brebis jetant des regards langoureux à leur berger, ou encore un berger caressant une brebis avec autant d'affection que nous en dispensons à nos chiens ou à nos chats. Le berger qui paît ses moutons, dans les civilisations agricoles et pastorales, est une image de l'harmonie cosmique et du bonheur. La vie rude dans les pâturages éloignés des villages, les nuits sur le sol dans l'enclos des brebis pour les protéger du loup, tout cela est oublié :

dans le monde gréco-romain urbanisé au sein duquel s'est développé le christianisme, la vie pastorale est idéalisée, au point de devenir l'image de la vie paradisiaque des défunts dans l'au-delà : de nombreux sarcophages païens sont décorés de scènes pastorales.

Dans la Bible aussi le motif du berger est très répandu. Même aux époques où un souverain gouverne Israël, les Écritures saintes rappellent au peuple qu'il n'a d'autre roi que Dieu ; or, pour tout le Moyen-Orient ancien, et la Grèce aussi, le roi est le berger de son peuple. « C'est lui notre Dieu, et nous le peuple de son bercail, le troupeau que mène sa main », déclare le psaume (95, 7) ; « il reprend, il corrige, il enseigne, il ramène, tel le berger, son troupeau », est-il dit ailleurs (Siracide 18, 13). Les chefs d'Israël doivent avoir pour le peuple la même sollicitude que le berger divin, et c'est parce qu'ils étaient de bons bergers que Moïse ou David ont conduit le peuple : « Je t'ai pris au pâturage, derrière les brebis, pour être chef de mon peuple Israël », dit le Seigneur à David (2 Samuel 7, 8). Les mauvais rois sont de mauvais bergers, qui exploitent le troupeau sans lui donner les soins nécessaires (Ézéchiel 34) ; « celle qui a disparu, il n'en a cure ; celle qui s'est égarée, il ne la recherche pas, celle qui est blessée, il ne la soigne pas » (Zacharie 11, 16). Dieu suscite alors des prophètes annonçant qu'Il va prendre les choses en main, paître lui-même son troupeau (Jérémie 23, 3), et lui envoyer un berger selon son cœur : « Je susciterai à la tête de mon troupeau un berger unique ; il le fera paître ; ce sera mon serviteur David » (Ézéchiel 34, 23). Le Messie sera un nouveau David.

On comprend dès lors que le Nouveau Testament présente Jésus comme le berger venu « pour les brebis perdues de la maison d'Israël » (Matthieu 10, 6), celui qui a pitié des foules qui sont comme des brebis sans berger faute d'enseignements adéquats (Marc 6, 34), « le berger et gardien des âmes » (Première Épître de Pierre 2, 25). La parabole de la brebis perdue met en scène un berger qui risque tout pour sauver une seule brebis, et un discours de l'Évangile de Jean décrit Jésus comme le bon berger qui donne sa vie pour ses brebis (Jean 10). Les responsables des communautés ou leurs didascales sont à leur tour appelés des bergers, à l'imitation du Christ, qui est « le chef des bergers » (Première Épître de Pierre 5, 4). Il en reste des traces aujourd'hui encore : dans certaines Églises protestantes, les chefs de communautés sont appelés des « pasteurs », et dans l'Église catholique, les évêques ou les abbés des monastères ont pour signe distinctif une crosse, canne à l'extrémité recourbée, dont l'ancêtre est le *pedum,* le bâton des bergers antiques.

La figure du berger est celle qu'on rencontre le plus fréquemment dans l'art paléochrétien : il y en a au moins neuf cents représentations. Quel sens faut-il leur accorder ? Simples images bucoliques suivant la mode du monde antique ? Le berger des catacombes est-il celui qui, tel Hermès Psychopompe, berger lui aussi, conduit l'homme vers l'au-delà ? Représente-t-il, comme on l'a dit, une figure abstraite et générale du salut ? Il est probable que toutes ces harmoniques ont joué, mais cela ne doit pas faire perdre de vue le contenu proprement chrétien du thème. Les chrétiens des premiers siècles étaient en effet prompts à voir des symboles de leur foi dans les objets ou images les plus banales (la croix dans le mât d'un navire, dans une charrue ou une échelle...). Il serait surprenant qu'une représentation de berger, quelle qu'elle fût, n'ait pas éveillé dans leur esprit le souvenir du Christ, auquel les textes les plus anciens donnent le titre de « berger des brebis du roi céleste » (Clément d'Alexandrie), « berger de l'Église universelle répandue sur toute la terre » (Polycarpe), « berger de ceux qui sont sauvés » (Méliton), et encore « saint berger qui fait paître ses troupeaux sur les montagnes et dans les plaines » (inscription d'Abercius).

1. LA PARABOLE DE LA BREBIS PERDUE, FIGURE DE L'INCARNATION, DE LA PASSION ET DE LA DESCENTE AUX ENFERS

Un bon berger est capable de laisser là tout son troupeau pour sauver une seule brebis en danger : telle est la leçon de la parabole de la brebis perdue dans le Nouveau Testament. « Si un homme a cent brebis, dit Jésus dans l'Évangile de Matthieu, et que l'une d'entre elles vienne à s'égarer, ne va-t-il pas laisser les quatre-vingt-dix-neuf autres dans la montagne pour aller à la recherche de celle qui s'est égarée ? Et, s'il parvient à la retrouver, en vérité, je vous le déclare, il en a plus de joie que des quatre-vingt-dix-neuf qui ne se sont pas égarées » (18, 12). Luc, qui rapporte également la parabole, est le seul à dire que le berger ramène la brebis sur les épaules, peut-être parce qu'il est de culture grecque et qu'il a en mémoire le berger « criophore » (porteur de bélier) de la statuaire hellénistique, qui pouvait évoquer la vertu de « philanthropia », c'est-à-dire l'amour de l'humanité : « Quand il l'a retrouvée, il la charge tout joyeux sur ses épaules, et, de retour à la maison, il réunit ses amis et ses voisins et leur dit : "Réjouissez-vous avec moi, car je l'ai retrouvée, ma brebis qui était perdue !" » (15, 5). La mémoire amalgamant spontanément les deux récits, c'est l'image familière du berger portant la brebis sur les épaules qui domine dans les textes et les représentations figurées, alors même que les auteurs anciens se réfèrent généralement à la parabole de Matthieu.

Le motif du Christ berger est très connu dans l'Antiquité, parce qu'il joue un rôle important dans la catéchèse baptismale. Il est au centre du psaume 23, qui était appris par cœur par les futurs baptisés et chanté lors du baptême, selon un usage remontant probablement au IIIe siècle : « Le Seigneur est mon berger, rien ne saurait me manquer. Sur des prés d'herbe fraîche, il me fait paître ; vers les eaux du repos il me guide, il y refait mon âme… » On expliquait aux catéchumènes que les eaux du repos étaient la fontaine baptismale ; l'herbe nourrissante, les Écritures sacrées ; au verset 5, le parfum évoquait l'onction donnée au baptême, et la coupe débordante figurait l'eucharistie que les néophytes recevaient pour la première fois au sortir du baptistère. Il n'est donc pas surprenant que la décoration des baptistères paléochrétiens fasse une large place aux images pastorales et notamment à celle du berger porteur de brebis, que les iconographes désignent généralement du nom de « bon Pasteur » : on les rencontre dès la première moitié du IIIe siècle à Doura Europos, et ensuite dans les baptistères de Rome, Naples, Milan, Ravenne. Sur la figure du bon berger s'était en effet greffé un riche enseignement doctrinal.

La descente de la montagne :
la venue du Verbe dans le monde.

Dans l'Évangile de Matthieu, le berger a son parc à brebis dans les montagnes ; chez Luc, il est dans le désert. Dans les commentaires, la première image a éclipsé la seconde, à cause de la valeur symbolique attachée à la montagne : elle figure en effet le monde d'en haut, d'où le Fils de Dieu est descendu pour venir parmi les hommes.

« Le Seigneur est venu rechercher la brebis qui avait péri, dit Irénée, et c'est l'homme qui avait péri » (*Démonstration de la prédication apostolique* 33). « Elle s'était égarée en Adam, attirée par les pièges du serpent », écrit Ambroise ; « elle avait défailli, n'ayant pour subsister que les nourritures du monde » (*Apologie de David* 1, 5, 20). La brebis égarée, qui, comme l'écrit Jérôme, « errait dans les lieux inférieurs », représente l'homme (*Contre Jean de Jérusalem* 34). L'homme, donc, était perdu ; or, « le Fils de l'homme est venu sauver ce qui était perdu » (Luc 19, 10). La descente du berger signifie donc l'Incarnation du Fils de Dieu en vue du salut des hommes. « Descente » et « remontée » sont en effet des métaphores familières à l'Évangile de Jean pour évoquer l'Incarnation et la Résurrection. Origène dépeint l'Incarnation comme « une descente extraordinaire due à un excès d'amour pour les hommes, en vue de ramener, selon l'expression mystérieuse de la divine Écriture, "les brebis perdues de la maison d'Israël", descendues des montagnes, et vers lesquelles le berger de certaines paraboles est descendu, laissant sur les montagnes celles qui ne s'étaient pas égarées » (*Contre Celse* 4, 17). Une brebis avait péri, dit-il encore, mais « le bon pasteur, laissant les quatre-vingt-dix-neuf autres sur la montagne, descendit dans notre vallée, notre vallée de larmes, la chercha, et, l'ayant retrouvée, la mit sur ses épaules » (*Homélies sur les Nombres* 19, 4).

Résumant cette interprétation, que l'on trouve encore chez bien d'autres auteurs, Jérôme écrit dans son commentaire *Sur Matthieu* (18, 12) que, dans le bon pasteur rapportant la brebis, certains voient le Fils de Dieu, « qui, "bien que de condition divine, ne retint pas jalousement le rang qui l'égalait à Dieu, mais s'anéantit, prenant la condition d'esclave, se faisant obéissant jusqu'à la mort, la mort de la croix" (Épître aux Philippiens 2, 6-8). Il descendit sur terre, précisément pour sauver l'unique petite brebis perdue, c'est-à-dire le genre humain ». La descente du Fils symbolise donc non seulement la venue du Fils de Dieu parmi les hommes, mais aussi la kénose divine par laquelle, en quelque sorte, la divinité renonce à sa toute-puissance pour s'incarner. Pour Jérôme la « condition de berger » (*forma pastoris*) n'est autre que la « condition d'esclave » (*forma serui*) dont parle Paul (*Sur Isaïe* 11, 40, 9-11). Dans l'interprétation symbolique d'Ambroise se superposent l'image du bon pasteur qui descend de la montagne pour prendre sur ses épaules la brebis et celle du bon Samaritain qui, descendant de Jérusalem à Jéricho, charge l'homme couvert de plaies sur sa monture : deux images de l'homme blessé par le péché, deux images de l'Incarnation.

Le berger porteur de la brebis peut donc être une image du Fils de Dieu incarné. Comme l'écrit Grégoire de Nysse : « Prenant sur lui la brebis, le berger est devenu un avec elle ; la brebis assumée sur les épaules du berger, c'est-à-dire dans la divinité du Seigneur, devient une avec lui parce qu'il s'en est chargé » ; « il est brebis en celui qu'il a assumé, berger en celui qui l'assume » (*Contre Apollinaire* 16). La brebis figure l'humanité du Verbe. Cyrille d'Alexandrie associe ce thème à un autre, celui de la brebis plus docile que le berger utilise pour ramener les autres dans le bon chemin : « Tout comme des brebis, nous avions erré ; c'est pourquoi il a été mené à la mort comme une brebis, et, comme un agneau, est resté muet devant les tondeurs. Comme le berger, quand il voit ses brebis dispersées, en prend une et l'amène vers le pâturage de son choix, attirant ainsi toutes les autres, de même, le Verbe Dieu, quand il a vu le genre humain errant, a pris la forme d'esclave et, se l'étant unie, il a par cette forme attiré à lui toute l'humanité, conduisant vers le pâturage divin les brebis qui paissaient mal et étaient exposées aux loups. Voilà pourquoi notre Sauveur a pris notre nature, a subi la Passion et est ressuscité » (*Sur l'Incarnation du Seigneur* 28).

La descente du berger dans la mort et les enfers

C'est sur le mouvement de descente et de remontée du berger que s'est d'abord concentrée l'exégèse. « Il descendit parce que nous étions en bas et il remonta pour que nous ne restions pas en bas », dit Augustin (*Sermon Dolbeau* 26, 48). Il y a entre le Christ berger et la descente aux enfers un lien qui remonte aux toutes premières générations chrétiennes. Le prophète Isaïe, dans la version grecque de la Septante (63, 11), dit que Dieu est « Celui qui fait remonter de terre le berger des brebis ». Il s'agissait, dans le contexte, de Moïse lors du passage de la mer Rouge ; l'Épître aux Hébreux a appliqué le verset au Christ, en affirmant que Dieu « a fait remonter de chez les morts le grand pasteur des brebis » (13, 20).

La descente du Verbe dans l'Incarnation se prolonge dans la mort et la descente aux enfers : le Christ, dit Irénée, est « descendu dans les profondeurs de la terre pour y chercher la brebis perdue » (*Contre les hérésies* 3, 19, 3). À la fin du IVe siècle, Basile de Césarée écrit encore que « la Mort a fait paître les hommes » (Psaume 48, 15) jusqu'au moment où est venu le vrai Berger qui a donné sa vie pour ses brebis et les a tirées du cachot de la mort (*Sur le psaume* 48, 9). Et dans un sermon africain anonyme du Ve siècle, on peut lire : « Quand le Christ est-il allé à la recherche de la brebis, sinon quand il est descendu du ciel ? Quand l'a-t-il retrouvée ? Quand il est descendu aux enfers » (Pseudo-Augustin, *Sermon Leclerc* 3).

La parabole de la brebis perdue est pour un auteur du IIIe siècle « une parabole de la Passion » (Pseudo-Cyprien, *De centesima* 10). « Le Fils de Dieu, écrit Jérôme, a subi les coups, la croix et le fouet à cause d'une seule brebis malade, laissant les quatre-vingt-dix-neuf autres sur la montagne » (*Contre Jean de Jérusalem* 4). « Dans les derniers temps, est-il dit dans un sermon latin du Ve siècle, notre Seigneur est venu pour chercher l'homme qu'il avait créé, c'est-à-dire pour faire passer de la mort à la vie tout le genre humain. Car pour nous il est allé à la mort, pour donner la vie à ceux qui étaient morts » (*PLS*[1] 3, 867). « C'est de la brebis qu'il a perdue que se préoccupe le plus le berger, dit Aphraate, plus que de toutes celles qui n'ont pas erré. En effet, le Messie est mort pour les pécheurs et non pour les justes » (*Exposés* 7, 13). L'image de la brebis sur les épaules du Christ se confond parfois avec celle du Christ en croix : « Les épaules du Christ sont les bras de la croix : c'est là que j'ai déposé mes péchés, c'est sur le noble cou de ce gibet que j'ai reposé », écrit Ambroise (*Sur l'Évangile de Luc* 7, 209). Et il fait cette prière : « Place la brebis lasse,

1. Pour les abréviations, voir p. 235-236.

Le bon berger remonte, porteur de la brebis perdue.
(Rome, catacombe de Callixte, crypte de Lucine, pierre tombale.)

ô bon pasteur, sur tes épaules, c'est-à-dire la croix » (*Sur le psaume* 118, 20, 33). Pour Augustin, c'est le berger déchiré par les ronces dans sa quête de la brebis qui évoque les souffrances de la Passion : le Christ, dit-il, a été « lacéré par les épines de la Passion » (*Sermon* 89, 1).

Au IVe siècle, on insiste volontiers sur l'état pitoyable de la brebis, que « sa trop grande faiblesse empêche de marcher » (Jérôme, *Sur Matthieu* 18, 12) ; fatiguée, blessée, malade, elle porte les stigmates de ses errances, elle est « languissante du fait de ses péchés » (*Contre Jean de Jérusalem* 34). Chez Augustin, la brebis incapable de marcher et de revenir toute seule à la bergerie enseigne que, sans la grâce, l'homme ne peut en aucune façon être sauvé (*Sur le psaume* 77, 24) ; elle représente la nature humaine blessée par le péché. Porter la brebis, c'est donc aussi porter le péché du monde : « Le Christ vous porte en son corps, ayant pris sur lui vos péchés », dit Ambroise (*Sur Luc* 7, 76). Une fresque insolite de la catacombe des Jordans, qui représente sur les épaules du berger une brebis très mal en point, veut probablement rappeler l'état où la chute avait réduit l'homme, auquel le bon Pasteur vient apporter le salut.

2. LE BERGER QUI REMONTE PORTEUR DE LA BREBIS, FIGURE CHRISTIQUE DU SALUT

Le retour du berger : la résurrection et l'ascension du Christ

La parabole de la brebis perdue ne mentionne pas explicitement le retour du berger vers le troupeau qu'il a laissé sur la montagne. Pourtant, la remontée du berger est mise en relief par bon nombre d'auteurs, pour qui le berger portant la brebis sur ses épaules représente le Christ remontant vers le Père après avoir accompli le mystère de la rédemption.

Selon Irénée, « après être descendu pour nous dans les profondeurs de la terre afin d'y chercher la brebis perdue, c'est-à-dire son propre ouvrage par lui modelé, il remonte dans les hauteurs, pour offrir et remettre à son Père l'homme ainsi retrouvé, effectuant en lui-même les prémices de la résurrection de l'homme. C'était afin que, tout comme la Tête est ressuscitée des morts, le reste du Corps, c'est-à-dire tout homme qui sera trouvé dans la vie, ressuscite » (*Contre les hérésies* 3, 19, 3). Le berger porteur de la brebis évoque donc le Christ ressuscité qui s'en retourne au ciel, gage de la résurrection de l'homme. Comme l'écrit Origène : « Pour une seule petite brebis qui s'était égarée, il est descendu sur la terre, il l'a trouvée, mise sur ses épaules et l'a remportée dans les cieux » (*Sur Josué* 7, 16). Dans l'humanité ressuscitée du Christ, les hommes sont déjà virtuellement ramenés au Père lors de l'Ascension (Hilaire, *Sur Matthieu* 18, 6). « Le Christ vous porte *en son corps,* ayant pris sur lui vos péchés », dit de son côté Ambroise ; « pasteur, il rapporte la brebis [...]. La brebis qui s'était égarée en Adam *est relevée* dans le Christ » (*Sur Luc* 7, 208-209).

L'Ascension est l'achèvement du mouvement de la Résurrection. Pour Pierre Chrysologue, évêque de Ravenne au Ve siècle, le Christ a chargé ses épaules de la brebis et, « tout joyeux de la joie de la résurrection, l'a portée et ramenée par son ascension jusqu'à la demeure céleste ». Un sermon africain à peu près contemporain insiste fortement sur ce thème : Jésus a placé la brebis sur ses épaules lors de l'Ascension, et, « en enlevant au ciel la chair de l'homme, il a fait à tous sans exception un riche cadeau. Car, depuis que nous savons que le corps du genre humain est au ciel, nous croyons que tous, dans le futur, nous recevrons cette éternité que notre corps a déjà reçue dans le Christ » (Pseudo-Augustin, *Sermon Leclerc* 3). Cette doctrine, qu'on rencontre aussi bien à Alexandrie, que dans les Gaules, en Italie du Nord, ou en Afrique, a été divulguée par la liturgie, celle de la vigile pascale ou celle de la fête de l'Ascension. « Ô nuit (pascale) où la brebis est ramenée sur les épaules du bon berger... », dit une prière du *Missel gothique* d'Autun.

La brebis réintégrée dans le troupeau : le retour à la vie

Le berger qui porte la brebis sur ses épaules exprime donc la rédemption de l'homme. Le Psalmiste chante : « J'ai erré comme une brebis perdue, viens chercher ton serviteur ! » (Psaume 118, 176), et Hilaire commente : « Il a hâte d'être ramené sur les épaules de son pasteur, comme la brebis égarée et perdue, pour que son accueil dans le ciel par son Sauveur, pasteur éternel, donne des joies éternelles aux anges. En effet, le Fils de l'homme est venu sauver ce qui était perdu » (*Sur le psaume* 118, 176). Le Seigneur, dit Irénée, « a recouvré la brebis perdue et l'a réintégrée avec allégresse dans le troupeau de la vie » (*Contre les hérésies* 5, 12, 2).

La brebis est ramenée au milieu des quatre-vingt-dix-neuf autres. Là où nous pensons pourcentage (1 % !), les anciens voient un symbole : « Je te l'ai dit cent fois ! », équivaut à « je ne cesse de te le dire ». Cent est le chiffre de la totalité et désigne l'ensemble des créatures spirituelles, anges et hommes. Pour Méthode d'Olympe, le Christ est le berger d'un troupeau qui comptait un nombre parfait de brebis : cent ; les montagnes où est ramenée la brebis figurent les cieux, les quatre-vingt-dix-neuf brebis restées au bercail sont les anges, tandis que l'unique brebis perdue est l'humanité égarée (*Le Banquet* 3, 5-6). La même interprétation revient chez Hilaire, Ambroise, Augustin et d'autres encore. Le retour au nombre cent, symbole de la plénitude, marque l'achèvement de l'économie du salut et de l'histoire du monde : « le nombre de la création de Dieu retrouve son harmonie », dit Grégoire de Nysse (*Sur l'Église* 2).

La brebis sur les épaules : l'humanité sauvée

La tradition d'interprétation de la parabole est quasi unanime sur ce point : la brebis unique que le Christ berger ramène sur ses épaules dans le bercail du salut figure l'humanité tout entière. Elle est « l'homme », Adam, en tant qu'il est la figure du Corps du Christ, dont les hommes sont les membres, selon la métaphore de saint Paul : « La brebis unique doit s'entendre de l'homme, et sous l'homme unique, il faut voir l'ensemble des hommes », affirme Hilaire de Poitiers (*Sur Matthieu* 18, 12). « Tous les membres de la petite brebis égarée ont été portés par le bon pasteur », dit un peu bizarrement Jérôme, signifiant par là que la brebis représente l'Église, Corps du Christ, et chacun des croyants (*Épître* 69, 1).

La parabole de la brebis perdue est utilisée dans des exhortations aux responsables des Églises pour stimuler leur zèle pastoral, comme on le voit dans la *Didascalie des Apôtres* (IIIe siècle), où ce conseil est donné à l'évêque : « Toi, en berger plein de tendresse et en pasteur diligent, mets-toi en quête, compte le troupeau, recherche la brebis manquante, comme le Seigneur Dieu, notre bon Père, qui a envoyé son Fils, en bon pasteur et sauveur, notre maître Jésus [...]. Recherche la brebis perdue, remets l'égarée dans le droit chemin, ramène celle qui s'est éloignée ; car tu as autorité pour convertir et pour décharger de leurs fautes ceux qui sont brisés » (*Constitutions apostoliques* 2, 20, 8-9).

Le retour de la brebis commence par le baptême, d'où les représentations pastorales dans les baptistères. Dans un sermon de Pâques, Jérôme déclare : « Si les anges se réjouissent et sont dans la joie pour un seul pécheur qui fait pénitence, et pour une seule petite brebis malade qui est ramenée sur les épaules du berger, combien plus se réjouissent-ils de voir que tant de frères sont renés dans la vasque de la vie... » (*Sur le psaume* 41). Par le baptême, « l'homme est placé sur les épaules du Christ », est-il dit dans un sermon africain du Ve siècle (Pseudo-Augustin, *Sermon Leclercq* 3).

Devant les images de l'art funéraire, où le berger joyeux porte une brebis gaillarde, comment ne pas évoquer les interprétations de la parabole où le berger est le Christ ressuscité qui, ayant arraché l'homme aux profondeurs des enfers, remonte avec lui vers le Père ? Dans de nombreuses représentations, le berger est encadré par deux brebis qui le regardent avec amour : le salut est accordé à l'individu au sein de la communauté, car « la brebis unique représente toute l'humanité ». Les images du Bon Pasteur ne sont si fréquentes dans l'art paléochrétien que parce qu'elles sont une représentation profondément christique du salut, englobant les idées d'Incarnation, de Passion et de Résurrection.

3. AUTRES IMAGES PASTORALES

Bergers paissant et trayant dans un jardin

Le Bon Pasteur est souvent représenté dans les catacombes entre deux arbres, évocation stylisée du jardin paradisiaque. En commentant le psaume 23, Athanase d'Alexandrie déclare : « Le lieu de verdure est le paradis d'où nous sommes tombés et où le Christ nous amène et nous établit par l'eau du repos, c'est-à-dire par le baptême ». Car, pour les Pères, la vie dans l'Église est déjà un avant-goût du paradis, et la parole de Dieu qu'on y lit et commente est le pâturage du berger divin. Un sermon africain du Ve siècle développe longuement le thème. « Le pâturage que t'a préparé le bon berger, dans lequel il t'a placé pour que tu sois rassasié, ce n'est pas la variété des herbes fraîches, les unes au suc doux, les autres au suc très amer, que parfois on trouve ou ne trouve pas selon le cours des saisons. Pour pâturage, c'est la douce parole de Dieu et ses préceptes qui ont été semés. C'est d'eux qu'avait goûté celui qui disait à Dieu :

Christ berger au milieu des brebis : celles-ci évoquent
peut-être l'ensemble des bienheureux.
(Rome, Cimetière Majeur, fresque.)

"Que tes paroles sont douces à ma bouche, plus que le miel et le rayon de miel" [...]. C'est à propos de ce pâturage que le berger clame aux brebis : "Travaillez pour la nourriture impérissable". Elle est impérissable, parce que la parole de Dieu demeure éternellement : le Verbe de Dieu est ta nourriture » (Pseudo-Augustin, *Sermon* 366, 3).

Sur une fresque du IIIe siècle, dans l'hypogée des Aurelii à Rome, on a représenté, un rouleau déroulé dans les mains, le Christ berger au milieu des brebis qu'il enseigne. « Sur la montagne de la sainte Écriture se trouvent des pâturages, tous nourrissants », dit Augustin (*Sermon* 46, 24) ; « pourtant, nous ne trouverons les pâturages véritables que dans ce lieu éternel où ceux qui ont faim et soif de la justice seront rassasiés, ces pâturages qu'a trouvés l'homme auquel Jésus a dit : "Aujourd'hui, tu seras avec moi dans le paradis" » (*Sur l'Évangile de Jean* 45, 15). Tel est le paradis eschatologique où est conduite la brebis errante : « Ô demeure lumineuse et splendide, j'ai aimé ta beauté et le lieu de gloire où habite mon Seigneur [...]. J'ai erré comme une brebis perdue, mais sur les épaules de mon berger, qui t'a construite, j'espère y être ramené » (*Confessions* 12, 15, 21).

De très nombreuses représentations mettent dans les mains du berger le bâton recourbé ou *pedum,* caractéristique de sa fonction. Dans la main du Christ, il représente la croix, comme le dit une homélie d'Astérios d'Amasée : « Comme un berger, il a mis en fuite la troupe des démons par le bâton de sa croix » (*Sur le psaume* 5, 19) ; et Théodore le Studite écrit : « C'est par la croix que nous avons été ramenés comme les brebis du Christ et que nous sommes rassemblés dans la bergerie d'en haut » (*Homélie, PG* 99, 696-700). Dans le mausolée de Galla Placidia à Ravenne, le Christ berger, dont la divinité est marquée par le nimbe crucifère et la pourpre impériale de son vêtement, s'appuie non plus sur une houlette, mais sur une croix.

Nombre de sarcophages représentent un berger en train de traire : image idyllique de l'abondance paradisiaque que l'on trouve déjà dans le paganisme, mais qui, pour les chrétiens, revêt aussi un autre sens. Dans la vie nomade des patriarches bibliques, le lait est une nourriture essentielle, et il leur est promis une terre « ruisselante de lait et de miel » (Exode 3, 8) ; la promesse ne doit être totalement accomplie que dans le paradis eschatologique où « les collines ruisselleront de lait » (Joël 4, 18). L'image du lait est à lire dans une double perspective : le croyant est dès aujourd'hui nourri de lait, dans l'Église, qui est anticipation du paradis (ce que signifiait la coupe de lait et de miel qu'on faisait boire aux néophytes dans certains rites du baptême) et il le sera plus abondamment encore dans l'autre monde. « On ne saurait trouver quelque chose de plus nourrissant et de plus doux que le lait, écrit Clément d'Alexandrie ; en tout point, la nourriture spirituelle lui est semblable ; douce, parce qu'elle est donnée par grâce, nourrissante, parce qu'elle est vie » ; c'est le Christ qui « donne aux tout-petits que nous sommes le lait de l'amour » (*Pédagogue* 1, 40, 2). « "Je vous ai donné à boire du lait", cela signifie : je vous ai versé la connaissance qui, à partir de la catéchèse, vous élève jusqu'à la vie éternelle » (1, 36, 4) ; là, nous aurons une nourriture parfaite, un lait parfait « qui nous a été promis avec le miel pour le moment du repos éternel » (1, 36, 1). Voilà ce qu'évoquaient les bergers trayant et les seaux à lait portés par le Bon Pasteur.

Dans sa prison, Perpétue, martyrisée à Carthage en 202, se vit en songe pénétrer dans le paradis. « Je montai et vis un immense jardin, et, au milieu du jardin, assis, un homme aux cheveux blancs, en costume de berger. Il était de grande taille et trayait les brebis. Autour de lui, il y avait plusieurs milliers d'hommes vêtus de blanc. Il leva la tête, me regarda et dit : "Bienvenue, mon enfant". Et il m'appela et me donna comme une bouchée du fromage qu'il faisait. Je le reçus les mains jointes et la mangeai, et tous ceux qui l'entouraient dirent : “Amen !” À ce bruit, je m'éveillai, mâchant encore je ne sais quoi de doux » (*Passion de Perpétue et Félicité* 4). On l'aura compris aux résonances liturgiques : le berger est le Seigneur, et c'est l'eucharistie, c'est-à-dire Dieu lui-même qui, sous forme sacramentelle, nourrit tout l'être, que reçoit Perpétue sous la forme du fromage dans ce paradis bucolique.

Le berger musicien

Les pâtres, dans les *Bucoliques* de Théocrite ou de Virgile, semblent avoir comme principale occupation de faire des concours de poésie dans un cadre idyllique, et les peintures et sarcophages païens montrent souvent un berger qui joue de la flûte ou de la syrinx (c'est la flûte de Pan). Dans la Bible, David est à la fois pasteur de brebis et citharède, ce qui lui vaut d'entrer à la cour de Saül, où sa musique apaise les angoisses du roi, possédé par un esprit mauvais, et finalement de lui succéder sur le trône (1 Samuel 16, 14-23). La tradition lui attribue la composition du Psautier et l'organisation de la liturgie du Temple de Jésusalem. Berger et musicien, David, on l'a dit, est aussi la figure du Messie à venir ; c'est pourquoi la figure du berger musicien peut évoquer le Christ pour les premiers chrétiens.

« David, roi et cithariste, écrit Clément d'Alexandrie, nous a invités à trouver la vérité et nous a détournés des idoles » ; en jouant pour Saül, « il chassait les démons par sa musique de vérité » ; il était la figure de « ce descendant de David, qui existait avant David, le Logos de Dieu, qui, dédaignant la lyre et la cithare, ces instruments sans âme, régla par l'Esprit-Saint notre monde » (*Protreptique* 1, 5, 4). Dans le traité *Sur David et Goliath* d'Hippolyte, une génération plus tard, on voit que l'image de David, berger et musicien, qui sait arracher la brebis à la gueule du lion, se confond avec celle du Bon Pasteur : « Il est venu, le véritable David [...], il a fait paître les brebis de son Père, il a mis à mort la mort, tel le lion..., il a relevé l'homme, telle une brebis morte, a brisé la tête du serpent par son Bois, et arraché Adam à la gueule du Tartare, telle une brebis morte » (11, 4).

Ambroise, Augustin et Paulin de Nole voient également dans le Christ le vrai David musicien. Augustin s'écrie dans un sermon : « Voici qu'il est présent, le citharède que désignait David : c'est aujourd'hui qu'il s'est manifesté, puisqu'il a touché les cœurs des siens et en a tiré le son qu'il voulait pour se faire connaître de tous » (*Sermon* 265 B). L'instrument de David, dit Quodvultdeus, est « la cithare qu'il réalise avec le bois de la croix, avec les cordes de sa chair et de ses membres ; lorsqu'il la frappe du plectre de l'Esprit-Saint, il remplit tout être de bénédiction et il a tôt fait de chasser (comme David) le diable du cœur de ses ennemis » (*Sur les promesses* 2, 25, 52). L'instrument de musique peut aussi représenter l'homme habité par l'Esprit de Dieu. Philon d'Alexandrie l'avait dit du prophète, « l'instrument sonore dont Dieu frappe invisiblement les cordes avec son plectre » (*Quis rerum* 259). Les auteurs chrétiens généralisent l'image : « âme et corps, instrument aux mille voix », tout homme, quand il est animé par l'Esprit-Saint, est pour Dieu « une cithare, une flûte, un temple » ; « une cithare par son harmonie, une flûte par son souffle, un temple par sa raison, en sorte que l'une vibre, l'autre respire, et celle-ci abrite le Seigneur » (Clément d'Alexandrie, *Protreptique* 1, 5, 4).

Dans les mains du berger, la cithare ou la flûte évoque aussi « le chant céleste », « le chant nouveau » de la Nouvelle Alliance, grâce auquel, selon les termes de Clément, « ceux qui étaient morts et n'avaient pas part à la vie réelle, rien qu'en entendant ce chant, sont redevenus vivants » (*Ibidem*). La symphonie des Écritures, où Ancien et Nouveau Testament se répondent harmonieusement, sont, d'après Méthode d'Olympe, un chant divin qui délivre de tout lien mauvais, contrairement à celui des sirènes, qu'Ulysse put écouter seulement en se faisant attacher au mât du bateau ; « par avance les prophètes ont chanté mystérieusement l'économie des choses divines, et le chant des apôtres est l'interprétation du sens mystérieux de leurs paroles annonciatrices » (*Du libre-arbitre, PO* 22, p. 729).

Dans l'iconographie chrétienne, le berger musicien se confond parfois avec Orphée, qui de son chant et de sa musique charmait tous les animaux. La voie avait été préparée : l'assimilation de David musicien et du chanteur musicien mythique avait déjà été faite dans l'art juif, comme en témoignent les peintures de la synagogue de Doura Europos dans la première moitié du IIIe siècle. C'est bien Orphée, le poète thrace, reconnaissable à son vêtement oriental et son bonnet phrygien, que l'on représente, mais dans les exemples les plus anciens, à la catacombe de Callixte ou sur deux sarcophages d'Ostie, les animaux sauvages ont disparu ; il n'a plus à ses pieds que des agneaux ou des colombes, figure classique des chrétiens. Quodvultdeus manifeste bien la fusion des deux thèmes, quand il écrit que « David, en jouant harmonieusement de la cithare, charmait les animaux qui l'entendaient » (*Sur les promesses* 2, 25, 52).

Si le Christ est le véritable Orphée, c'est pour Clément d'Alexandrie parce qu'« il a apprivoisé les animaux les plus difficiles qui furent jamais, les humains : oiseaux comme les frivoles, serpents comme les trompeurs, lions comme les violents, pourceaux comme les voluptueux, loups comme les rapaces… Tous ces animaux, le chant céleste a pu les muer en hommes civilisés » (*Protreptique* 1, 4). Sans jamais prononcer le nom d'Orphée, un beau passage d'Ambroise use d'expressions montrant qu'il a dans l'esprit à la fois le Christ, David, et le musicien thrace qui charmait les fauves et amollissait les rocs au moyen des sons qu'il tirait de sa cithare : « Quel chant plus doux, quels accents plus suaves que la rémission des péchés et la résurrection des morts ? C'est là le chant que saint David, instrument de la voix de Dieu et interprète des paroles du Seigneur, a chanté sur la

Christ-Orphée.
(Rome, catacombe des saints Pierre et Marcellin, fresque.)

Christ-Orphée : les animaux sauvages
charmés par Orphée sont devenus des brebis.
(Sarcophage d'Ostia Antica.)

cithare de l'Esprit. Ce sont là les modulations de la grâce par lesquelles il apaisait l'âme et l'esprit. Par ce chant, il a apprivoisé la violence du monde, amolli la dureté du siècle ; par cette harpe, il a détruit la terreur de la mort ; par la douceur de ses cordes, il a foulé aux pieds l'enfer » (*Sur Jacob* 2, 9, 39). Dans les dernières lignes, les cordes tendues sur le bois du psaltérion évoquent la chair crucifiée du Christ, instrument de sa victoire sur la mort.

Le lecteur familier avec le mythe orphique — et qui ne l'était dans le monde romain, où Virgile, qui avait magnifiquement traité le thème au livre IV des *Géorgiques,* était au programme des classes ? — se rappelait qu'Orphée était lui aussi descendu aux enfers pour arracher Eurydice à la mort ; ce que n'avait pu l'homme « qui n'avait pas eu le courage de mourir par amour, mais avait usé d'artifice pour pénétrer vivant dans l'Hadès », comme dit Platon dans le *Banquet* (179 d), le Fils de Dieu, l'Orphée véritable, l'a fait. Tous ces textes font comprendre pourquoi on rencontre l'image d'Orphée dans les catacombes au même titre que le Bon Pasteur, en position centrale dans un plafond ou sur un arcosolium.

Citons en guise de conclusion une belle prière d'Ambroise de Milan, qui reprend plusieurs des thèmes que nous avons abordés. « Viens, Seigneur Jésus, viens chercher ton serviteur, viens chercher ta brebis fatiguée, viens, berger [...]. Viens sans te faire aider, sans te faire annoncer ; il y a longtemps que j'attends ta venue. Je sais que tu viendras, car "je n'ai pas oublié tes volontés". Viens sans bâton, avec seulement ton amour et ton esprit de douceur. N'hésite pas à laisser sur les montagnes tes quatre-vingt-dix-neuf brebis, car celles qui sont sur les montagnes ne peuvent être attaquées par les loups ravisseurs : au paradis, le serpent n'a pu nuire qu'une fois [...]. Viens à moi qui suis harcelé par les attaques de loups dangereux. Viens à moi qui, chassé du paradis, suis éprouvé par les morsures et le venin du serpent et qui me suis égaré loin du troupeau d'en haut. Car moi aussi, tu m'avais mis là-haut, mais les loups de la nuit m'ont éloigné de la bergerie. Viens me chercher, car je te cherche ; trouve-moi, prends-moi, porte-moi [...]. Viens donc chercher ta brebis, n'envoie pas tes serviteurs, n'envoie pas des mercenaires : viens toi-même [...] ! Prends-moi en cette chair qui est tombée en Adam [...]. Porte-moi sur ta croix qui est le salut des errants, qui seule est le repos des fatigués, en qui seuls vivront tous ceux qui meurent » (*Sur le psaume* 118, 22, 28-30).

CHAPITRE IV

LE SIGNE DE JONAS

Qui ne connaît la baleine qui, depuis le Moyen Age, a incarné dans l'imagination européenne le monstre marin engloutissant Jonas ? Le prophète râleur et indocile est le héros d'un petit livre attachant, qui remanie à sa façon quelque fable de marins et qui, à la manière des contes de Voltaire, donne une leçon profonde sous des dehors humoristiques. Jonas prétend servir le Dieu d'Israël, mais fuit le plus loin qu'il peut pour échapper à la mission qu'il veut lui confier, au point que Dieu est contraint d'employer les grands moyens : l'arrêter par une tempête et le ramener dans un gros poisson, qui se trouve là juste à point pour gober le prophète, jeté à la mer par les marins quand ils ont appris qu'il était la cause du déchaînement des éléments.

Le monde entier obéit au Seigneur, mais pas Jonas ! C'est seulement dans la panse du monstre marin, lorsque la situation est grave, que Jonas se met à manifester quelque piété et appelle Dieu au secours ; et il cesse de prier et recommence à se fâcher contre Dieu dès que sa situation s'est améliorée. Mais ce mal croyant n'est entouré que de païens à la piété exemplaire, qu'il s'agisse des marins contraints de le jeter à la mer pour apaiser la tempête, ou des habitants de Ninive qui, dès que Jonas les a menacés du jugement divin, se tournent vers Dieu et se mettent tous à jeûner ; même le bétail jeûne et se couvre de sacs en signe de pénitence ! Le message fondamental du livre porte sur la miséricorde du Dieu d'Israël, « Dieu de tendresse et de pitié, lent à la colère et plein de fidélité », qui veut accorder le salut à tous les hommes, aux païens comme aux juifs. Mais ce qu'on en retient, n'est-ce pas d'abord l'histoire du gros poisson ?

Nombreuses sont les représentations figurées de l'histoire de Jonas dès l'Antiquité. Ne serait-ce que dans les catacombes romaines, il y en a au moins 70 exemples, dont 30 sont des cycles à trois ou quatre épisodes ; en à peine plus d'un siècle, on en compte à peu près 200 sur les sarcophages. Et Jonas se trouve aussi sur des mosaïques et des petits objets. Le païen Celse, qui écrit vers 178 son *Discours véritable contre les chrétiens,* connaît déjà « Jonas sous la cucurbite ». Jonas était en quelque sorte mort et ressuscité, d'où sa popularité, notamment dans l'art funéraire.

1. LA FIGURE CENTRALE

Jonas dans la liturgie et la catéchèse

La célébrité du prophète est attestée par un épisode pittoresque que relate Augustin (*Épître* 71, 3, 5). L'évêque d'Oea, en Tripolitaine, soucieux d'utiliser une bonne traduction des textes sacrés et bien au courant des nouveautés en ce domaine, avait fait lire à l'église le livre de Jonas dans la traduction nouvelle de Jérôme, qui collait davantage au texte hébreu que l'ancienne traduction latine, faite sur la Septante grecque, qu'on utilisait jusqu'alors dans la liturgie. Tollé de l'assemblée : on leur changeait la religion ! Voilà en effet que la cucurbite, que Dieu avait fait pousser à Ninive pour abriter le prophète des rayons d'un soleil cuisant, était devenue un lierre !

Il n'y a pas besoin d'être grand clerc en critique littéraire pour discerner que la prière de Jonas est une pièce rapportée : c'est un psaume de supplication, inséré dans le livre pour corriger l'image peu édifiante que laissait un prophète dépourvu de piété. Mais les anciens ne voyaient pas les choses ainsi : à leurs yeux, le psaume récité dans le ventre du gros poisson transforme Jonas en un exemple du juste exaucé par Dieu ; les prédicateurs y ont recours pour rappeler au fidèle l'importance de la prière. « Sa prière troua les abîmes, dit Aphraate ; elle vainquit les vagues, fut plus forte que les flots. Elle troua les nuées, vola dans les airs, ouvrit le ciel [...]. Alors l'abîme vomit le prophète et le poisson laissa échapper Jonas sur la terre sèche » (*Exposés* 4, 8). De même Augustin : « Jonas a crié des profondeurs, depuis le ventre du monstre marin. Il était sous les flots, et en plus, dans les entrailles de la bête ; pourtant, ni ce corps ni les vagues ne purent empêcher sa prière de parvenir jusqu'à Dieu, et le ventre de l'animal ne put retenir la voix de sa prière [...]. Quiconque a compris qu'il est dans les profondeurs crie, gémit, soupire jusqu'à ce qu'il soit tiré des profondeurs et que vienne à lui Celui qui siège au-dessus de tous les abîmes, au-dessus des Chérubins, au-dessus de tout ce qu'il a créé » (*Sur le psaume* 129, 1).

Le salut miraculeux de Jonas lui a valu de pénétrer dans la prière liturgique, juive d'abord, puis chrétienne. Des traditions juives anciennes, plus tard consignées dans le Talmud et la Mishna, incluaient Jonas (souvent avec Daniel et les Trois Hébreux) dans des listes de personnages bibliques que Dieu avait délivrés dans des circonstances tragiques ; et des actions de grâces, ou encore des prières de supplication faisaient mémoire de ces exemples de délivrance, dans la confiance que le Dieu qui avait sauvé les pères sauverait aussi les fils. La prière synagogale est évidemment le moule dans lequel s'est coulée la prière chrétienne, et c'est ainsi qu'on lit dans une très ancienne prière liturgique : « Exauce ma prière ! Comme tu as exaucé Jonas dans le ventre du monstre, exauce-moi, arrache-moi à la mort et fais-moi vivre ! » (Pseudo-Cyprien, *Orationes* 2, 2).

Le livre de Jonas était également très présent dans la catéchèse baptismale. Il était lu dans le temps précédant Pâques, quand on préparait plus particulièrement les gens au baptême. D'une part en effet, Jonas apparaissait comme le prédicateur de la conversion par excellence, puisqu'il avait à peine prêché une journée à Ninive que toute la ville s'était convertie. D'autre part, d'avoir été sauvé de la mer rapprochait Jonas de deux autres personnages dont l'histoire avait été érigée en symbole du baptême : Noé et Moïse. Aussi voit-on parfois une image du baptême dans l'aventure de Jonas, jeté à la mer et sauvé. « L'eau a purifié celui que les choses terrestres avaient fait dévier : il était triste sur la terre, mais dans le ventre du monstre marin, il chantait un psaume », dit Ambroise dans un ouvrage qui reprend des homélies prêchées pendant la semaine sainte de 386 (*Hexameron* 5, 11, 35). « Comme vous ressemblez au prophète que vomit le poisson ! », dit aux nouveaux baptisés Éphrem de Nisibe (*Hymnes sur l'Épiphanie* 3, 19). Et quand Jonas, qui a chaud et soif sous le ricin désormais desséché, déclare vouloir mourir, c'est parce que, dit Jérôme, « il veut mourir dans le baptême, pour retrouver dans le bain la sève qu'il avait perdue par ses refus » (*Sur Jonas* 4, 7-8). Le baptême était souvent donné par une triple immersion dans l'eau, au nom de la Trinité et en souvenir des trois jours que le Christ avait passés au tombeau, puisque, selon Paul, c'est dans la mort du Christ qu'on est baptisé. Les trois jours passés par Jonas dans le ventre du poisson furent parfois une image de cette triple immersion chez certains Pères.

La mésaventure de Jonas est souvent alléguée pour prouver que la puissance de Dieu peut ressusciter les morts. Cyrille de Jérusalem déclare dans ses *Catéchèses* : « Je crois que Jonas fut préservé, car tout est possible à Dieu. Je crois aussi que le Christ a été ressuscité d'entre les morts […] ; si le premier cas est croyable, le second l'est également » (14, 18). On pouvait objecter que Jonas n'était pas mort ; mais les anciens considéraient que

Jonas jeté à la mer et avalé par le monstre.
À droite, Jonas recraché par le monstre et au repos sous la plante.
(Rome, Vatican, Museo Pio Cristiano, sarcophage.)

c'était tout comme. Dans une tradition juive probablement ancienne, il implore Dieu par ces mots : « Vois, mon âme a atteint la mort, ressuscite-moi » (*Pirqé de Rabbi Éliézer* 10). « Le fait que Jonas, dévoré par un monstre marin dans le ventre duquel des épaves étaient digérées en un jour, ait été rejeté sain et sauf au bout de trois jours » est pour Tertullien « un signe destiné à nous enseigner l'intégrité à venir » (*Sur la résurrection* 58, 8-10). Dans un texte du IIIe siècle repris dans les *Constitutions apostoliques* (5, 7), on lit : « Celui qui a fait sortir Jonas le troisième jour vivant et intact du ventre du gros poisson, et les trois enfants de la fournaise de Babylone, et Daniel de la fosse aux lions, la puissance ne lui manquera pas pour nous ressusciter nous aussi ».

Jonas, figure du Christ

Aux autorités religieuses juives qui lui demandaient un signe, Jésus répond qu'ils n'en auront pas d'autre que « le signe du prophète Jonas », expression qui renvoie à la fois à sa prédication, comparée à celle de Jonas (et « il y a ici plus que Jonas »), et à son engloutissement par le poisson : « De même que Jonas fut dans le ventre du monstre marin trois jours et trois nuits, de même le Fils de l'homme sera dans le sein de la terre durant trois jours et trois nuits (Matthieu 12, 39-41).

Jonas est donc une figure du Christ. Cela peut paraître surprenant, vu le portrait peu flatté que nous avons brossé du prophète. Mais la tradition juive en avait retouché les traits : on disait qu'il était descendu au fond de la mer pour aller y chercher la Tora, ce qui le mettait sur un pied d'égalité avec Moïse ; on faisait également de Jonas un des pères qui se sont livrés pour Israël, car on se souvenait qu'il avait de lui-même proposé aux marins de le jeter à la mer pour apaiser les flots. Les auteurs chrétiens, tout en soulignant le parallèle entre Jésus et Jonas, feront parfois remarquer qu'il est approximatif : contrairement à Jonas, Jésus ne fuit pas sa mission et n'est pas triste de voir les païens se convertir. En fait, dit Hilaire de Poitiers, « le vrai Jonas », c'est le Christ ; le prophète, quant à lui, est seulement un « imitateur » de la mort de Jésus (*Sur le psaume* 68, 5).

En quoi Jonas est une préfiguration du Christ, un passage d'Augustin l'exprime de manière ramassée : « Le prophète Jonas a annoncé le Christ moins par ses paroles que par une sorte de passion qu'il subit, et d'une manière assurément plus claire que s'il avait crié à haute voix sa mort et sa résurrection. Pourquoi en effet fut-il reçu dans le ventre du monstre, puis rejeté le troisième jour, sinon pour figurer le Christ revenant le troisième jour des profondeurs de l'enfer ? » (*Cité de Dieu* 18, 30, 2). Le monstre marin a été identifié aux enfers, car Jonas disait dans sa prière : « Depuis le ventre d'Hadès, tu as entendu mon cri » (2, 3). Il avait également dit : « Ma tête s'est enfoncée dans les failles des montagnes » (2, 6). Or, il était dans l'estomac d'un monstre, objecte Cyrille de Jérusalem, qui a bien vu que le psaume n'était qu'imparfaitement en situation dans le livre ; et il interpelle l'animal marin : « Quelles montagnes t'y contiennent donc ? — Je sais, répond-il, que je suis le type de celui qui doit être déposé dans le tombeau taillé dans la pierre du rocher ». Et Cyrille de conclure : Jonas, bien qu'il soit dans la mer, dit qu'il est descendu en terre (Jonas 2, 7), « parce qu'il représentait le Christ descendu au cœur de la terre » (*Catéchèses* 14, 20).

Dans l'histoire de Jonas on lit donc très fréquemment une anticipation de la descente aux enfers. Dans un sermon attribué à Éphrem de Nisibe, Jésus ressuscité déclare : « Aujourd'hui j'ai vaincu la mort et couvert de confusion les enfers ; aujourd'hui j'ai abattu le pouvoir de la mort, parce que je suis descendu aux enfers et en suis remonté ; je suis descendu seul aux enfers, sans aucun ange pour m'escorter ; j'y suis resté trois jours et j'y ai accompli le type de Jonas, qui avait été prophétisé à mon sujet. Menant sa geste à son accomplissement, je suis descendu seul aux enfers, comme Jonas dans la mer ; j'y fus trois jours, comme Jonas dans le ventre du poisson. Et voici qu'aujourd'hui je suis remonté, comme Jonas est sorti de la gueule du poisson. La figure m'a symbolisé, et elle a passé ; mais moi, j'ai accompli mon œuvre » (*Sur la résurrection* 7, 5).

Pour le poète byzantin Romanos le Mélode (VIe siècle), c'est parce qu'il est vivant dans la panse du monstre marin que Jonas figure le Christ : « Même dans les ténèbres, les ténèbres n'eurent pas la force d'atteindre le Christ. En effet, comme Jonas, il était lui aussi dans le ventre du sépulcre. Il était allé volontairement dans le tombeau, mais dans le cercueil il veillait, car la divinité ne s'était pas séparée de son corps » (*Hymnes* 45, 5).

Le signe de Jonas et le salut de l'homme

La mission de Jonas, dans le texte hébreu, consiste à proclamer *contre* Ninive un « oracle de malheur » comme ceux qui, chez les prophètes, visent l'Égypte ou Babylone. Mais dans la Septante, il ne s'agit plus que d'une proclamation *à* Ninive. Proclamation, kérygme : c'est le même mot en grec. L'Évangile de Matthieu avait ébauché un parallèle entre l'enseignement du Christ et la mission de Jonas à Ninive, et l'interprétation chrétienne ancienne s'est engouffrée dans cette voie : la prédication à Ninive est l'image de la proclamation du message chrétien aux païens. Dans une lettre à Paulin de Nole, Jérôme résume ainsi le contenu du livre de Jonas : « Jonas [...] préfigurant par son naufrage la Passion du Seigneur, appelle le monde à la pénitence et, sous le nom de Ninive, annonce aux païens le salut » (*Épître* 53, 8).

Les anciens, eux-mêmes affrontés aux difficultés de la présentation du christianisme aux païens, s'étaient demandé ce qui avait pu décider les Ninivites à la conversion. Selon Irénée, c'est le récit par Jonas de l'expérience qu'il vient de vivre, qui convainc les païens, c'est-à-dire « le signe de Jonas », ou plutôt ce qu'il préfigurait, à savoir la mort et la résurrection du Christ.

« Dieu a permis que Jonas fût englouti par le monstre marin, non pour qu'il pérît totalement, mais pour qu'après avoir été rejeté par le monstre, il fût plus soumis à Dieu et glorifiât davantage Celui qui lui donnait un salut inespéré. C'était aussi pour qu'il provoquât un ferme repentir chez les Ninivites, en sorte que ceux-ci se convertissent au Seigneur qui les délivrait de la mort, terrifiés qu'ils seraient par le signe accompli en Jonas [...]. Le Seigneur préparait à l'avance la merveille du salut procuré par le Verbe au moyen du signe de Jonas [...]. Dieu a voulu que l'homme, recevant de lui un salut inespéré, ressuscite d'entre les morts et qu'il glorifie Dieu » (*Contre toutes les hérésies* 3, 20, 1).

Figure du Christ, Jonas symbolise aussi tout homme. Chez Méthode d'Olympe, l'image est parallèle à celle d'Adam : « Jonas, qui fuit loin de la face de Dieu, est le premier homme, qui a transgressé le commandement et refusé de se laisser voir nu, privé de l'immortalité, dépouillé par le péché de la confiance qu'il avait envers la divinité » (*Sur la résurrection* 2, 25). Ils ont tous deux, par leur désobéissance à Dieu, été victimes d'un monstre, Adam du serpent (certains auteurs parlent du dragon qui a dévoré Adam et Ève), et Jonas de l'animal marin, dont peintres et sculpteurs font souvent une sorte de dragon. Le Seigneur, dit Proclus de Constantinople, « a arraché l'homme à la mort comme il a fait sortir Jonas du monstre » (*Homélie sur la Nativité* 4, 2). La résurrection du Christ rend possible celle de l'homme, comme l'exprime de façon imagée Chromace d'Aquilée : « Le monstre qui avait avalé Jonas ne rejeta que lui ; mais la mort qui avait saisi le Seigneur vomit non seulement lui, mais beaucoup d'hommes avec lui. Car nous lisons que beaucoup d'hommes ressuscitèrent avec le Seigneur (cf. Matthieu 27, 52) » (*Sur Matthieu* 54, 3).

C'est par le baptême que l'homme devient bénéficiaire du salut acquis par la mort et la résurrection du Christ. Désormais, comme dit Origène, « il est possible que celui qui fut englouti, s'il se repent, soit à son tour rejeté comme Jonas » (*Homélies sur l'Exode* 6, 6). Et Éphrem avertit en ces termes les nouveaux baptisés de ne plus pécher à l'avenir : « Le Vorace vous a rendus, parce qu'il y a été contraint par cette Puissance qui a contraint le poisson. Jonas est devenu pour vous un miroir : le poisson ne l'a pas avalé deux fois, que vous non plus le Vorace ne vous avale pas une seconde fois ! » (*Hymnes sur l'Épiphanie* 3, 19).

2. L'ENRICHISSEMENT DU THÈME

À partir du noyau central que nous avons défini, divers détails de l'histoire de Jonas prennent sens : les souffrances du prophète et son comportement ; la mer et la tempête, le navire et ses occupants ; le monstre ; Ninive ; et enfin le ricin et les sentiments de Jonas à son endroit.

La Passion du prophète

Plusieurs auteurs parlent des souffrances de Jonas. « Il préfigurait par son naufrage la Passion du Seigneur », dit Jérôme (*Épître* 53, 8). Et Augustin : « Le prophète Jonas a annoncé le Christ moins par ses paroles que par une sorte de passion qu'il a subie » (*Cité de Dieu* 18, 30, 2).

Pour Ambroise, le sommeil de Jonas dans la cale du bateau préfigure déjà la mort de Jésus : « Jonas dormait dans le fond du bateau et ronflait : il y a là une anticipation figurée de la sainte Passion. De même en effet que Jonas dormait dans le bateau et ronflait en toute sécurité sans crainte d'être surpris, de même notre Seigneur Jésus-Christ, qui devait accomplir cette figure dans le mystère de sa mort, dormait dans le bateau au temps de l'Évangile. Et comme Jonas est resté trois jours et trois nuits dans le ventre du monstre marin, le Fils de l'homme fut trois jours et trois nuits au cœur de la terre dans sa

Passion corporelle. Quand il se réveilla de la mort et libéra son corps du sommeil, afin de ressusciter pour le salut de tous, il alla trouver ses disciples. Il est le vrai Jonas, qui a donné sa vie pour nous racheter » (*Sur le psaume* 43, 85). Zénon de Vérone dit pareillement : « Jonas endormi sur le navire était l'image du mystère du Seigneur ; car le matériau du navire renvoyait à la croix, et le sommeil à la Passion » (*Homélie* 1, 34, 3).

Les marins tirent au sort pour qu'un oracle divin leur révèle comment apaiser la tempête. Pour Zénon, « le sort qui révéla que Jonas devait être précipité à la mer, c'est la prophétie qui a annoncé la Passion du Seigneur » (*Homélie* 1, 34, 3). « Le sort tomba sur Jonas », est-il dit dans un sermon africain du ve siècle, « on le jeta à la mer et la tempête s'apaisa : cela concernait-il un autre que le Christ ? Sa mort devait en effet libérer le monde entier des tempêtes du diable et, dès le commencement du monde, le sort en était pour ainsi dire jeté et le décret paternel avait été arrêté : le monde ne pouvait être libéré sans que Dieu permît l'accomplissement de la Passion de son Fils unique » (Pseudo-Augustin, *Sermon Caillau Saint-Yves* 1, 36, 4). L'interrogatoire de Jonas par les marins figure alors la comparution du Christ devant ses juges, et la répugnance des marins à jeter Jonas à la mer annonce celle de Pilate qui hésite à livrer Jésus à la mort (Eusèbe Gallican, *Homélie* 13, 7).

Jonas, bien que désobéissant, est prophète, et indique spontanément aux marins la voie du salut : « Prenez-moi et jetez-moi à la mer, et la mer s'apaisera pour vous » (1, 12). On y a vu la figure du sacrifice volontaire du Christ. Comme le dit Pierre Chrysologue : « Jonas est responsable de ce qu'on le jette à l'eau, puisqu'il dit : "Prenez-moi et jetez-moi à la mer" ; cela annonce la Passion volontaire du Seigneur » (*Sermon* 37, 3). Car « c'est lui le vrai Jonas, qui a donné sa vie pour nous racheter » (Ambroise, *Sur le psaume* 43, 85).

Le navire dans la tempête

Il est banal dans l'Antiquité de parler de la vie comme d'une traversée. Or, la mer est hostile, liée à la mort, elle est le repaire des forces mauvaises. On parle de « la mer orageuse de cette vie », de « la tempête du monde », de « la mer du siècle ». La mer et ses vagues symbolisent plus particulièrement les passions et le péché, qui troublent la sérénité de l'âme. « La tempête et les ouragans qui se liguent pour fondre sur nous », dit Méthode d'Olympe, « ce sont les tentations de cette vie qui, dans la mer agitée du monde, ne permettent pas à notre vie une course sans peine dans le serein et l'absence des vents du mal » (*Sur la résurrection* 2, 25). Au sens moral, Jonas est donc l'homme ballotté par la vie.

La mer houleuse dans laquelle est jeté Jonas, figure du Christ, représente aussi les souffrances et la mort de la Passion. Selon Chromace, « Jonas, que Dieu envoie prêcher aux Ninivites, essuie la tempête, et le Fils de Dieu, que le Père envoie prêcher le salut au genre humain, souffre pareillement de la part du peuple juif la tempête, c'est-à-dire la persécution du monde. D'un côté, c'est le vent qui soulève la mer contre Jonas, de l'autre, l'esprit impur (*spiritus,* mot qui signifie à la fois souffle et esprit) qui soulève le peuple contre le Seigneur » (*Sur Matthieu* 54, 2). Il est venu dans nos profondeurs, dit de son côté Augustin, « la tempête l'a submergé, parce qu'il y a subi les vagues que sont les hommes, et les tempêtes, c'est-à-dire les voix de ceux qui disaient : “Crucifie-le ! Crucifie-le !” » (Augustin, *Sur le psaume* 68, 1, 6). Rares sont les auteurs qui, comme Zénon, se souviennent que les Évangiles attribuent à tous les hommes la responsabilité de la mort de Jésus et non aux seuls Juifs : « La mer, dit-il, est ce monde orgueilleux et menaçant ; par les vagues, nous entendons le peuple juif et les païens qui ont vraiment “grondé contre Dieu” (cf. Psaume 2, 1) » (*Homélie* 1, 34, 3).

Quant au navire sur lequel Jonas est embarqué, sa signification varie. Lorsque la mer, ou encore le monstre qui est là tout prêt à engloutir Jonas, représente la mort, le bateau désigne la croix : « Jonas a été précipité du navire dans le ventre du monstre marin ; de même, le Christ a été précipité du bois de la croix dans le sépulcre ou dans les profondeurs de la mort », dit Augustin (*Épître* 102, 6, 34). Pour Chromace, « le navire est le type de la Synagogue », c'est-à-dire du peuple juif ; « nous voyons dans la vigie le corps des prêtres ; les marins sont les scribes et les Pharisiens ; la cargaison que l'on jette, c'est le rejet des prophètes et de tous les saints qui, expulsés de la Synagogue, furent mis à mort et indignement massacrés par les Juifs au grand dam de leur salut » (*Sur Matthieu* 54, 2). Mais quand on considère plutôt que le navire doit son salut au fait que Jonas est jeté à la mer, il est la figure du monde entier sauvé par le Christ. « Considérons, écrit Jérôme, les errances du monde avant la Passion du Christ, les vents contraires des opinions contradictoires, le navire du genre humain tout entier, c'est-à-dire toute la création du Seigneur en péril, et, après sa Passion, le calme de la foi, la paix du monde, la sécurité universelle, la conversion à Dieu, et nous verrons comment, après la chute de Jonas à la mer, la mer a arrêté son bouillonnement » (*Sur Jonas* 1, 15).

Le monstre marin

On a déjà vu que le monstre qui avale Jonas passait pour une figure de l'enfer ou de la mort. Il est un « sépulcre flottant » (Zénon, *Homélies* 1, 36, 3), où Augustin voit l'image du tombeau du Christ (*Épître* 102, 6, 34). Dans la lecture morale, où Jonas est l'homme pécheur, le monstre marin est l'image de Satan qui en quelque sorte dévore l'homme : « Quiconque sait de quel monstre la bête qui a avalé Jonas est le symbole », dit Origène, « s'il vient à tomber par quelque désobéissance dans le ventre de la bête, qu'il se repente et prie : il sera délivré » ; « qui de nous n'a échappé au monstre maîtrisé par Jésus notre Sauveur, en priant comme Jonas, rempli de l'Esprit-Saint et devenu saint à son tour ? » (*Sur la prière* 13, 3-4 ; 16, 4). Un sermon d'Eusèbe d'Émèse présente une variation sur ce thème : « Nous étions jadis dans les profondeurs du mal, pris dans des tourbillons de ténèbres ; le dragon nous tenait en sa possession, le monstre marin nous dévorait, nous étions cachés dans des cavernes, des fauves contre nous se déchaînaient [...]. Alors que nous étions dans de tels maux, Dieu ne nous a pas méprisés, mais il nous a envoyé son Fils unique [...]. Plus de dragon terrible qui nous entraîne dans les profondeurs ! Plus de monstre marin qui nous dévore ! Nous ne craignons plus les attaques des fauves » (*Discours* 13, 17).

Le cétacé de Jonas évoque d'autres monstres, serpents, dragons marins et Léviathan, dont il a parfois reçu les traits, et qui représentent tous Satan. C'est pour vaincre ce monstre de la mer du monde que le Verbe de Dieu est descendu parmi les hommes. Il ne fait aucun doute pour Irénée que le serpent qui a causé la chute d'Adam et Ève est à identifier avec le monstre marin qui a englouti Jonas (*Contre toutes les hérésies* 3, 20, 1). Le gros poisson a cessé d'être ce qu'il est dans le livre biblique, une créature obéissante à Dieu, qui soustrait Jonas à la mort ; il est l'adversaire de Jonas, une image de Satan. Mais il est aussi un prédateur frustré : « Le ventre plein, il souffre la faim, et s'étonne de n'avoir aucun pouvoir sur la proie qu'il avait engloutie [...]. La mort féroce et insatiable a happé notre Seigneur Jésus-Christ pour en faire sa nourriture et, captive, elle a tremblé devant sa proie » (Eusèbe Gallican, *Homélie* 13, 7).

Pire : non seulement l'animal n'a pu digérer sa proie, mais celle-ci l'a fait vomir. L'image voulait faire comprendre que la Résurrection du Christ avait entraîné le salut des autres hommes. Comme le dit Ambroise, « on l'a saisi et jeté dans la mer, pour qu'il soit la proie du monstre marin et soit dévoré par lui, et qu'une fois dans

Cycle de Jonas en quatre scènes.
(Rome, catacombe des saints Pierre et Marcellin.)

le ventre du monstre il en vide l'intérieur » (*Sur le psaume* 43, 85). Chromace est plus concret encore : « De même que le monstre marin ne put ni digérer Jonas ni le garder longtemps vivant dans ses entrailles, de même la mort : avide comme elle est, elle se saisit effectivement du Seigneur ; mais parce qu'elle ne pouvait garder dans ses entrailles Celui qui est vivant et incompréhensible, elle le vomit le troisième jour, comme fit le monstre pour Jonas. Car ce sont des morts que d'ordinaire la mort avale et dévore [...]. Il arriva à la mort la même chose qu'à ceux qui prennent un émétique pour vomir ce qu'ils ont dans l'estomac. Elle a avalé le corps du Seigneur comme un émétique qui lui a fait vomir les autres corps qu'elle avait en sa possession » (*Sur Matthieu* 54, 3). Voilà qui est clair, à défaut d'être de très bon goût ! Mais cela ne choquait pas les anciens, puisque nous retrouvons la même idée à Constantinople chez Jean Chrysostome et Proclus.

Chromace renchérit encore : après avoir vomi, le monstre marin crève, car, en la personne du Christ, c'est une pierre qu'il a avalée, et même, un silex tranchant. « La mort, en avalant le corps du Seigneur, n'a pas blessé sa chair ; elle a plutôt été blessée par cette chair, parce qu'elle n'était pas de nature à pouvoir être avalée par la mort : c'était un couteau de pierre qui a entaillé la gueule de la mort » (*Ibidem*). Tel est l'hameçon avec lequel le Fils de Dieu pêcha le grand monstre : Ô enfer, écrit Jérôme, « par sa mort, tu es mort ; par sa mort nous vivons ! Tu as dévoré, puis tu as été dévoré ; alors que tu es alléché par l'appât du corps que le Seigneur a assumé, alors que ta gueule avide s'imagine saisir une proie, tes entrailles sont déchirées comme par la morsure d'un hameçon ! » (*Épître* 60, 2).

Ninive

Jonas appelle Ninive à la conversion en proclamant que le jugement divin est proche. La ville païenne est le symbole du monde pécheur : « La grande cité de Ninive, où est envoyé Jonas pour prêcher son renversement, était la figure du monde embrasé par son idolâtrie et le nombre de ses crimes » (Pseudo-Augustin, *Sermon Caillau Saint-Yves* 1, 36, 4). Et la prédication de Jonas est une figure de celle de Jésus : « Jonas, qui devait annoncer la colère du Seigneur, s'est adressé à la grande ville des Ninivites pour dire : “Encore quarante jours, et Ninive sera détruite” ; et le Christ est envoyé à la cité du monde, pour annoncer le jour du salut et l'époque, déterminée d'avance, du jugement » (Eusèbe Gallican, *Homélie* 13, 7).

Ninive, qui se convertit et échappe à la destruction, est l'antithèse de Sodome, qui refuse de changer de vie et périt dans les flammes. Dans le Talmud, elle représente Israël repentant et, dans le christianisme, sa conversion exemplaire en fait la figure de l'Église, issue de tous les peuples païens. « Ninive, écrit Zénon, est porteuse de l'image de l'Église ; en elle demeurait déjà alors notre peuple, celui des Nations, et ce n'est pas en vain que notre Seigneur l'a appelée “une grande cité”. Car il devait arriver que le monde entier serait transformé en une seule cité, quand croiraient au Christ des peuples de toutes nations » (*Homélie* 1, 34, 3). Et aujourd'hui encore, Jonas appelle à la conversion, car le Christ, dit Jérôme, est le vrai « Jonas prêchant dans la personne de ses apôtres, puisqu'il dit lui-même : “Voici que je suis avec vous jusqu'à la fin du monde” » (*Sur Jonas* 3, 3-4). Le vrai Jonas continue à proclamer son message de conversion à travers les prédicateurs de l'Église, et il annonce la destruction de Ninive, c'est-à-dire le Jugement dernier.

La tristesse de Jonas sous le ricin

Sous la hutte qu'il s'est construite à la sortie de Ninive, Jonas contemple, à son corps défendant, la miséricorde divine qui s'étend à tous les pécheurs qui se repentent. Dans les traductions anciennes, la hutte est une tente, ombragée par un arbuste (ricin, lierre ou cucurbite) que

Dieu fait pousser. Qui dit tente, dit demeure provisoire, et on n'oublie pas que Jonas est la figure du Christ. La tente apparaît donc comme la figure de Jérusalem, ou plus largement du peuple d'Israël, d'où Jésus est issu, et qui a abrité les débuts de l'Église (*Sur Jonas* 4, 6). La tente, dit Augustin, « est l'Israël selon la chair », et la cucurbite à l'ombre de laquelle elle est placée est la Loi juive : « L'ombre de la cucurbite au-dessus de la tête de Jonas représente les promesses de l'Ancien Testament [...] ; c'est cela qui, dans la terre de la promesse, protégeait l'homme contre la douleur cuisante des maux de cette vie » ; selon Paul en effet (Colossiens 2, 17), la Loi est « l'ombre des biens à venir » (*Épître* 102, 6, 35).

Jérôme se rappelle à propos que Jonas a passé sous son abri une nuit, qui symbolise à ses yeux le temps précédant la venue du Christ. « Avant que Ninive ne soit sauvée et que la cucurbite ne se dessèche, avant que ne rayonne l'Évangile du Christ et que s'accomplisse la prophétie de Zacharie : "Voici l'homme dont le nom est Orient", Jonas était sous l'ombrage. Car elle n'était pas encore venue, la Vérité dont celui qui fut à la fois évangéliste et apôtre déclare : "Dieu est vérité" » (*Sur Jonas* 4, 5). Le lever du soleil qui voit le dessèchement de la plante figure donc la venue du Christ : « Avant le lever du "Soleil de justice", l'ombrage était verdoyant et Israël n'était pas desséché » (*Sur Jonas* 4, 7). Le ver qui pique la plante et la fait dépérir est le Christ, qui déclarait par la bouche du psalmiste être « un ver et non un homme » (Psaume 21, 7). « Ce ver du matin qui rongea et fit sécher la cucurbite, dit Augustin, est Jésus-Christ, de la bouche duquel partit l'Évangile, qui s'est répandu dans le monde et a fait sécher et disparaître » toutes les figures et les ombres de l'Ancien Testament (*Épître* 102, 6, 35).

Le prophète sous l'arbuste desséché, en butte au soleil et au vent brûlant, symbolise aux yeux de l'évêque d'Hippone les malheurs historiques du peuple juif : « Ce

Jonas dans l'attente, sous la cucurbite désséchée.
(Rome, catacombe de la via Dino Compagni, fresque.)

peuple, privé du royaume de Jérusalem, du sacerdoce et des sacrifices — tout ce qui était "ombre des choses futures" —, dispersé et captif, se consume dans le feu de ses tribulations, comme Jonas sous l'ardeur du soleil, et sa souffrance est profonde » (*Ibidem*). Pour Jérôme, il se dessèche dans l'attente de l'eau du baptême. Mieux vaut pour moi mourir que vivre, avait dit Jonas par deux fois : il veut « mourir avec Israël dans le baptême, pour retrouver par le bain la sève qu'il a perdue par son refus » (*Sur Jonas* 4, 7-8). L'arbuste sec rappelle en effet à l'esprit du savant moine un très ancien symbole baptismal, déjà présent dans le *Pasteur* d'Hermas et chez Irénée, selon lequel l'homme n'est avant le baptême que du bois sec : c'est seulement quand il est plongé dans son eau qu'il se met à revivre et peut commencer à porter du fruit.

À s'en tenir au texte biblique, Jonas sous son arbuste desséché, n'attend que deux choses : la destruction de Ninive ou la mort. Mais ce n'est généralement pas ainsi que l'a entendu la tradition : Jonas, qui prévoit la conversion des nations païennes et le refus d'Israël, est rempli de chagrin pour son peuple. Sa tristesse préfigure celle du Christ au Jardin des Oliviers — lui aussi « triste à en mourir » — ou encore les larmes qu'il verse sur Jérusalem, parce qu'il « ne veut pas que ce qui fut son abri soit détruit », et voudrait que le salut de Ninive n'entraîne pas le dessèchement de la cucurbite, comme le dit Jérôme (*Sur Matthieu* 4, 26, 37. 42). « Véritablement, jusqu'à ce jour, le Christ pleure sur Jérusalem » (*Sur Jonas* 4, 9). D'une manière plus générale, il pleure encore en ses membres pour les hommes qui se perdent loin du Christ : dans un sermon de 386, Ambroise s'identifie à Jonas, qui, dit-il, ne voulait ni annoncer ni voir la ruine de la ville et que le souci du salut du peuple plongeait dans la tristesse (*Épître* 76, 25). Voilà qui nous éloigne de l'image du prophète rebelle. Le Jonas que nous présente Ambroise a su tirer profit de la leçon divine : « Toi, tu as de la peine pour ce ricin qui ne t'a coûté aucun travail [...], et moi, je ne serais pas en peine pour Ninive, la grand ville ? » (Jonas 3, 11).

3. JONAS DANS L'ICONOGRAPHIE

Popularité de l'histoire de Jonas

Dans les représentations figurées, des cycles comportant deux, trois ou même quatre scènes développent les aventures du prophète : Jonas jeté à l'eau et avalé par le monstre marin, Jonas rejeté par le monstre, Jonas au repos, et une quatrième scène que l'on désigne généralement — mais c'est à tort — sous le nom de Jonas courroucé, ou encore Jonas triste. L'histoire est souvent condensée à l'extrême : le monstre marin vomit parfois directement sous la cucurbite Jonas, qui semble un naufragé qui se remet de ses épreuves. « Ainsi recraché, il sortit du monstre, tout stupéfait d'être sauvé », dit un vers de Prudence (*Cathemerinon* 7, 130). Il est des sarcophages où le monstre semble contempler Jonas, qui se repose en toute sécurité sous la cucurbite, agencement vraisemblablement destiné à souligner qu'il ne peut plus rien contre lui. Le païen Deogratias qui, dans une lettre à Augustin, mentionne « la cucurbite née au-dessus de Jonas vomi par le monstre » a en tête une représentation concentrée de ce type (*Épître* 102, 6, 30).

Au succès de l'histoire de Jonas dans l'art chrétien le plus ancien ont contribué des raisons pratiques : des artisans formés aux représentations mythologiques classiques n'avaient pour la représenter qu'à regrouper des thèmes qui existaient dans le répertoire des ateliers : le navire, qui souvent figurait sur des sarcophages païens la traversée de l'âme vers les îles des Bienheureux, le monstre marin, fréquent dans les cortèges de Neptune et Amphitryte, etc. Les sarcophages chrétiens à deux scènes (le bateau et le repos de Jonas) pouvaient aux yeux d'un païen désigner simplement la tempête de la vie et le repos de la mort. Le voyage de Jonas signifiait aussi l'ultime navigation de l'âme, comme c'est probablement le cas au IIIe siècle sur le sarcophage de Baebia Hertophila, où il a pour symétrique une scène de banquet, évocation possible du festin eschatologique et de la béatitude éternelle.

Détails

Il arrive que les images mettent l'accent sur un détail particulier du récit. Le monstre, qui dans nos textes symbolise la mort, les enfers ou Satan, a souvent un caractère effrayant, parfois même, dans quelques peintures, une gueule de loup. On voit souvent représenter Jonas qui sort de la gueule du monstre dans la posture de l'orant : il lève les bras vers le ciel dans un geste de prière, qui, pour les premiers chrétiens, évoque la croix. Or, pour Athanase d'Alexandrie, le « signe de Jonas » est le signe de la croix, et c'est par sa puissance que le monstre a été contraint de rendre sa proie. Cette interprétation se retrouve plus tard dans l'*Hymne pour l'Exaltation de la sainte Croix* d'André de Crète (VIe siècle) : « Jonas éleva la voix, levant les mains à la ressemblance de la croix, et aussitôt il attira la puissance d'en haut et fut rejeté sans dommage par le monstre » (§ 2).

Faut-il imputer au seul réalisme des artistes le dessin attentif du navire et de son gréement ? Certains textes, qui superposent à l'histoire de Jonas celle de la tempête apaisée (laquelle est déjà représentée avant 256 dans le baptistère de Doura Europos), ont vu dans le navire la figure de l'Église, et dans les marins les disciples de Jésus. Cette symbolique est très répandue et permet peut-être de comprendre un trait qui reparaît souvent : les marins aussi sont représentés en orants. Il est vrai que le livre de Jonas dit qu'ils adressent leur prière au Dieu des Hébreux avant de jeter Jonas par-dessus bord (1, 14), mais les artistes paléochrétiens n'ont pas pour habitude d'illustrer le texte biblique dans ses moindres détails.

Si l'on admet que le navire est la nef de l'Église, les marins peuvent représenter ceux de ses membres qui sont en train de faire la traversée de la vie.

Comme le ventre du monstre est une figure du tombeau, les matelots, qui souvent enfournent directement Jonas dans sa panse, pourraient figurer ceux qui procèdent à l'inhumation du mort : la famille et la communauté chrétienne. Dans ce cas, la prière des marins, qui parfois sont en orants devant le mât, figure commune de la croix, pourrait évoquer la prière de l'Église pour les défunts. Par le gouvernail du bateau ou encore le pilote, qui jouent un rôle secondaire dans le récit, mais qui sont souvent mis en relief sur nos images, il ne serait pas impossible qu'on ait voulu évoquer le Christ, « ferme gouvernail des navires », « pilote des âmes » (Clément d'Alexandrie).

Le repos de Jonas

Le prophète au repos sous une pergola est la scène de loin la plus représentée, et il n'est pas rare qu'elle figure seule. Le temps que Jonas passe près de Ninive, dans l'attente de sa destruction, comportait une nuit, et il n'y a donc rien d'étonnant qu'on nous montre Jonas couché (Jonas 4, 7-8) : il dort sous l'abri qu'il s'est aménagé et que Dieu a ombragé de la plante miraculeusement poussée en une nuit, le plus souvent une cucurbitacée sur nos images, en accord avec la traduction des Septante. Aucune violence n'est faite au texte biblique, sinon un resserrement de la chronologie, qui escamote totalement la prédication à Ninive.

Pourquoi cette prédilection pour le repos de Jonas ? D'abord, il n'est rien de plus courant dans les catacombes que le motif du repos de la mort : *Hic requiescit* (ici repose) est une formule fréquente des pierres tombales. De plus, l'ombre et la fraîcheur procurées par la plante évoquaient aussi le *locus amoenus,* l'endroit idyllique des poètes latins, à l'image duquel les premiers chrétiens se sont spontanément représenté l'au-delà : c'est un lieu de rafraîchissement (*refrigerium*). L'influence de modèles d'atelier familiers aux artistes a sans doute également joué, notamment celui du sommeil d'Endymion, qui était devenu un symbole funéraire chez les païens.

Mais cela ne veut pas dire que l'image ne signifiait rien de plus pour ceux qui la faisaient représenter sur leur tombe : l'idée de la résurrection est trop anciennement et trop fréquemment liée à l'histoire de Jonas dans les premiers siècles pour qu'un chrétien n'y ait pas immédiatement pensé devant une représentation du prophète. Le repos de Jonas rappelle le « signe de Jonas », et « le don du salut par le Verbe au moyen du signe de Jonas », selon l'expression déjà citée d'Irénée, contemporaine des premières fresques des catacombes.

Jonas sous l'arbuste desséché

On a pu répertorier dans les catacombes une dizaine de représentations de Jonas assis sous une cucurbite desséchée et faisant le geste du penseur de Rodin. Empruntée par les artistes à la gestuelle du théâtre antique, cette mimique signifie qu'un personnage est en train de réfléchir profondément ou qu'il est en proie à des sentiments qui vont de l'embarras à la tristesse et au désespoir. Les toutes premières images (« chapelles des Sacrements », catacombe de Callixte) comportent deux exemples de la scène. Pourquoi donc avoir intentionnellement opposé au Jonas serein couché sous la cucurbite florissante un Jonas assis sous la plante flétrie ? Le repos de Jonas évoque le repos bienheureux que, grâce à sa foi au Christ mort et ressuscité, le défunt espère au sortir des tempêtes de la vie. Si une autre scène vient s'ajouter à celle-là, il faut qu'elle ait rapport avec les conceptions qu'on avait de l'au-delà.

Pour la plupart des Pères, seuls les martyrs et quelques personnages exceptionnels comme Élie entrent immédiatement au paradis à leur mort ; les autres défunts doivent attendre la résurrection générale lors du Jugement dernier. D'ici là, quel est leur sort ? On se contente parfois de parler d'un repos dans la tombe. « Entrez dans vos celliers un petit moment, jusqu'à ce que passent ma colère et ma fureur, et je me souviendrai du jour de fête *et je vous ferai lever de vos cercueils* », disait le prophète Isaïe (26, 20) dans une traduction ancienne. Tertullien commente : « Les celliers désignent les tombeaux dans lesquels devront reposer quelque temps » les justes en attendant la venue glorieuse du Christ et de la résurrection générale des morts (*Sur la résurrection* 27, 4). D'autres auteurs, comme Victorin, évêque de Poetovio dans la seconde moitié du IIIe siècle, parlent d'un « lieu de repos des saints », situé sous la terre, mais à l'écart des lieux du châtiment auxquels on réservera plus tard le nom d'enfers (*Sur l'Apocalypse* 6, 4). Tous ne s'accordent pas à placer ce lieu de *refrigerium* au souterrain séjour, mais la croyance en un état transitoire des morts avant la résurrection générale, est extrêmement répandue. C'est cela que représente la scène du repos : Jonas sous la pergola évoque le sort du défunt pendant le temps de l'histoire. Ce n'est pas un hasard si on représente souvent le monstre guettant Jonas du coin de l'œil, mais impuissant contre lui : les justes qui attendent la résurrection sont déjà à l'abri des attaques de Satan.

La quatrième scène du cycle de Jonas complète et corrige le message du « repos de Jonas », car ce n'est pas seulement « le sommeil de la mort », une immortalité paradisiaque somme toute fort proche des conceptions païennes, qu'attend le chrétien, mais la résurrection eschatologique. Le temps de l'histoire est celui de la patience de Dieu, qui espère la conversion de l'humanité, comme il le faisait quand Jonas demeurait assis face à Ninive. La cucurbite desséchée dit la durée et l'attente. Jonas face à Ninive sous la cucurbite flétrie évoque la perspective du Jugement dernier. Peu importe l'état d'esprit dans lequel le Jonas biblique l'attendait : ce ne sont pas ses sentiments qui comptent, mais ce que peut évoquer la scène. Ce n'est pas à un « Jonas courroucé » ou un « Jonas triste » qu'on a affaire — on a vu du reste que les textes n'hésitaient pas à le réinterpréter complètement en brossant un portrait d'un Jonas soucieux du salut du monde — mais à un Jonas pensif devant l'événement redoutable qu'il attend cependant avec impatience : le Jour de Dieu. Dans l'interprétation de Victorin de Poetovio, les âmes que Jean, dans l'Apocalypse, voit sous l'autel et qui crient : « Jusques à quand, Maître saint et véridique, tarderas-tu à faire justice ? » (Apocalypse 6, 9-11), représentent non les seuls martyrs, mais tous les justes qui se trouvent dans le « repos intermédiaire », et qui attendent pour jouir d'un total bonheur « le temps que soient au complet leurs compagnons de service et leurs frères » (*Sur l'Apocalypse* 6, 4). Ils ne sont pas encore dans un total état de béatitude, parce qu'ils attendent le salut du Corps mystique du Christ.

Le repos de Jonas pouvait suggérer une immortalité individualiste ; on a sans doute voulu lui opposer une autre vision théologique, ecclésiale et communautaire. De ce point de vue, il n'est peut-être pas indifférent de noter que la scène de « l'attente de Jonas » apparaît pour la première fois dans les « Chapelles des sacrements » de Callixte, une série de chambres funéraires couvertes de peintures au contenu théologique évident, qui pourraient être le cimetière des clercs romains dans la première partie du IIIe siècle. Les statuettes de Jonas conservées au musée de Cleveland pourraient confirmer cette interprétation : dans les quatres scènes traditionnelles de Jonas, le « Jonas triste » est remplacé par un Jonas orant, qui pourrait évoquer la prière des saints attendant le Jour de Dieu, dans l'esprit du texte de l'Apocalypse.

Le bon Pasteur « descend au fond de la terre pour y chercher la brebis perdue » et remonte en la portant sur ses épaules (Irénée) ; Jonas-Christ descend aux racines de la terre (Jonas 2, 7) et en fait remonter l'humanité qu'il a assumée. Les deux images sont parallèles. La pierre tombale de Veratius Nicator (IIIe siècle) le signifie à sa façon, en les entremêlant : le berger portant la brebis sur ses épaules y est entouré à gauche par un lion menaçant à la gueule ouverte, à droite par le monstre marin qui vomit Jonas, tandis qu'une ancre, sous le berger, veut peut-être évoquer discrètement la croix.

CHAPITRE V

MOÏSE

Du Sinaï jusqu'à la Terre promise, la geste de Moïse est féconde en épisodes suggestifs. D'une certaine façon, le peuple juif naît avec Moïse qui l'arrache à l'esclavage d'Égypte et le conduit à travers quarante années d'errance dans le désert à l'orée de la Terre promise, où Josué, son successeur, le fera entrer. Telle est l'épopée racontée dans les livres de l'Exode, des Nombres et du Deutéronome. Avec le temps, la figure de Moïse n'a cessé de grandir dans les esprits, comme on peut le constater chez Philon, pour qui il est le meilleur des législateurs, un prophète, roi et philosophe. De plus, selon certaines traditions, Moïse n'était pas mort, mais avait été enlevé par Dieu, qui le tenait en réserve jusqu'à la fin des temps, où il devait revenir pour l'exode définitif, c'est-à-dire pour faire passer le peuple de Dieu dans la Terre promise eschatologique, le monde renouvelé où il n'y aurait plus ni pleurs ni peine (Isaïe 43, 16-20). Il est aussi une figure du Messie, car Dieu promet de faire à nouveau surgir un prophète semblable à Moïse (Deutéronome 18, 18). L'idée que Jésus est ce nouveau Moïse affleure en maint endroit du Nouveau Testament, et se rencontre souvent chez les auteurs ultérieurs.

Il n'est presque aucun des récits de l'Exode qui n'ait fait l'objet d'abondantes interprétations symboliques. On y voyait l'annonce des mystères du Christ, ainsi que la figure des sacrements et de la vie chrétienne. Les

Alexandrins ont également lu dans le cheminement des Hébreux au désert les étapes du parcours spirituel de l'homme, ce que reprend plus tard la littérature monastique. Il faudrait un livre entier pour traiter tous les thèmes de l'Exode : Moïse recueilli par la fille de Pharaon, vision du buisson ardent, sortie d'Égypte, don de la manne, serpent d'airain… La plupart ont laissé peu de traces dans l'iconographie la plus ancienne, et c'est seulement dans les cycles picturaux des basiliques qu'on commence à voir au Ve siècle ceux-là mêmes qui sont le plus mentionnés dans les textes : l'immolation de l'agneau pascal, Moïse les bras en croix sur la montagne pendant la guerre contre Amalec. Nous nous concentrerons ici sur les deux épisodes les plus connus des simples chrétiens de l'Antiquité, les seuls ou presque à être représentés sur leurs tombes. Le passage de la mer Rouge, qui vient chronologiquement avant le don de l'eau, sera traité en second lieu, car il apparaît plus tard et beaucoup moins souvent que la scène où Moïse fait surgir l'eau du rocher : facile à styliser, elle était un des thèmes les plus populaires de l'art funéraire antique.

1. LE DON DE L'EAU AU DÉSERT

Pendant les quarante ans où Israël tourne en rond dans le désert, l'eau joue naturellement un rôle fondamental. Plusieurs récits tournent autour de ce thème. À Mara, après trois jours de marche, les Israélites trouvent enfin de l'eau, mais elle se révèle imbuvable. Devant les récriminations du peuple, Moïse implore le Seigneur, qui lui indique un bois à jeter dans l'eau pour qu'elle devienne potable (Exode 15, 22-26). L'étape suivante est une oasis : Élim, où le peuple campe à l'ombre des palmiers au bord des eaux alimentées par douze sources (15, 27). L'eau qui jaillit miraculeusement du rocher fait l'objet de deux récits, vestiges d'anciennes traditions distinctes. Le premier est situé à Rephidim ; le manque d'eau s'y faisant cruellement sentir, le peuple s'en prend à Moïse, qu'il accuse de lui avoir fait quitter l'Égypte pour le faire mourir dans le désert. Le Seigneur lui ordonne de prendre le bâton dont il a frappé la mer Rouge et déclare : « Je vais me tenir devant toi sur le rocher — en Horeb —. Tu frapperas le rocher, il en sortira de l'eau, et le peuple boira » (Exode 17, 1-7). Le second récit, rapporté dans le livre des Nombres (20, 1-11), présente un schéma fort semblable, à ceci près que Dieu enjoint à Moïse de *demander* au rocher de donner ses eaux, ce qui n'empêche pas dans la suite Moïse de frapper par deux fois le rocher de son bâton ; ce second récit, situé à Qadesh, met l'accent sur l'abondance des eaux qui coulent du rocher. Ces différents épisodes, et notamment les deux derniers (qui sont de fait un doublet), se confondent souvent dans les mémoires. Il n'est pas de récit de l'Exode sur lequel reviennent le plus les autres livres de la Bible que celui du rocher de Moïse. Dans la tradition rabbinique, l'eau, la manne et la nuée sont les dons de Dieu par excellence, et l'eau vive procurée par Moïse était souvent assimilée à la parole de Dieu, à la Tora. Le don de l'eau dans le désert, qui semble avoir fait l'objet d'une commémoration liturgique lors de la fête des Tentes, rappelait aussi la source primordiale, celle du jardin d'Éden, ainsi que les eaux abondantes qui, selon les prophètes, couleraient à la fin des temps depuis le Temple de Jérusalem pour vivifier le monde et le transformer en un paradis nouveau. Chargé de signification dans le judaïsme du début de notre ère, le thème le fut également chez les premiers chrétiens qui y greffèrent des enseignements fondamentaux.

Le rocher et le Christ

Moïse a été depuis toujours considéré par les chrétiens comme la figure du Christ. En Moïse qui frappe le rocher, on a donc vu le Christ désaltérant la soif spirituelle de l'homme, ainsi qu'il apparaît au IIe siècle dans le poème

Sur la Pâque de Méliton, où l'évêque de Sardes, en s'adressant aux juifs, s'exclame : « C'est lui qui te donna la manne du ciel, lui qui t'abreuva du rocher » (§ 85). Vers la même époque, Justin dit que « le Christ a fait jaillir d'auprès de Dieu une source d'eau vive dans ce désert de la connaissance de Dieu qu'était la terre des païens » (*Dialogue* 69, 6). La frise du sarcophage de Junius Bassus, daté de 359, où est sculpté un agneau frappant le rocher de sa baguette, manifeste encore sans ambiguïté que c'est le nouveau Moïse, l'Agneau de Dieu, qui dispense l'eau vive à l'humanité. Mais parfois, le rocher miraculeux est représenté sans Moïse et suffit à lui seul à évoquer le miracle, comme dans les mosaïques du baptistère de Santa Restituta à Naples. De fait, la plupart des commentaires se sont concentrés sur la symbolique du rocher. Cette tendance apparaît dès la *Démonstration de la prédication apostolique* d'Irénée : le Verbe de Dieu, écrit-il, « a fait jaillir en abondance dans le désert un fleuve d'eau hors d'un rocher : ce rocher, c'était lui-même » (§ 46).

Dans l'Ancien Testament, en effet, Dieu est le roc d'Israël, dont la fidélité éternelle offre refuge à son peuple : « Le roc de mon cœur, c'est Dieu à jamais » (Psaume 73, 26). Dans le Nouveau Testament, Jésus est désigné plusieurs fois comme pierre d'angle et rocher (Matthieu 12, 10 ; Romains 9, 33), et Paul identifie purement et simplement le Christ au rocher du désert, quand il déclare, dans la Première Épître aux Corinthiens, que les Hébreux, dans le désert, « buvaient à un rocher spirituel qui les accompagnait, et ce rocher était le Christ » (10, 4). Ce curieux rocher ambulant est un emprunt de Paul à la tradition rabbinique qui l'avait formé : les « targumim » affirment que le puits de Nombres 21, 16-18 suivait les Hébreux partout où ils allaient, et le Pseudo-Philon dit la même chose des eaux de Mara (*Antiquités bibliques* 10, 7).

L'assimilation du Christ au rocher du désert est également présente dans l'Évangile de Jean, quoique d'une

Moïse frappe le rocher.
(Rome, catacombe des saints Pierre et Marcellin, fresque.)

Pierre-Moïse abreuve d'eau vive les soldats du Christ.
(Rome, catacombe de Callixte, crypte dite « delle pecorelle », fresque.)

autre façon. « Voici que Dieu frappe le rocher, disait le psaume 78, 20, les eaux coulent, les torrents s'échappent. » Or, lors de la fête des Tentes, Jésus proclame dans le Temple de Jérusalem : « Si quelqu'un a soif, qu'il vienne à moi et qu'il boive, celui qui croit en moi ! Selon le mot de l'Écriture, de son sein couleront des fleuves d'eau vive » (Jean 7, 38-39). Plus loin, dans le récit de la Passion, Jean déclare que, pour s'assurer de la mort de Jésus, « un soldat lui perça le côté, et il en sortit du sang et de l'eau », et la solennité de son attestation (« Celui qui a vu rend témoignage, et son témoignage est véridique ») montre qu'il accorde à ce détail une importance extrême (Jean 19, 34). De fait, un « targum » et des traditions rabbiniques affirment, à propos du rocher de Nombres 20, 11, que Moïse « frappa par deux fois le rocher de son bâton ; la première fois, il laissa dégoutter du sang, et la seconde fois, il sortit de l'eau en abondance » : un seul coup de la lance du soldat avait opéré ce que le bâton de Moïse avait fait en deux temps.

Les commentateurs chrétiens ne dissocient pas le récit de la source miraculeuse et ces passages du Nouveau Testament. Justin dit que le Christ est « le beau rocher d'où jaillit l'eau vive qui abreuve ceux qui veulent boire l'eau de la vie » (*Dialogue* 114, 4), et Irénée parle de « la source limpide qui coule du côté du Christ (*Contre les hérésies* 3, 24, 1). Comme Paul déjà le suggérait, l'évêque de Lyon comprend que, dans le miracle du rocher de l'Exode, le Fils de Dieu préexistant était déjà à l'œuvre pour venir en aide aux hommes : « C'est un seul et même Verbe de Dieu qui, de tout temps, donne à ceux qui croient en lui une source d'eau pour la vie éternelle » (*Ibidem* 4, 6, 4). « Le Christ, dit Origène, était le rocher frappé deux fois par le bâton, afin de donner la possibilité aux juifs de boire au rocher spirituel qui les accompagnait » (*Sur l'Évangile de Jean* 6, 240). « La Loi a montré dans le rocher la Source éternelle », dira encore Ambroise (*Sur l'Évangile de Luc* 5, 94). « Qui ne sait, lit-on dans un sermon de Grégoire d'Elvire, que notre Seigneur, qui est la source d'eau jaillissant en éternité de vie, quand il fut suspendu au bois de la croix, a répandu par la blessure de son côté non seulement du sang, mais aussi des eaux coulant en flots abondants ? » (*Homélie* 15, 13).

La symbolique du Christ, rocher frappé d'où coule l'eau vive, est très répandue dans les textes. Le bâton de Moïse représente tantôt la lance qui lui perce le côté, tantôt la croix elle-même. « Le bois de la Passion s'est approché de lui, tel le bâton (de Moïse), afin que coulât pour les croyants la grâce », dit Augustin (*Sur le psaume* 77, 13). « Le rocher est frappé du bâton, dit-il encore : c'est la figure de la croix du Christ. C'est quand le bois s'est approché du Rocher que la grâce a coulé ; le fait qu'il est frappé deux fois manifeste de façon plus évidente encore la croix : car une croix, ce sont deux morceaux de bois » (*Questions sur les Nombres* 35).

L'eau du rocher : l'Esprit-Saint et les sacrements

Tous les auteurs s'accordent à voir dans le rocher une image du Christ, et dans l'eau vive, l'Esprit-Saint (cf. Jean 7, 39). « Celui qui a fendu le rocher au désert et les a désaltérés comme à un profond abîme, dit Augustin, celui qui a fait jaillir l'eau du rocher et en a fait couler comme des fleuves d'eau, peut certainement donner à la foi assoiffée le don de l'Esprit-Saint signifié spirituellement par ce récit » (*Sur le psaume* 77, 13). « Et pour quelle raison a-t-il nommé eau la grâce de l'Esprit ? » se demande Cyrille de Jérusalem ; « parce que l'eau produit l'herbe et fait la vie ; parce que l'eau des pluies descend des cieux ; parce que, descendant sous une forme unique, elle accomplit des œuvres diverses [...]. Elle est autre dans le palmier et autre dans la vigne et dans tous les arbres [...] ; s'adaptant à la structure des êtres qui la reçoivent, elle fait pour chacun ce qui convient. Ainsi l'Esprit-Saint : il est unique, simple, indivisible, et cependant, il répartit la grâce comme il veut » (Cyrille de Jérusalem, *Catéchèses* 16, 12). Figure de l'Esprit-Saint, l'eau du rocher signifie aussi les différentes médiations par lesquelles il est dispensé aux hommes.

L'eucharistie Dans la Première Épître aux Corinthiens, Paul lie étroitement le don de l'eau à celui de la manne : « Nos pères ont tous mangé le même aliment spirituel, et tous ont bu le même breuvage spirituel ; ils buvaient en effet à un rocher spirituel qui les accompagnait, et ce rocher était le Christ » (10, 3-4). Cette exégèse eucharistique de l'Exode suppose la connaissance de la tradition rapportée en Jean 19, 34 « *du sang* et de l'eau » qui coulent du côté du Christ crucifié, ou tout au moins des commentaires rabbiniques sur le rocher dégouttant de sang parce que blessé par le bâton de Moïse. Que l'interprétation ait été courante ressort d'une lettre de Cyprien de Carthage, que l'on voit préoccupé de la corriger : « Ce n'est pas du calice, mais du baptême, que parle là le Seigneur » (*Épître* 63, 8) ; il est vrai qu'il combat dans cette lettre les outrances des « Aquariens », un groupe chrétien peu orthodoxe qui prétendait célébrer l'Eucharistie seulement au pain et à l'eau !

L'exposé de l'interprétation eucharistique d'Exode 17 fait partie des catéchèses baptismales dispensées à Milan au temps d'Ambroise. Pour les Hébreux, explique l'évêque, « l'eau coula du rocher ; pour toi, le sang coule du Christ. L'eau les désaltéra pour un moment, toi, le sang te lave à jamais » (*Des mystères* 48). L'application à l'eucharistie est plus évidente encore dans le traité *Des sacrements,* où Ambroise explique aux nouveaux baptisés la raison pour laquelle le prêtre consacre non du vin pur, mais du vin mêlé d'eau : « Comme le peuple juif avait soif et murmurait parce qu'il ne pouvait pas trouver d'eau, Dieu ordonna à Moïse de toucher le rocher de son bâton, et le rocher fit couler un flot très abondant. Comme le dit l'apôtre : "Ils buvaient au rocher qui les suivaient ; or, ce rocher était le Christ." Ce n'était pas un rocher immobile, puisqu'il suivait le peuple. Toi aussi, bois pour que le Christ te suive ; sois attentif au mystère : Moïse, c'est-à-dire un prophète, agit avec son bâton, c'est-à-dire avec la parole de Dieu. Le prêtre touche le rocher avec la parole de Dieu, l'eau coule et le peuple boit. Le prêtre touche le calice, l'eau ruisselle dans le calice, jaillit pour la vie éternelle, et le peuple de Dieu qui a reçu la grâce boit » (5, 3). Le symbole est ici double : l'eau qui jaillit du rocher représente à la fois l'enseignement sur l'Écriture dispensé par le prêtre et le sang du Christ reçu par le fidèle dans le sacrement eucharistique.

Le baptême En dépit de l'autorité de Paul et de la haute Antiquité du thème précédent, l'eau du rocher est le plus souvent une figure du sacrement de l'initiation chrétienne. C'est l'eau du baptême, dit Tertullien, « qui coulait du rocher accompagnant le peuple : le rocher étant le Christ, il ne fait pas de doute que le baptême tire sa consécration de cette eau qui est en Christ » (*Sur le baptême* 9, 3). Le symbole est particulièrement développé par Cyprien dans la lettre que nous avons déjà citée : « C'est du baptême que parle en cet endroit le Seigneur, car l'Écriture ajoute : "Il disait cela de l'Esprit que devaient recevoir ceux qui croiraient en lui." Or, c'est par le baptême que l'on reçoit le Saint-Esprit, et c'est seulement quand on a été ainsi baptisé et qu'on a reçu l'Esprit que l'on vient à boire le calice du Seigneur » (*Épître* 63, 8). Du côté du Christ, dit Ambroise, coula « un fleuve qui a lavé le péché du monde entier » (*Sur le psaume* 45, 12).

Mais l'eau baptismale n'est pas seulement une eau qui lave, c'est aussi une eau que l'on boit, selon un rite ancien : on donnait à boire lors du baptême une coupe d'eau, symbole de l'Esprit-Saint qui étanche la soif spirituelle. Tertullien parle de « boire la foi par l'eau du baptême » (*Contre les Juifs* 13, 12). Cyprien le rappelle aux Aquariens, pour qu'ils n'invoquent pas l'épisode du rocher en faveur de leur pratique douteuse : « Que personne ne s'émeuve de ce qu'en parlant du baptême, l'Écriture divine parle d'avoir soif et de boire, puisque le Seigneur dit aussi dans l'Évangile : "Heureux ceux qui ont faim et soif de la justice" : ce que l'on prend avec désir et avec une soif avide, on le boit en plénitude et abondance » (Cyprien, *Épître* 63, 8).

Eau de l'Écriture et enivrement eschatologique

L'eau bue lors du baptême est aussi le symbole de la doctrine du Christ qui fertilise toute la vie du chrétien, l'eau de « la source sainte des divines Écritures » (Hippolyte, *Sur l'Antéchrist* 1). « L'enseignement du Sauveur, disait Clément d'Alexandrie à propos de l'eau du rocher, est notre nourriture spirituelle et la boisson qui éloigne toute soif » (*Stromates* 7, 104, 3-4). Pour Origène, le rocher figure la lettre de la Loi, qui demeure fermée jusqu'à la venue du Christ : « Ce rocher, s'il n'est pas frappé, ne donnera pas d'eau ; frappé, il fait jaillir des sources. Car le Christ, frappé et mis en croix, a fait jaillir les sources du Nouveau Testament [...]. S'il n'avait pas été frappé, et s'il n'était sorti de son côté du sang et de l'eau, nous endurerions tous la soif de la parole de Dieu » (*Homélies sur l'Exode* 11, 2). Dans un autre passage du maître alexandrin, les coups frappés sur le rocher représentent les questions redoublées du croyant qui cherche à comprendre l'Écriture, suivant ainsi le conseil du Christ : « Frappez, et l'on vous ouvrira » (*Sur l'Évangile de Jean* 6, 241).

Boire au rocher, c'est donc se laisser instruire par la doctrine. « Bois donc la coupe de l'Ancien et du Nouveau Testament, dit Ambroise, car dans les deux, c'est le Christ que tu bois. Bois le Christ, car il est la vigne. Bois le Christ, car il est le rocher qui a fait jaillir l'eau. Bois le Christ, car il est la source de la vie. Bois le Christ, car il est le fleuve dont le courant impétueux réjouit la cité de Dieu. Bois le Christ, car il est la paix. Bois le Christ, parce que des fleuves d'eau vive couleront de son sein. Bois le Christ pour boire le sang qui t'a racheté. Bois le Christ pour boire ses paroles. Et sa parole, c'est l'Ancien Testament, sa parole, c'est le Nouveau Testament » (*Sur le psaume* 1, 33).

La soif exprime le désir fondamental de l'homme, que Dieu seul comble. Tous, nous sommes dans le désert, dit Augustin, « parce que nous sommes en ce monde où nous souffrons de la soif sur un chemin sans eau. Mais il nous faut éprouver la soif pour être désaltérés. "Bienheureux, en effet, ceux qui ont faim et soif de justice, car ils seront rassasiés" (Matthieu 5, 6). Dans le désert, nous étanchons notre soif au rocher, car "le rocher était le Christ" et il a été frappé par le bâton pour que l'eau jaillisse, il a été frappé deux fois à cause des deux bois de la croix. Tout ce qui se passait en figure est maintenant manifeste en nous » (*Sur l'Évangile de Jean* 28, 9). « Lorsque ma chair a soif, dit encore l'évêque d'Hippone, c'est d'eau qu'elle a soif ; mais quand mon âme a soif, elle aspire à la source de la sagesse. C'est de cette source que s'enivreront nos âmes, comme le dit le psaume : "Ils s'enivreront de l'abondance de ta maison et s'abreuveront aux torrents de tes délices" » (*Sur le psaume* 62, 6).

L'eau divine seule peut combler et apaiser en l'homme toutes les soifs. C'est ce qu'exprime Paulin de Nole dans une de ses lettres. « Le Christ est le rocher qui, dans les déserts de ce monde, nous suit, source disponible, si nous sommes assoiffés de justice, et nous rafraîchit de son doux breuvage, nous empêchant d'être brûlés par les feux des désirs de la chair ; il est le rocher sur lequel est construite la maison qui ne croule pas, le rocher dont le flanc percé de la lance a fait couler l'eau et le sang, pour répandre les deux sources également salutaires, l'eau de la grâce et le sang du sacrement » (*Épître* 42, 4).

Bien plus, cette eau est une eau qui assouvit le désir sans jamais l'éteindre, comme le dit l'Irlandais

Colomban. Le Seigneur notre Dieu est la source de vie, « la source pérenne, notre bonne source. Aussi le prophète dit-il : “Vous qui avez soif, venez à la source.” Il est la fontaine des assoiffés, non celle des repus. Les assoiffés, qu'il déclare ailleurs bienheureux, il les invite : ceux qui n'en ont jamais assez de boire, mais qui ont d'autant plus soif qu'ils ont bu [...]. Que c'est bon, ce qu'on peut manger ou boire toujours en ayant toujours faim et soif, ce que l'on peut goûter toujours et toujours désirer ! » (Colomban, *Instruction* 13).

Pierre et le rocher

Dans l'art paléochrétien, on voit apparaître au début du IVe siècle une composition nouvelle, où le Moïse-Christ juvénile du siècle précédent cède la place à un personnage barbu et plus âgé qui a le type iconographique de Pierre : collier de barbe et cheveux frisés retombant sur le front. Et pour qu'il n'y ait aucune ambiguïté, l'inscription *Petrus* accompagne parfois la figure, comme sur la coupe de verre gravé de Podgoritza, où on peut lire : « Pierre frappe de son bâton et les sources se mettent à couler. » Or, les textes établissent rarement un rapport explicite entre Pierre et l'épisode du rocher.

Toutefois, si le rocher est le Christ, il peut aussi désigner son Corps, qui est l'Église : les croyants, dit Justin, en sont les pierres vivantes, qui sont comme « taillées du sein du Christ », le roc divin (*Dialogue* 135, 3). Or, c'est par l'Église que l'Esprit-Saint, figuré par l'eau vive, est dispensé aux hommes, comme le déclare Irénée : « C'est à l'Église qu'a été confié le don de Dieu » ; « là où est l'Esprit de Dieu, là est l'Église et toute grâce ; là où est l'Église, là aussi est l'Esprit de Dieu » ; c'est à travers l'Église que le croyant « a part à la source limpide qui coule du côté du Christ » (*Contre les hérésies* 3, 24, 1). Les commentateurs n'insistent guère sur le symbole de l'Église comme rocher d'où sourd la vie, mais il est bien connu : « Qui vient rarement à l'Église puise peu aux sources de la vie », disait Origène à des auditeurs peu assidus (*Sur la Genèse* 11, 3). Le prédicateur est à la fois Moïse qui fait jaillir l'eau et le rocher d'où elle coule : « Dans le désert, dit Augustin, Dieu nous a envoyé une consolation : les prédicateurs de sa parole. Il nous a donné de l'eau dans le désert, en remplissant ces prédicateurs du Saint-Esprit, pour devenir en eux une source jaillissant pour la vie éternelle » (*Sur le psaume* 62, 8). En effet, tout chrétien, lorsqu'il accueille le Christ, peut devenir pour les autres hommes une source d'eau vive, comme le déclare l'Évangile de Jean (7, 38), lu selon la ponctuation souvent adoptée par les Pères : « Celui qui croit en moi, comme dit l'Écriture, des fleuves d'eau vive couleront de son sein. »

Le rocher de l'Église, c'est également celui qui symbolise l'Église et l'incarne, l'apôtre Pierre. On se souvient que, dans les Évangiles, « Pierre » est un surnom que Jésus donne à l'apôtre Simon : « Tu es Simon, fils de Jean ; tu t'appelleras Képhas, c'est-à-dire Pierre » (Jean 1, 42) ; et la raison d'être de ce surnom apparaît dans un autre passage, où Jésus lui dit : « Tu es Pierre, et sur cette pierre, je bâtirai mon Église » (Matthieu 16, 18). Le parallèle entre le rocher d'où l'eau coule et Pierre est manifeste chez Aphraate le Persan, qui écrit : « Moïse fit sortir l'eau de la pierre pour le peuple ; Jésus, lui, envoya Simon Pierre porter son enseignement chez les peuples » (*Exposés* 21, 10). Augustin établit lui aussi un rapprochement explicite entre Moïse et Pierre. « Pourrons-nous, de ce rocher, faire jaillir de l'eau ? », disait-il en Nombres 20, 10. Une partie de la tradition, suivie par l'évêque d'Hippone, y a vu un manque de foi de la part de Moïse. « Moïse, dit-il, a douté à propos de l'eau ; il a douté quand il a frappé le rocher de son bâton pour que l'eau coulât. Le doute de Moïse, était une figure [...]. Moïse a douté quand le bois approcha le rocher ; les disciples ont douté quand ils virent le Seigneur crucifié [...]. Moïse était la figure des disciples. Il était la figure de Pierre, qui l'a renié trois fois. Pourquoi Pierre a-t-il douté ? Parce que le bois s'est approché du rocher. Quand le Seigneur annonçait le genre de mort qui serait le sien, c'est-à-dire la croix, Pierre prit peur » (*Sermon* 352, 4). Ce développement ne pouvait prendre tout son sens pour les auditeurs que si l'assimilation de Pierre à Moïse leur était familière.

Les représentations où Pierre fait jaillir l'eau du rocher sont souvent complétées par deux ou trois petits personnages buvant à la source. Ce sont les croyants qu'on représente ainsi, vêtus à la manière des soldats, comme dans les scènes d'enrôlement militaire qui apparaissent au début du IVe siècle pour symboliser l'engagement baptismal. En effet, l'enrôlement dans l'armée antique comportait un serment (*sacramentum*), tout comme le *sacrement* du baptême, où l'on s'engageait à renoncer au péché et à vivre conformément à l'enseignement du Christ. La comparaison de la vie chrétienne avec celle du soldat en campagne se rencontrait du reste déjà dans les Épîtres de Paul. « Tous deviennent par la foi soldats du Christ », dit Chromace (*Sermon* 30, 3). « Ceux qui ont cru courent à la source, écrit Ambroise ; ils veulent être instruits de la doctrine, désirent qu'on leur fasse connaître l'Évangile, et ne se rassasient jamais de boire sans interruption. Tant ils désirent être désaltérés à la source de la Sagesse qu'auparavant ils cherchaient à éviter à tout prix ! Quelle source ? Écoute celui qui dit : “Si quelqu'un a soif, qu'il vienne à moi et qu'il boive, celui qui croit en moi ; comme dit l'Écriture, de son sein couleront des fleuves d'eau vive” » (*Sur Noé* 19, 70).

C'est la richesse des sens dont on investissait l'épisode qui a assuré son succès dans l'iconographie funéraire. Moïse évoque le Christ, Pierre, le prédicateur ou même le lecteur de l'Écriture ; le rocher est le Christ, l'Église, Pierre, et le croyant. Quant à l'eau vive, elle symbolise la présence intériorisée et vivifiante de l'Esprit de Dieu, la vie éternelle dispensée dès le temps présent à travers les sacrements et la parole de Dieu. Les images auxquelles on associe le rocher sont significatives à cet égard : scènes de baptême et de pêche parfois, figure de Noé souvent, qui toutes signifiaient le salut donné à travers le baptême ; et surtout la résurrection de Lazare, qui dans la moitié des cas est le pendant de la scène du rocher.

L'eau du rocher est celle dont le Christ disait à la Samaritaine : « Qui boira de l'eau que je lui donnerai n'aura plus jamais soif ; l'eau que je lui donnerai deviendra en lui source d'eau jaillissant *en vie éternelle* » (Jean 4, 14). Le roc creusé, c'était aussi la tombe, d'où surgirait la vie lors de la résurrection des morts. Chez Éphrem, le rocher qui se fend et se vide de son eau sur l'ordre de Moïse évoque les tombeaux qui, au son de la trompette finale, s'ouvrent pour laisser les morts sortir à l'appel du Fils de Dieu (*Chants de Nisibe* 49, 15). Jérôme a connaissance d'un thème analogue. « Regardez le rocher dont vous avez été taillés », disait le prophète Isaïe (51, 1), c'est-à-dire, commente le moine érudit de Bethléem, regardez le rocher fendu du désert, le côté percé du Christ sur la croix, ainsi que « le sépulcre où fut placé le Seigneur, et où il a, par sa résurrection des morts, engendré des fils innombrables » (*Commentaire sur Isaïe* 14, 51, 1-3). La fréquence avec laquelle revient l'image du rocher aux eaux vives dans l'iconographie funéraire antique tient à ce qu'il parlait à la fois de la mort et de la vie éternelle. Une association de l'eau du rocher au *refrigerium* dont il a déjà été question à propos de Jonas n'est pas non plus impossible, car, dans le judaïsme du début de notre ère, le don de l'eau dans le désert évoquait le retour au paradis.

2. LE PASSAGE DE LA MER ROUGE

La délivrance d'Israël s'est faite en deux étapes. Dans un premier temps, Pharaon et les Égyptiens, accablés par la mort de leurs premiers-nés qu'a frappés l'ange exterminateur, consentent enfin à laisser sortir d'Égypte les

Hébreux, dont les enfants ont été épargnés grâce au sang de l'agneau pascal, qui avait sur l'ordre de Dieu marqué les linteaux de leurs portes (Exode 12-13). Dans un second temps, Dieu intervient pour sauver les Hébreux de la main des Égyptiens qui, regrettant déjà leur geste, se sont lancés à leur poursuite avec chars et cavaliers : devant Moïse brandissant le bâton de Dieu, la mer s'entrouvre le temps qu'Israël passe à pied sec, et le piège se referme sur les Égyptiens (Exode 14-15).

Le premier épisode reçoit dès le Nouveau Testament une signification christique : « Le Christ, notre Pâque, a été immolé », dit Paul dans la Première Épître aux Corinthiens (5, 7). C'est lui, l'agneau pascal, dont le sang versé lors de la Passion sauve de la mort ceux qui croient en lui, comme le manifeste également l'Évangile de Jean, où Jésus est présenté d'emblée comme « l'Agneau de Dieu qui enlève le péché du monde » (1, 29), Pâque véritable qui remplace désormais la Pâque figurative de jadis (18, 28 ; 19, 36).

La délivrance pascale

L'histoire de la sortie d'Égypte est celle d'une délivrance : délivrance de l'esclavage, délivrance de la mort, par l'effet salutaire de la Passion du Christ. Lors de la vigile pascale où l'on commémorait la mort et la Résurrection du Christ, on chantait, sans doute depuis les origines, le cantique de Moïse (Exode 15), devenu dans le christianisme « le cantique de Moïse *et de l'Agneau* » (Apocalypse 15, 3). Un passage d'Irénée exprime nettement le sens premier de l'épisode d'après les textes les plus anciens : « Dieu *sauva* de l'ange exterminateur les fils d'Israël en leur révélant symboliquement la Passion du Christ à travers l'immolation d'un agneau sans tache, dont le sang devait servir à oindre les maisons des Hébreux et à assurer leur inviolabilité. Le nom de ce mystère était la Pâque, source de la *libération*. Après avoir fendu la mer Rouge, Moïse fit passer en toute

Passage de la mer Rouge.
(Rome, catacombe de la via Dino Compagni, fresque.)

sécurité les fils d'Israël dans le désert ; quant aux Égyptiens, qui les poursuivirent et entrèrent à leur suite dans la mer, il les fit tous périr » (*Démonstration* 25).

Désormais le sang de l'agneau est celui du Fils de Dieu, et la délivrance n'est plus temporelle, mais spirituelle, comme le souligne Aphraate au début d'un long parallèle entre Moïse et Jésus : « Eux étaient sortis lors de la Pâque de l'esclavage de Pharaon. Et nous, c'est le jour de la crucifixion que nous avons été sauvés de l'esclavage de Satan. Eux avaient immolé un agneau parmi les moutons et fait l'aspersion de son sang contre le Destructeur. Nous, c'est par le sang du Fils éprouvé, que nous avons été sauvés des actions corrompues que nous commettions. Eux, c'est Moïse qui fut leur guide, nous, nous avons Jésus comme pilote et sauveur » (*Exposés* 12, 8). Grégoire d'Elvire résume brièvement le sens global de l'épisode : « L'Égypte est la figure de ce monde, Pharaon, celle du diable, les fils d'Israël étaient l'image de l'homme premier créé, dont ils tiraient leur origine ; quant à Moïse, envoyé pour les délivrer, il était le type du Christ » (*Homélie* 7, 3).

L'intervention libératrice du Fils de Dieu dans le temps de l'Incarnation et de l'Église est le prolongement et l'accomplissement parfait de l'action qui a été la sienne tout au long de l'histoire, comme le dit Irénée : « Le Verbe de Dieu faisait voir à l'avance de façon préfigurative ce qui était à venir, et maintenant, il nous a libérés en vérité de l'esclavage odieux de la gentilité » ; « c'est lui, le Fils de Dieu, qui est monté et descendu pour le salut de ceux qui étaient molestés, nous arrachant à la puissance des Égyptiens, c'est-à-dire à toute idolâtrie et à toute impiété, et nous sauvant de la mer Rouge, c'est-à-dire de la vague meurtrière des nations et du flot amer de leur calomnie » (*Démonstration* 46). La sortie d'Égypte est un des exemples de délivrance biblique dont le souvenir donne au croyant la confiance que Dieu agira de même envers lui, comme le dit un passage d'Hippolyte, où les trois Hébreux dans la fournaise déclarent : « Dieu nous tirera de la main du roi Nabuchodonosor, comme il a tiré notre ancêtre de la main de Pharaon. Souvenons-nous de ce qui est arrivé autrefois en terre d'Égypte, quelle peur eut la mer quand elle fut frappée de la verge… » (*Sur Daniel* 2, 19).

Un nouvel Exode sous la conduite du Christ

La colonne de feu et de nuée

Dans le récit biblique, en tête du peuple qui descend dans la mer, vont la nuée et Moïse armé de son bâton ; de l'autre côté de la mer, après la traversée, Myriam, sœur de Moïse, conduit les chœurs qui dansent de joie en l'honneur du Seigneur. La nuée et Moïse représentent généralement le Fils de Dieu, et Myriam, l'Église.

« Le Seigneur lui-même marchait à leur tête, dit le texte, colonne de nuée le jour pour leur ouvrir la route, colonne de feu la nuit pour les éclairer » (Exode 13, 21). Dans le livre de la Sagesse, cette « colonne flamboyante, qui leur servait de guide en un voyage inconnu » (18, 3) avait été assimilée à la Sagesse de Dieu, qui conduit les hommes par sa lumière (10, 17-19), L'Évangile de Jean l'identifie au Christ, qui déclare : « Celui qui me suit ne marche pas dans les ténèbres » (8, 12). Paul y voit en particulier l'Esprit-Saint répandu par le Fils de Dieu, le guide des hommes par excellence, qui continue aujourd'hui son action pour « les mener à la vérité tout entière » (Jean 16, 13) : dans la Première Épître aux Corinthiens, il déclare que les pères « ont tous été baptisés en Moïse dans la nuée et dans la mer » (10, 1-2), la mer évoque l'eau du baptême, et la nuée l'Esprit de Dieu conféré par le rite baptismal.

Cette double interprétation se retrouve dans une catéchèse d'Ambroise de Milan : « Moïse tenait son bâton et conduisait le peuple des Hébreux, la nuit dans une colonne de lumière, le jour, dans une colonne de nuée.

La lumière, qu'est-ce d'autre que la vérité, qui répand une lumière visible et claire ? La colonne de lumière, qu'est-ce d'autre que le Christ Seigneur, qui a chassé les ténèbres de l'incroyance et a répandu dans le cœur des hommes la lumière de la vérité et de la grâce ? Mais la colonne de nuée, c'est l'Esprit-Saint. Le peuple était dans la mer et la colonne de lumière le précédait, puis venait la colonne de nuée comme l'ombre de l'Esprit-Saint. Tu vois qu'on nous a montré dans l'Esprit-Saint et dans l'eau le type du baptême » (*Des sacrements* 1, 22).

Pour Zénon de Vérone, la colonne au double aspect évoque les deux venues du Fils de Dieu chez les hommes, l'Incarnation et le retour glorieux eschatologique : « La colonne qui montrait le chemin est le Christ Seigneur ; elle revêt la double nature de l'eau et du feu, parce qu'elle désigne les deux jugements : l'un qui a déjà eu lieu, par l'eau ; l'autre, qui va venir, par le feu » (*Homélie* 2, 26). Une prédication d'Augustin traite un thème analogue : « Le mystère [du Christ] s'est manifesté dans la nuée — c'est-à-dire dans la chair —, le jour — c'est-à-dire dans l'histoire ; il se manifestera pour ainsi dire dans la terreur de la nuit lors du jugement, car il y aura alors une grande tribulation pour le monde, et il sera comme un feu, qui luira pour les justes et brûlera les injustes » (*Sur le psaume* 77, 13). Un sermon pascal du ve siècle voit dans la colonne, symbolisée par le cierge pascal, le Christ en ses deux natures : nuée dans l'Incarnation, où la chair voile sa gloire, feu lors du jugement dernier, où il illumine les justes et brûle les impies (Pseudo-Augustin, *Sermon Denis* 1).

Le bâton de Moïse « Lève ton bâton, étends la main sur la mer et fends-la : que les fils d'Israël pénètrent à pied sec au cœur de la mer », avait ordonné le Seigneur à Moïse (Exode 14, 16). Ce bâton merveilleux, la tradition juive ancienne avait bien pris soin qu'on n'y vît pas une baguette magique. C'était, expliquait-on, « le bâton de Dieu », créé par Dieu à l'origine du monde, taillé dans une branche de l'arbre de vie, ou encore dans un saphir du trône divin ; et surtout, sur lui « est gravé en toutes lettres le Nom grand et glorieux » de Dieu, comme le dit un « targum ». Il représente la parole de Dieu, qui a créé le monde et ordonné les eaux primordiales, et qui donc a toute puissance sur les éléments. On disait qu'au temps du salut il serait à nouveau dans les mains du roi Messie, ce qui explique que l'iconographie paléochrétienne, soutenue par des textes anciens, en fait un attribut de Jésus : il figure la parole efficace de Dieu, ou, le plus souvent, il est l'image de la croix. « Le bâton [...] grâce auquel l'Égypte est soumise et Pharaon dominé, c'est la croix du Christ, grâce à laquelle Dieu a vaincu le monde et défait les princes de ce monde avec ses principautés et ses puissances », affirme Origène (*Sur l'Exode* 4, 6).

La croix est préfigurée par le bâton, et le bâton tient par anticipation sa puissance efficace de la croix. Dans tous les épisodes de l'Exode où triomphe le bâton de Moïse, dit Hilaire, c'est la croix « qui triomphe des magiciens, qui effraie Pharaon, qui ravage l'Égypte, qui divise la mer, qui en ramène les flots, qui fait jaillir une source, qui fait disparaître l'amertume et donne la douceur ; c'est en effet par l'action sanctifiante du Bois que les cœurs des infidèles sont amollis et passent de l'amertume du péché et de l'impiété à la douceur de la foi » (*Des mystères* 1, 35). « Moïse, dit un sermon anonyme, en tenant le bâton qui préfigurait le bois de la croix, fut sauvé du milieu des flots et passa sain et sauf avec le peuple » (Pseudo-Augustin, *Sermon Mai* 33, 2). Et chez Jacques de Sarug encore : « Lorsque d'un coup de son bâton il ouvrit la mer devant le grand peuple, il traça la croix sur ce passage miraculeux. Qui pourra jamais diviser la mer avec un bâton comme le fit Moïse ? Il put le faire parce qu'il renfermait le mystère du Fils de Dieu » (*Sur le voile de Moïse* 9).

Myriam Au chant de victoire de Moïse et du peuple, le livre de l'Exode associe des chœurs de femmes qui exaltent le triomphe du Dieu d'Israël : « Myriam, la prophétesse, prit en main un tambourin, et toutes les femmes la suivirent avec des tambourins, formant des chœurs de danse » (14, 20). En cette Myriam, c'est-à-dire Marie, les chrétiens ont vu une figure de l'Église, comme on le voit dans ce passage de Zénon de Vérone : « Marie, qui frappe son tambourin avec les femmes, était le type de l'Église qui, avec toutes les Églises qu'elle a enfantées, conduit le peuple chrétien non plus au désert, mais au ciel, en chantant un hymne et en frappant le tambourin véritable qu'est sa poitrine » (*Homélie* 2, 26). Plusieurs sarcophages de la fin du IVe siècle représentent Myriam avec son tambourin, parfois marqué de la croix ou du chrisme, ce chiffre formé des deux premières lettres du nom Christ entrelacées. Car le tambourin, fait de peau tendue sur le bois, évoquait pour les anciens la crucifixion. En tête du cortège des sauvés, Myriam incarne la joie débordante de l'Église.

Exégèse morale La traversée de la mer réalisait de façon visible la « Pâque », c'est-à-dire, selon l'étymologie la plus couramment admise chez les anciens, un passage. La traversée passée de la mer se prolonge dans le présent par un autre passage, moral celui-là, du vice à la vertu. Philon d'Alexandrie atteste que cette exégèse était bien connue dans le judaïsme au Ier siècle. « Pour ceux qui ont coutume de donner aux textes une interprétation allégorique, la fête de l'heureux Passage fait allusion à la purification de l'âme. Ils disent en effet que l'homme épris de sagesse ne s'efforce à rien d'autre qu'à réaliser le passage hors du corps et des passions, lesquelles débordent chacune à la façon d'un torrent, si l'on n'en brise ni arrête le cours par les préceptes de la vertu » (*De specialibus legibus* 2, 147).

On retrouve des idées analogues dans le christianisme ancien. Comme le dit Origène, « il se fait une montée d'Égypte à la Terre promise, par laquelle nous apprenons sous forme symbolique la montée de l'âme vers le ciel et le mystère de la résurrection des morts » (*Sur les Nombres* 27, 4). Fuir l'Égypte, écrit-il ailleurs, c'est « laisser les ténèbres de l'ignorance et suivre la Loi de Dieu, Moïse » ; « exterminer l'Égyptien, c'est ne pas accomplir les œuvres des ténèbres ; exterminer l'Égyptien, c'est vivre non pas charnellement, mais spirituellement ; exterminer l'Égyptien, c'est chasser de son cœur les pensées souillées et impures, ou ne pas les accueillir du tout [...]. C'est ainsi qu'aujourd'hui encore, on peut voir les Égyptiens morts gisant sur le rivage, et voir s'engloutir leurs chars et leurs chevaux. On peut même voir s'engloutir Pharaon en personne, si l'on vit avec une foi assez grande pour que Dieu écrase bien vite Satan sous nos pieds » (*Sur l'Exode* 5, 5).

La nuée elle-même est toujours présente pour le croyant : « Tu entends que nos pères furent sous la nuée », dit Ambroise, « et c'est une bonne nuée, qui refroidit l'incendie des passions charnelles : elle protège ceux que l'Esprit-Saint a visités » (*Des mystères* 13). Dans l'interprétation morale, le tambourin de Myriam suggère la mortification des passions humaines, ainsi qu'il apparaît dans un autre traité de l'évêque de Milan : « Vous aussi, à l'exemple de Marie, la sœur de Moïse, prenez en main le tambourin, sortez en disant : "Chantons le Seigneur ; il a été magnifiquement glorifié ; il a jeté à l'eau cheval et cavalier." Mortifiez vos membres à la manière d'un tambourin [...]. Car, si vous êtes morts au péché, vous vivrez pour Dieu ; or, vous vivrez, si dans votre corps ne règne aucune convoitise. Prenez en main la croix du Seigneur Jésus et, l'élevant par vos œuvres, foulez aux pieds l'abîme de ce monde et passez » (*Exhortation à la virginité* 47-48).

Passage de la mer Rouge et baptême

Le véritable passage À l'image de Moïse qui descend dans les flots inquiétants de la mer se superpose parfois celle du Christ qui descend aux enfers. « Pour les Hébreux, lit-on dans les *Exposés* d'Aphraate, Moïse avait fendu la mer et les avait fait passer. Nous, notre Sauveur a fendu le shéol, il en a brisé les portes ; quand il est entré à l'intérieur, il les a ouvertes et il a frayé la route à tous ceux qui croient en lui » (12, 8). « Quand, dit Gaudence de Brescia, le Seigneur est revenu pour ressusciter son corps, à la terreur des enfers, les ennemis de Dieu, — c'est-à-dire les ennemis de son peuple —, ont été anéantis » (*Homélie* 2, 1). La résurrection du Christ est le prélude de celle des autres hommes, car il est « le premier-né d'entre les morts » ; elle manifeste le triomphe total sur l'antique Adversaire.

Dans la tradition chrétienne, il n'est pas de passage victorieux vers une vie renouvelée sans l'aide efficace de l'Esprit de Dieu à l'intime de l'homme ; transmis à l'humanité par le Christ en sa Passion, c'est à travers le rite de l'initiation chrétienne qu'il est reçu par l'individu. Le baptême opère le véritable passage de la mer Rouge. « Avec la résurrection du Christ d'entre les morts, dit encore l'évêque de Brescia, a eu lieu la vengeance contre les Égyptiens par le sacrement du baptême. » Le catéchumène y descendait dans la piscine baptismale (être « baptisé » signifie être plongé), pour en remonter purifié de ses péchés, tout comme les Hébreux avaient passé par les eaux de la mer Rouge et en étaient ressortis délivrés des Égyptiens. Et de même que le peuple d'Israël avait traversé la mer avec Moïse à sa tête, de même le chrétien descendait dans les eaux du baptême derrière le Christ, qui lui avait frayé la voie par sa descente dans la mort et le tombeau : « Baptisés dans le Christ, c'est dans sa mort que nous avons été baptisés » (Romains 6, 3).

« La traversée de la mer Rouge, dit Grégoire de Nysse, a été selon Paul lui-même une prophétie en acte du sacrement » (*Sur le baptême*). Et la réalité présente est infiniment supérieure : « Pour parler à présent du baptême, dit Ambroise aux néophytes de Milan, quoi de plus extraordinaire que le passage du peuple juif à travers la mer ? Pourtant, les Juifs qui l'ont traversée sont tous morts au désert. En revanche, celui qui passe par cette fontaine-ci, c'est-à-dire qui passe des choses terrestres aux choses célestes, — car c'est là un passage, et donc la Pâque, c'est son passage, le passage du péché à la vie, de la faute à la grâce, de la souillure à la sainteté, — celui qui passe par cette fontaine ne meurt pas, mais ressuscite » (*Des sacrements* 1, 12). Le véritable exode, dit Gaudence de Brescia, se réalise seulement dans le baptême : « L'Exode bienheureux et parfait est accompli lorsque le véritable Moïse, sorti de l'eau du Jourdain, Dieu par nature et non par convention, notre Seigneur Jésus, nous fait, par le bâton de sa croix, sortir à travers l'eau du baptême de la captivité de Pharaon, le diable, et nous arrache à toutes les ténèbres de l'Égypte, nous appelant des ténèbres des actions mondaines aux œuvres de lumière » (*Homélie* 1, 13).

Libération de la tyrannie du diable La victoire de Moïse sur Pharaon représente la victoire du Christ sur le démon, à laquelle l'homme est associé par le baptême. De nombreux textes en parlent. Citons le plus ancien, le traité *Sur le baptême* de Tertullien : « Le peuple libéré d'Égypte, en traversant l'eau, échappa à la puissance du roi égyptien ; l'eau anéantit le roi lui-même et toutes ses troupes. Quelle figure plus éclairante du sacrement du baptême ? Les païens sont libérés du monde, et ils le sont par l'eau ; ils délaissent le diable, leur ancien tyran, englouti dans l'eau » (9, 1). Deux siècles plus tard, on trouve la même doctrine chez Augustin : « Nous avons été tirés de l'Égypte, où, comme d'un nouveau Pharaon, nous étions les esclaves du diable, fabriquant des œuvres de boue selon nos désirs terrestres, et c'était pour nous une lourde peine, car le Christ nous a crié au milieu de ce chantier de briques : "Venez à moi, vous tous qui peinez et qui êtes accablés" (Matthieu 11, 28). Nous sommes sortis de là grâce au baptême, comme à travers la mer Rouge, — rouge parce qu'elle a été consacrée par le sang du Christ » (*Sur l'Évangile de Jean* 28, 9).

Les eaux du baptême sont des eaux ambivalentes, comme le marque bien un sermon de Zénon de Vérone : « Nous devons voir dans la mer la fontaine sacrée, dans laquelle les mêmes eaux libèrent les serviteurs de Dieu et anéantissent ceux qui se chargent de péchés au lieu de les fuir » (Zénon, *Homélie* 2, 26). Lors du passage de la mer Rouge, il y a libération de l'esclavage, mais aussi mort du tyran : défaite de Satan, anéantissement du péché. Au baptême, affirme Ambroise, « la faute est engloutie et l'erreur abolie, tandis que la piété et l'innocence traversent intactes » (*Des mystères* 12). « La mort des Égyptiens, dit Augustin, signifie la destruction des péchés » (*Sur l'Évangile de Jean* 45, 9). « Tous les péchés passés qui vous poursuivaient seront anéantis », dit encore l'évêque d'Hippone dans un sermon pascal ; « vos péchés seront semblables aux Égyptiens qui poursuivaient Israël. Ils les ont poursuivis, mais jusqu'à la mer Rouge. Pourquoi jusqu'à la mer Rouge ? Jusqu'à la fontaine consacrée par la croix et par le sang du Christ [...]. On marque du signe du Christ le baptême, c'est-à-dire l'eau où vous êtres plongés, et vous passez en quelque sorte par la mer Rouge » (*Sermon* 213, 8).

Un sermon de Quodvultdeus met en scène la grande bataille qui se livre dans la fontaine baptismale. « Le peuple libéré se dirige en grande hâte vers la mer Rouge, pour que soient sauvés par l'eau ceux qui avaient été délivrés d'un terrible ennemi [...]. Moïse était la figure du Christ Seigneur, parce qu'il était le guide du peuple. Dans son bâton, reconnaissez la croix. Dans la mer Rouge, reconnaissez le baptême, empourpré par le sang du Christ ; le roi des Égyptiens et son peuple est l'auteur du péché, le diable avec tous ses serviteurs. Le diable se déchaîne quand il voit que vous allez être délivrés de sa tyrannie par l'eau du baptême. Criez vers votre Moïse, le Christ Seigneur, pour qu'il frappe la mer du baptême par le bâton de sa croix, que l'eau revienne et recouvre les Égyptiens. Ainsi, de même qu'il n'est pas resté un seul Égyptien, il ne restera pas un seul de vos péchés ; celui qui a tout créé purifiera tout. Celui qui a tout créé intact restaurera ce qui était perdu ; il anéantira Pharaon, le diable auteur de la mort, et délivrera son peuple par l'eau salutaire » (*De cataclysmo* 3, 26. 22-24).

Durant la préparation au baptême, le catéchumène est le champ clos d'une rude bataille intérieure, dont le sacrement marque l'étape décisive. « Toi aussi, qui es baptisé dans le Christ, dans l'eau et dans l'Esprit-Saint, dit Origène, tu dois savoir que les Égyptiens sont à tes trousses et veulent te ramener à leur service : il s'agit des "régisseurs de ce monde, des esprits du mal" (Ephésiens 6, 12), dont tu fus jadis l'esclave. Ils entreprennent de te poursuivre, mais toi, tu descends dans l'eau, tu en sors sain et sauf et, une fois lavées les souillures des péchés, tu remontes, homme nouveau, prêt à chanter un cantique nouveau. Mais les Égyptiens qui te poursuivent seront engloutis dans l'abîme » (*Sur l'Exode* 5, 5).

En Christ, tête du Corps mystique qu'est l'Église, la victoire est acquise. Mais il revient à chaque homme d'adhérer à ce salut, dans le combat spirituel de chaque jour, comme l'explique encore Origène. « Comme les Hébreux vinrent à la mer Rouge, y vinrent aussi les Égyptiens ; mais les Hébreux passèrent à travers la mer Rouge. Quant aux Égyptiens, ils y furent engloutis. De même nous aussi, si nous sommes Égyptiens et suivons Pharaon, le diable, en obéissant à ses ordres, nous serons engloutis dans le fleuve — ou étang — de feu, quand on trouvera en nous des péchés que nous aurons choisis par les ordres de Pharaon. Mais si nous sommes Hébreux et rachetés par le sang de l'Agneau immaculé [...], nous entrons certes nous aussi dans le fleuve de feu. De même que pour les Hébreux l'eau formait une muraille à droite et à gauche, de même aussi le feu formera pour nous une muraille, si nous faisons nous aussi ce qu'on dit d'eux : "Ils crurent en Dieu et en son serviteur Moïse", c'est-à-dire à sa Loi et à ses commandements, et si nous suivons la colonne de feu et la colonne de nuée » (*Sur le psaume* 36, 3, 2). La traversée de la mer initiée dans le baptême n'est complètement achevée que dans le passage ultime qu'est la mort de l'individu, comme on le voit dans cette homélie d'Origène où la mer Rouge est devenue l'équivalent symbolique du fleuve de feu, qui entoure le trône de Dieu et symbolise le jugement.

Mer Rouge et colonne de feu ont été mises en relation avec le jugement eschatologique. La descente dans la mer Rouge signifie la mort (mort du Christ, mort symbolique du baptême, mort corporelle de l'individu) et sa traversée victorieuse évoque la vie nouvelle et la résurrection. D'où l'emploi de l'image dans l'art funéraire : il y en a plusieurs exemples sur les sarcophages vers la fin du IVe siècle, et la figure, peu fréquente en peinture, se rencontre pour la première fois au milieu du IVe siècle dans la catacombe de la Via Latina. Son apparition relativement tardive pourrait s'expliquer par la difficulté de rendre l'épisode de manière significative : pour peindre ou sculpter le passage de la mer Rouge, il fallait un artiste plus compétent que pour le récit du rocher frappé par Moïse.

CHAPITRE VI

LE SACRIFICE D'ABRAHAM

L'histoire du sacrifice d'Abraham (Genèse 22) est un petit chef-d'œuvre de suspense où le non-dit n'a pas cessé de fasciner les lecteurs. « Prends ton fils, ton unique, ton bien-aimé, Isaac, et va-t'en au pays de Moryia, et là, tu l'offriras en holocauste sur la montagne que je t'indiquerai. » Tout est mystérieux : le lieu, le signe auquel Abraham doit le reconnaître, le bélier qui va comme surgir du néant à point nommé pour se substituer à Isaac dans l'holocauste, et, plus que tout encore, le motif de l'ordre divin, qui contredit ouvertement telle interdiction de « faire passer ses fils par le feu » comme le faisaient les fidèles de Baal (cf. 2 Rois 17, 3). Bien avant nous, les anciens se sont interrogés sur les sentiments d'Abraham et rebellés devant l'ordre divin. Ce ne sont pas ces questionnements de la lettre du texte qui nous intéressent ici, mais la signification symbolique donnée dans les premiers siècles chrétiens à l'épisode.

Dans les neuf exemples d'interventions divines opérées par Dieu en faveur des croyants de l'Ancien Testament, Augustin mentionne ainsi ce que nous appelons couramment le sacrifice d'Abraham : Dieu a délivré « Isaac du glaive suspendu au-dessus de sa tête » (*Épître* 140, 11, 28). Un tel résumé de Genèse 22 est visiblement influencé par les représentations paléochrétiennes où Abraham, le couteau brandi au-dessus d'Isaac ligoté et agenouillé, est en arrêt, les yeux fixés sur la main de

Dieu. On voyait avant tout dans la péricope un exemple insigne de délivrance, car Isaac échappe au sacrifice ; mais le bélier, victime de substitution, réintroduit l'idée sacrificielle. Les deux thèmes, délivrance et sacrifice, sont indissolublement liés dès les origines et concourent à exprimer le mystère fondamental du christianisme.

1. GENÈSE 22 ET LA PASSION DU CHRIST

Le sacrifice d'Abraham est l'exemple même du sacrifice parfait. Les textes juifs exaltent l'obéissance pleine de foi du patriarche, qui accepte sans discussion d'immoler son fils, mais aussi le consentement d'Isaac, la victime. Ainsi dans le « targum » de Jonathan (Genèse 22, 10) : « Les anges d'en haut disaient : "Venez, voyez deux personnes uniques qui sont dans l'univers : celui qui sacrifie n'hésite pas, et celui qui est sacrifié tend la gorge." » Le sacrifice sanglant n'avait pas eu lieu, mais, dans le cœur des intéressés, il avait été consommé : le Pseudo-Philon et certains « midrashim » n'hésitent pas à parler du sang versé d'Isaac. De plus, le verset de Genèse 22, 8, ponctué autrement, pouvait être lu ainsi : « Dieu verra ; l'agneau pour l'holocauste, c'est mon fils », ce qui entraîna une assimilation entre l'agneau pascal et Isaac. Il semble bien qu'on n'ait pas attendu le christianisme pour faire le rapprochement entre Isaac et le Serviteur de Dieu d'Isaïe (57, 3), qui va à l'abattoir comme un agneau muet. Bref, le sacrifice d'Abraham était devenu le sacrifice par excellence.

Cela explique que les premiers chrétiens, dès le Nouveau Testament, ont vu en Isaac une figure prophétique du Christ, comme en témoignent l'Épître aux Romains (8, 32) et l'Évangile de Jean (3, 16 ; 19, 36). Dans la littérature patristique, l'offrande qu'Abraham consent de son fils bien-aimé annonce le don du Fils unique par le Père. Abraham, dit Irénée, « céda avec empressement son fils unique et bien-aimé en sacrifice à Dieu, afin que Dieu aussi consente, en faveur de toute sa postérité, à livrer son fils bien-aimé et unique en sacrifice pour notre rédemption » (*Contre les hérésies* 4, 5, 4). L'insistance porte sur le thème de l'*offrande* d'Abraham, et non sur la mort d'Isaac : dans l'*Épître de Barnabé,* c'est « Isaac *offert* sur l'autel » qui est considéré comme la préfiguration du Christ (7, 3).

La liturgie ancienne mettait également l'accent sur l'offrande, comme le montre la prière que récitait Ambroise de Milan après la consécration eucharistique dans la seconde moitié du IVe siècle : « Nous te demandons et te supplions d'accepter cette oblation par les mains de tes anges sur ton autel d'en haut, comme tu as daigné accepter les dons de ton serviteur Abel le juste, le sacrifice de notre père Abraham, et celui que t'offrit le grand-prêtre Melchisédech » (*Sur les sacrements* 4, 27). Genèse 22 est pour les chrétiens « un sacrifice insolite, figure du grand sacrifice » (Grégoire de Nazianze, *Discours* 23, 18) et « le grand symbole » (Éphrem, *Hymnes sur l'Église* 11, 3), mais c'est Isaac offert, et non immolé, qui est un type du Christ.

Isaac porteur du bois

La Passion du Christ est d'abord évoquée par l'image d'Isaac coltinant le bois du sacrifice, ainsi que par l'immolation du bélier de substitution. Isaac qui charge sur ses épaules le bois sur lequel il doit être immolé suggère le portement de croix. Jésus, dit Méliton de Sardes au IIe siècle, « porta le bois sur ses épaules, conduit pour être immolé comme Isaac par son père » (*Fragment* 9). Barsabée de Jérusalem (IIIe siècle) dit également que « de même qu'Isaac porta le bois pour son propre sacrifice, le Christ aussi porta la croix de bois pour son propre sacrifice » (*Discours* 14). Origène découvre un sens supplémentaire à la figure : « Qu'Isaac porte lui-même le bois pour l'holocauste est la figure du Christ portant lui-même sa croix. Porter le bois pour l'holocauste est l'office du prêtre. Lui-même devient donc à la fois la victime et le prêtre » (*Sur la Genèse* 8, 6). Pour Cyrille d'Alexandrie, en chargeant le bois sur les épaules de son fils, Abraham enseigne que la Passion n'est pas un supplice imposé par les hommes auquel Jésus n'aurait pu échapper, mais qu'elle fait partie du plan de Dieu (*Sur la Genèse* 3).

Le bélier pris dans le buisson : le Christ en croix

Le bois du buisson rappelle aussi la croix. On lit chez Méliton : « Le Seigneur était l'agneau, à l'instar du bélier qu'Abraham vit, pris dans le buisson de sabec. Le buisson désignait la croix, et le lieu, Jérusalem, et l'agneau, le Seigneur lié pour être immolé » (*Fragment* 11). Pour Tertullien, le bélier qui a la tête prise dans les épineux évoque Jésus couronné d'épines lors de la Passion. Le Christ, dit-il, « est attaché aux *cornes de la croix*, comme le bélier était pris par les cornes dans le buisson, car, en latin, on appelait “cornes de la croix” son bois transversal » (*Contre les Juifs* 13, 21). Il ne semble pas que l'art paléochrétien ait beaucoup insisté là-dessus : sur un sarcophage d'Arles, le bélier a bien les cornes prises dans le buisson, mais, le plus souvent, on représente plutôt le bélier *près* de l'arbre, ou encore lié à l'arbre par une corde, comme sur un sarcophage Saint-Victor de Marseille.

Le bélier immolé

Pour bon nombre de Pères, c'est l'immolation du bélier qui est retenue comme figure de la Passion. Le bélier d'Abraham et l'agneau pascal se confondent : selon Athanase, Abraham « contemplait le Christ dans *cet agneau* qui fut immolé à Dieu » (*Épître* 6, 8). Il a, dit Ambroise, « vu la passion du corps du Seigneur en vérité dans l'immolation *de l'agneau* » (*Épître* 69, 1). Cela explique qu'à l'époque paléochrétienne, Genèse 22 était lu lors de la vigile pascale dans de très nombreuses Églises, selon une coutume qui remontait sans doute aux tout débuts du

Sacrifice d'Abraham : celui-ci désigne le lieu du sacrifice
et Isaac porte le bois du bûcher.
(Rome, catacombe de Priscille, Capella Greca, fresque.)

Abraham, Isaac et le bélier.
(Rome, catacombe des saints Pierre et Marcellin.)

christianisme, le texte étant déjà une lecture pascale dans le judaïsme ancien.

Le bélier et Isaac sont donc tous deux figures du Christ : le bélier figure la nature humaine passible, en laquelle il fut mis à mort ; Isaac, la nature divine immortelle. Origène est le premier à formuler cela clairement : « Il est intéressant de savoir comment l'une et l'autre figure, Isaac, qui n'est pas égorgé, et le bélier, qui l'est, conviennent au Christ. Le Christ est le Verbe de Dieu, mais "le Verbe s'est fait chair". Par conséquent, dans le Christ, il y a une chose qui vient d'en haut et l'autre qui a été reçue de la nature humaine et du sein virginal. Le Christ souffre, mais c'est dans la chair ; il a subi la mort, mais c'est la chair, dont le bélier est ici la figure, qui l'a subie [...]. Le Verbe au contraire, qui est le Christ selon l'Esprit et dont Isaac est l'image, est demeuré dans l'incorruptibilité » (*Sur la Genèse* 8, 9). Ces distinctions, Origène les tient de la tradition alexandrine antérieure, car on lit déjà chez Clément : « En n'étant pas immolé, Isaac désigne symboliquement la divinité du Seigneur » (*Pédagogue* 1, 23, 2).

On trouve la même doctrine chez Ambroise de Milan en Occident : « Quoi de plus significatif ? Le saint patriarche a offert son fils, et c'est le bélier qui a été immolé. Cela ne montre-t-il pas clairement que c'est la chair humaine du Fils unique, cette chair qui lui est commune avec tous les êtres terrestres et tous les vivants, et non sa divinité, qui devait subir les blessures de la sainte Passion ? » (*Sur le psaume* 39, 12). Procope de Gaza résumera tout cela en une formule lapidaire : « Le bélier subit l'immolation ; le corps souffre à la place de la nature divine qui ne peut souffrir » (*Sur la Genèse* 22).

2. GENÈSE 22 ET LE MYSTÈRE DE LA RÉSURRECTION

Dans le judaïsme ancien, Genèse 22 (l'Aqeda ou ligature d'Isaac) était un symbole de libération. On lit en effet dans le « targum » Neofiti de Lévitique 22, 27 : « L'agneau (pascal) a été choisi pour rappeler le mérite de l'homme unique qui fut lié sur une montagne comme un agneau, en holocauste sur l'autel ; mais Dieu *le délivra* dans sa miséricordieuse bonté. Et un temps viendra où ses fils prieront et diront dans leurs heures de tribulation : « Exauce-nous à cette heure, entends la voix de notre prière et souviens-toi en notre faveur de l'Aqeda d'Isaac notre père ». Un « targum » d'Exode 12, la lecture pascale par excellence, met sur le même plan la ligature d'Isaac et Pâque : « nuit réservée et fixée pour la libération d'Israël dans toutes leurs générations ». Comme la Pâque, l'Aqeda est un mystère joyeux.

Isaac libéré de ses liens :
résurrection du Christ et salut de l'homme

On retrouve quelque chose d'analogue dans le christianisme. « Dieu a protégé Isaac », dit Novatien pour résumer Genèse 22 (*Sur la Trinité* 8, 2). Dans le *Pédagogue* de Clément d'Alexandrie, la libération d'Isaac est une claire figure de la Résurrection du Christ : « Jésus, après avoir été mis au tombeau, ressuscita [...], exactement comme Isaac fut *libéré* du sacrifice » (1, 23, 2).

Isaac délivré de ses liens représente le Christ ressuscité et, par extension, l'homme sauvé par sa mort et sa Résurrection. On rencontre déjà cette idée chez Méliton de Sardes : « Pour Isaac le juste un bélier à immoler apparut, afin qu'Isaac fût délié de ses liens. Par son immolation, il racheta Isaac. De même le Seigneur, lui aussi, nous sauva par son immolation ; *lié, il nous délia,* et mis à mort, il nous racheta » (*Fragment* 10). Isaac représente donc l'humanité sauvée par le Christ de l'éternelle mort : « Le bélier suspendu a mystérieusement racheté le seul Isaac ; l'agneau de Dieu suspendu à la croix a arraché le monde à la mort et à l'Hadès » (Pseudo-Éphrem, *Sur Abraham et Isaac* 106-107).

Pour Éphrem de Nisibe, les liens d'Isaac en viennent à désigner symboliquement le mal dont les hommes sont prisonniers et dont le Christ les libère : « Grâce au bélier pris dans l'arbre, Abraham a délié Isaac ligoté, comme notre Seigneur a rompu les liens des païens par sa croix » ; « l'agneau véritable avec sa croix lumineuse [...], au lieu d'Isaac ligoté, racheta le monde ligoté » (*Sur le Diatessaron* 18, 1 ; 20, 36). L'immolation du bélier, explique Procope de Gaza, « rachète Isaac de la mort ; de même, la mise à mort du Seigneur nous a sauvés de la menace de l'éternelle mort. Le Sauveur a été chargé de liens pour que fussent relâchés et dénoués les nôtres » (*Sur la Genèse* 22).

À la lumière de cette interprétation de base, d'autres détails du texte biblique ont pris sens. « Le troisième jour, est-il dit en Genèse 22, 4, Abraham leva les yeux et vit l'endroit. » Dans ce qui paraît au lecteur pressé une remarque chronologique sans importance, Origène voit « le sens mystérieux que contient le troisième jour », car « la résurrection du Seigneur a lieu le troisième jour, et beaucoup d'autres mystères sont enfermés en ce troisième jour » (*Sur la Genèse* 8, 4). Pour Eusèbe d'Emèse, « tout ce qu'on trouve dans l'Ancien Testament étant figure du Nouveau, en ce troisième jour et en cette troisième nuit se déroulait par avance, dans le fils unique d'Abraham, le mystère du Fils unique de Dieu » (*Sur la résurrection*). Le jour du sacrifice d'Abraham, qui est aussi celui de la libération d'Isaac, correspond au jour de la Résurrection du Christ.

La foi d'Abraham en la résurrection

Ainsi, dès les origines, Genèse 22 parle aux chrétiens de ce qui constituait le cœur de leur foi : la Résurrection. L'Épître aux Hébreux, le premier texte chrétien à traiter explicitement du sacrifice d'Isaac, laisse entendre qu'Abraham déjà a eu cette même foi : « Par la foi, Abraham, mis à l'épreuve, a offert Isaac ; il offrait le fils unique, alors qu'il avait reçu les promesses et qu'on lui avait dit : c'est par Isaac qu'une descendance te sera assurée. Même un mort, se disait-il, Dieu est capable de le ressusciter ; aussi, dans une sorte de préfiguration, il recouvra son fils » (Hébreux 11, 17-19).

Origène commente ce texte dans ses *Homélies sur la Genèse* en disant : « L'Apôtre nous a livré les pensées d'un croyant et a estimé qu'alors déjà la foi en la résurrection commençait à se faire jour à propos d'Isaac : Abraham espérait qu'Isaac ressusciterait » (8, 1). Dans son *Commentaire sur l'Épître aux Romains,* l'Alexandrin développe encore le thème : « Recevant l'ordre d'offrir son fils unique, Abraham avait cru que, même d'entre les morts, Dieu pouvait le ressusciter ; il avait cru aussi que l'événement d'alors ne concernait pas seulement Isaac, mais que la pleine vérité de la préfigure était réservée pour sa descendance, c'est-à-dire le Christ. C'est pourquoi il offrait avec joie son unique, parce qu'en lui il avait en vue non l'anéantissement de sa postérité, mais la restauration du monde et le renouvellement de la création tout entière, qui a été rétablie par la Résurrection du Seigneur » (4, 7).

À Jérusalem, cette doctrine était dispensée aux catéchumènes, comme en témoignent les *Catéchèses* de l'évêque Cyrille, qui écrit : « Abraham offrit à Dieu son fils unique, croyant que Dieu peut ressusciter des morts ; il attacha son fils et le mit sur le bûcher ; en son cœur, il l'avait sacrifié, mais, par la bonté de Dieu, il reçut son fils vivant, et, à la place de l'enfant, offrit à Dieu un agneau » (5, 5). L'Ambrosiaster fonde la foi d'Abraham en la résurrection d'Isaac sur le miracle déjà advenu de sa naissance (cf. Genèse 18) : « Celui qui a pu le faire naître contre tout espoir humain d'un homme stérile et d'une vieille femme, pouvait sans aucun doute le rappeler de chez les morts contre toute raison humaine » (*Questions* 43, 2). Pour Augustin également la foi d'Abraham repose sur la promesse divine, en laquelle il croit inébranlablement, d'une postérité qui lui viendrait par Isaac : « Il ne doute pas un instant que son fils une fois sacrifié pourrait lui être rendu par celui qui avait pu le donner sans qu'il l'eût espéré » (*Cité de Dieu* 16, 32).

La phrase qu'Abraham dit aux serviteurs : « Nous reviendrons » est aussi l'expression de sa foi en un Dieu qui ressuscite les morts, car un si grand patriarche ne saurait avoir menti ! L'idée apparaît d'abord dans les *Homélies sur la Genèse* d'Origène : « Dis-moi, Abraham, dis-tu bien la vérité aux serviteurs en affirmant que tu vas adorer et que tu reviendras avec l'enfant, ou bien les trompes-tu ? [...] — Je dis bien la vérité, répond-il [...], car je crois, et telle est ma foi, que Dieu est assez puissant pour le ressusciter d'entre les morts » (8, 5). « Abraham, dit Éphrem, s'est rendu illustre de deux façons : en tuant son fils sans le tuer, et en croyant qu'il ressusciterait après la mort et redescendrait avec lui. Car il était certain que ne mentait pas Celui qui lui avait dit : en Isaac une postérité te sera donnée » (*Sur la Genèse* 20). Abraham, figure emblématique de la foi, a cru par anticipation en la résurrection du Christ.

Quand Abraham, dit Amphiloque d'Iconium, « a vu Isaac redescendre vivant de la montagne, il comprit que Jésus ressusciterait d'entre les morts » (*Sur Abraham*). Par son consentement à la volonté divine, Isaac était mort dans son cœur, aussi Épiphane de Salamine peut-il écrire : « Isaac, *au sortir de la mort,* fut rendu vivant à son père ; en rendant au père l'enfant revenant de chez les morts, Dieu enseignait l'espérance de la résurrection » (*Ancoratus* 94, 6). Cette vision des choses paraît influencée par la tradition juive, car il est dit dans les *Pirqè de Rabbi Eliézer* (§ 31), que lorsque la lame atteignit le cou d'Isaac, son âme s'envola et sortit. Puis, quand sur l'ordre divin, Abraham l'eut délié, « Isaac connut alors la résurrection des morts et sut que les morts revivraient dans le futur ».

Sacrifice d'Abraham : l'arrêt de mort suspendu ;
au-dessous, le serviteur resté avec l'âne fait un geste d'acclamation.
(Rome, catacombe de la via Dino Compagni, fresque.)

Une saisie globale de l'événement rédempteur

Clément d'Alexandrie fait de Genèse 22 « un type de l'économie du salut qui devait se dérouler pour nous » (*Stromates* 2, 20, 2). À date ancienne, l'accent porte davantage sur la résurrection, ce que confirme l'insistance (sans doute polémique) des Pères à souligner, en face de la tendance juive à conférer une valeur salvifique au sacrifice d'Isaac, considéré comme réellement accompli, qu'Isaac avait été soustrait à la mort. et n'avait pas été immolé : c'est le bélier, qui est sacrifié ; Isaac, lui, est racheté.

« Le Christ a souffert, dit Méliton, mais Isaac n'a pas souffert, car il était seulement la figure de celui qui souffrirait un jour, le Christ » (*Fragment* 9). Césaire d'Arles dira encore : « Si le bélier est mis à mort, tandis qu'Isaac n'est pas mis à mort, c'est parce qu'Isaac était une figure et non la vérité : en lui a été représenté ce qui fut ensuite accompli dans le Christ » (*Sermon* 84, 5). Selon Ambroise, Isaac « a été épargné, parce qu'il ne pouvait effacer tous les péchés : cela, aucun homme ne le pouvait, seulement le Fils de Dieu » (*Sur Luc* 6, 109). Et Origène déjà avait dit : « Abraham a offert à Dieu un fils mortel sans qu'il en meure ; Dieu, pour les hommes, a livré à la mort un Fils immortel » (*Sur la Genèse* 8, 8). Isaac est figure du Christ, mais la figure est imparfaite, parce qu'Isaac n'a pas été mis à mort : l'événement christique est absolument unique.

L'épisode du sacrifice d'Isaac est perçu par les premiers chrétiens comme un mystère indissociable de mort et de résurrection, du Christ d'abord, puis du croyant pour lequel le Christ l'a vécu. « Comme Isaac fut conduit à l'autel où il ne devait pas périr, les impies ont conduit le Christ à la croix pour qu'il y fût exalté ; mais comme l'éternité ne peut mourir, le Seigneur est vivant après le tombeau », lit-on dans une homélie de Zénon de Vérone (1, 59). Le bélier et Isaac « partagent symboliquement le grand mystère en deux [...], si bien qu'est montré dans l'animal le mystère de la mort, et dans le fils unique la vie qui n'est pas détruite par la mort », comme le dit Grégoire de Nysse (*Sur le triduum pascal*).

3. REGARDS SUR L'ICONOGRAPHIE

Cette compréhension globale de l'ensemble du mystère est également perceptible dans l'iconographie. Contrairement à ce qu'on disait autrefois, la représentation du sacrifice d'Isaac n'est pas l'équivalent du crucifix médiéval. Les Pères les plus anciens ne font pas d'Isaac sur le bûcher une figure du Christ en croix. En Occident, jamais Isaac n'est représenté sur l'autel avant la fin du IVe siècle, et, en Orient, il ne le sera presque jamais. Figure du Christ, Isaac qui avait échappé à la mort évoquait plutôt le retour à la vie. La représentation la plus ancienne de Genèse 22, qui se trouve dans le Cubiculum A 3 des « Chapelles des Sacrements » à la Catacombe de Callixte (début IIIe siècle), montre à l'évidence que l'élément sacrificiel n'est pas essentiel à la représentation. Ici, point d'autel ni de couteau ; à droite, le fagot de bois d'Isaac, déposé contre l'arbre ; le bélier, libre, est tourné vers les deux personnages de droite ; Isaac et Abraham, tous deux en orants, rendent grâce à Dieu. Bref, rien ici qui évoque la mort. La fresque dépeint l'action de grâces pour le salut d'Isaac, thème qui se retrouve dans d'autres monuments anciens : « Isaac loue le Fils qui, sur la montagne, l'a sauvé du glaive », comme dit un texte syriaque (Pseudo-Éphrem, *Hymne sur l'Épiphanie* 2, 29). La première peinture du sacrifice d'Abraham célèbre la libération d'Isaac, comme le premier commentaire, dans l'Épître aux Hébreux, y voit la Résurrection du Christ.

Ce qui domine généralement les représentations du sacrifice d'Abraham, c'est la main de Dieu et le couteau brandi d'Abraham. Cette main (un bras entier, parfois) figure, selon la symbolique biblique, la présence agissante du Seigneur, en l'occurrence dans la voix céleste qui interdit à Abraham d'accomplir le sacrifice. Quant au couteau levé, il représente *l'arrêt de mort suspendu* et la libération d'Isaac. « C'est moi qui ai libéré Isaac du couteau d'Abraham en me faisant pour lui bélier », dit le Christ dans un sermon attribué à Éphrem de Nisibe (*Sur la semaine sainte* 2, 6).

Dans ces scènes qui évoquent la délivrance d'Isaac et la Résurrection du Christ, le thème de la mort est également présent : par le couteau, en Isaac portant le bois, figure du Christ qui porte sa croix, dans la « Chapelle grecque » de la catacombe de Priscille et sur des sarcophages. À la fin du IVe siècle, sans doute sous l'influence de la liturgie, on voit apparaître des représentations d'Isaac assis ou agenouillé *sur* l'autel, en particulier dans l'art basilical, où l'on place l'image près de l'autel, en relation avec l'offrande eucharistique, comme dans les anciennes basiliques de Saint-Pierre et de Saint-Paul-hors-les-murs à Rome, ou encore à Saint-Vital de Ravenne. À partir du Ve siècle, l'image de la Passion va progressivement prendre le pas sur celle de la Résurrection ; à cette époque, des prédicateurs anonymes font de « l'autel construit sur la montagne » une figure de « la croix dressée sur la montagne » (Pseudo-Fulgence, *Sermon* 5), ou rapprochent Isaac lié sur le bois du Christ cloué sur la croix (Pseudo-Augustin, *Sermon Caillau Saint-Yves* 1, 7, 6).

Ainsi, le « sacrifice d'Isaac » a d'abord été représenté dans l'art funéraire pour évoquer la grâce faite à l'humanité par Dieu dans le don de son Fils unique. Par la foi en la Résurrection du Christ, le fidèle espérait lui aussi ressusciter des morts. Il s'identifiait implicitement à Isaac, soustrait à la mort par la parole de Dieu. Isaac, sous le couteau éternellement brandi d'Abraham, représente l'homme gracié par Dieu. Par la suite, l'accent a eu tendance à se déplacer du don de grâce vers l'acte de foi en la Passion salvatrice qui en est l'origine, sans que cela change le sens global donné à la scène. En effet, comme l'écrit Théodore de Mopsueste, « c'est une règle des Écritures d'indiquer par la mention de la croix toute l'économie du Christ, parce que, par sa croix, il vint à la mort ; or, c'est par la mort qu'il a aboli la mort et présenté de façon manifeste la vie nouvelle, immortelle et immuable » (*Homélies catéchétiques* 7, 1).

CHAPITRE VII

DANIEL, LES TROIS HÉBREUX ET SUZANNE

À les considérer dans leur ensemble, les figures empruntées par l'art funéraire primitif au livre de Daniel sont aussi nombreuses que celles de Jonas. L'image de Daniel dans la fosse aux lions est la plus répandue ; celle des trois Hébreux dans la fournaise apparaît quelques décennies après la première sur les monuments, mais elle est de loin la plus utilisée dans la littérature. Le livre de Daniel a encore fourni à l'iconographie et à l'homilétique anciennes trois autres thèmes : la mise à mort du serpent Bel par Daniel, épisode rattaché à celui de la fosse aux lions ; le refus par les trois jeunes Hébreux d'adorer la statue de Nabuchodonosor, et enfin le récit de Suzanne et les vieillards.

L'histoire de Daniel dans la fosse aux lions (Daniel 6 et 14) et celle des trois Hébreux dans la fournaise (Daniel 3) présentent un schéma très semblable. La toile de fond est la persécution des fidèles du Dieu unique par les Babyloniens. Leur refus de l'idolâtrie et du culte du souverain condamne Daniel et les trois Hébreux au supplice, dont ils sont miraculeusement délivrés par un ange. Aussi les deux épisodes sont-ils très fréquemment traités ensemble. Daniel est, comme les trois jeunes gens, offert en exemple au chrétien : on exalte pareillement leur foi en Dieu et en la vie éternelle, et leur fidélité qui va jusqu'à affronter le martyre, comme dans le premier livre des Macchabées (2, 60) et l'Épître aux Hébreux

(11, 33-34). Daniel et les trois Hébreux sont avec Jonas les exemples qui reviennent le plus souvent dans les prières liturgiques où l'on supplie Dieu de réactualiser dans le présent pour le croyant la délivrance et le salut accordés aux justes des temps passés. On les trouve, ainsi que Suzanne, dans les *Oraisons,* antérieures au IIIe siècle, faussement attribuées à Cyprien : « Exauce ma prière comme tu as exaucé Daniel dans la fosse aux lions et lui as envoyé le prophète Habacuc pour lui porter son repas » ; « exauce ma prière comme tu as exaucé les trois jeunes gens dans la fournaise de feu ardent, Ananias, Azarias et Misaël : tu as envoyé ton ange et ta rosée et Nabuchodonosor, chef du royaume, a été confondu » ; « exauce ma prière comme tu as exaucé celle de Suzanne aux mains des vieillards, et libère-moi de ce monde mortel, toi qui aimes la pureté de la conscience » (*Oraisons* 2, 2). Ces paradigmes de salut rappellent que Dieu s'est manifesté dans l'histoire des hommes comme sauveur, et que cette puissance de salut est toujours à l'œuvre aujourd'hui. Leur présence dans la liturgie explique leur popularité dans l'art, et particulièrement l'art funéraire.

1. DANIEL DANS LA FOSSE AUX LIONS

Daniel et la préparation pascale

Du récit concernant Daniel, la Bible renferme deux versions fort différentes, qui se confondent plus ou moins dans les esprits. Les auteurs anciens retiennent volontiers les détails du chapitre 14, plus pittoresques que ceux du chapitre 6 : Daniel y passe sept jours dans la fosse et non une nuit ; il a donc le temps d'avoir faim, et le prophète Habacuc, que l'ange du Seigneur amène par la voie des airs en le tenant par les cheveux, lui apporte un panier-repas (14, 33-39). Ces deux points ont servi à un enseignement catéchétique.

Daniel au milieu des lions.
(Rome, catacombe des saints Pierre et Marcellin, fresque.)

Daniel apparaît d'abord — c'était déjà le cas dans le judaïsme — comme un modèle pour la prière ; il enseigne à invoquer Dieu en tout lieu, même dans l'adversité et les circonstances les plus difficiles, et son exemple prouve la puissance de la prière. « Veille et prie comme Daniel », conseille Éphrem (*Hymne sur l'Épiphanie* 3, 32). Ce sont, dit-on, les supplications de Daniel qui lui ont valu la délivrance : « Tu as *exaucé* Daniel quand il fut jeté dans la fosse, et tu l'as fait échapper à la gueule des lions », écrit Aphraate le Persan, qui se représente les ténèbres de la fosse tout illuminées par la prière de Daniel (*Exposés* 23, 54). Rien ne vient appuyer cette idée dans le texte biblique, où il est seulement question d'une prière finale d'action de grâces (Daniel 14, 38) : « Tu t'es souvenu de moi, ô Dieu, et tu n'as pas abandonné ceux qui t'aiment. » Mais nombreux sont les Pères qui affirment que c'est la prière de Daniel qui ferme la gueule des lions, et dans l'iconographie paléochrétienne, Daniel est universellement représenté dans la posture de l'orant.

Si Daniel est un grand priant, il est aussi un grand jeûneur. Au chapitre 14, il demeure six jours dans la fosse, avant d'être miraculeusement nourri par Dieu au septième jour, d'où Tertullien, dans son traité *Sur le jeûne,* déduisait qu'il avait jeûné six jours (7, 8). On va parfois jusqu'à le faire jeûner trois semaines (Ambroise, *Sur Élie* 7, 20). Cette apparente confusion n'est pas dénuée d'intention : on sait en effet qu'à Rome, on lisait cet épisode au Mercredi Saint, en plein jeûne pascal, et sans doute en allait-il de même dans d'autres Églises aussi. Pour encourager les fidèles à l'abstinence du Carême, certains auteurs disent parfois que c'est le jeûne de Daniel qui a fermé la gueule des lions plus encore que sa prière.

Non sans humour, plusieurs auteurs affirment même que Daniel apprit à jeûner aux lions ! Quel fidèle serait sur ce point inférieur à un animal sans raison ? Les lions aussi ont jeûné, puisque, pour être sûr qu'ils allaient dévorer Daniel, on leur avait supprimé leur nourriture habituelle. Il semble bien que ce soit par allusion au jeûne préparatoire du baptême, que partageaient les proches du futur baptisé, qu'une hymne pascale d'Éphrem dépeint les lions *jeûnant avec* Daniel (*Hymne pascale* 7, 8). Aux lions affamés est opposé Daniel miraculeusement ravitaillé par Habacuc, car le chrétien qui jeûne est nourri spirituellement par Dieu. De cela aussi, Daniel dans la fosse aux lions est l'exemple.

Le jeûne pascal du néophyte s'achève par l'eucharistie. C'est pourquoi, du repas des moissonneurs apporté par Habacuc, on a souvent retenu le seul pain, et ce pain littéralement venu du ciel (Daniel 14, 36-39) est devenu une figure du « vrai pain venu du ciel », le pain eucharistique. Dans un sermon de la vigile pascale, Zénon de Vérone fait allusion au « céleste repas » reçu par Daniel (*Sermon* 2, 18), et Ambroise dit que la nourriture procurée par Habacuc préfigure « le pain des anges », c'est-à-dire l'eucharistie (*Sur le psaume* 36, 61). Dans un poème de Prudence, Daniel reçoit le pain en répondant « Amen ! » et en chantant « Alléluia ! », comme lorsqu'on reçoit le pain sacramentel (*Cathemerinon* 4, 70-73). Les monuments figurés montrent que cette exégèse était fort répandue : on y voit Habacuc apportant à Daniel un pain marqué d'une croix. Il semble aussi que Daniel au milieu des lions ait pu signifier le baptême. On trouve en effet chez Clément d'Alexandrie un parallèle entre la fosse et la cuve baptismale ; les lions représentent alors les démons et les tentations : par le baptême, dit-il, « l'âme est sauvée du monde et de la gueule des lions » (*Extraits de Théodote* 83).

Prière, jeûne, eucharistie, baptême : Daniel dans la fosse aux lions évoquait la pratique religieuse des chrétiens, et plus particulièrement le Carême, par lequel la communauté et les futurs baptisés se préparaient à fêter la Résurrection du Seigneur.

Daniel dans la fosse aux lions, symbole de résurrection

Le lion, le prédateur par excellence, était bien connu dans les amphithéâtres du monde romain, où il passait pour l'exécuteur des peines capitales, car entre deux « chasses », à l'heure creuse de midi, on lui faisait dévorer quelques condamnés à mort. « Les chrétiens au lion ! », était un refrain des temps de crise, si l'on en croit Tertullien (*Apologie* 40, 2). Être sauvé de la gueule du lion, dit le même auteur, signifie être arraché à la mort (*Contre Marcion* 3, 19, 5). Des têtes de lion ornent souvent les sarcophages, et le symbole est si évident que les Pères jugent en général inutile d'en préciser la signification. La fosse n'était pas une image moins transparente pour ceux qui étaient familiers de la Bible. Dans les psaumes, elle évoque la trappe creusée pour l'animal, le piège mortel tendu à l'homme, et par extension, la mort elle-même, voire les enfers. Hippolyte le dit en toute clarté de la fosse aux lions de Daniel : « La fosse, c'est l'enfer » (*Sur Daniel* 3, 31, 3).

En Daniel, on a vu une figure du Christ. Le prophète qui, jeté dans la fosse par ses persécuteurs, en ressortait indemne, était une préfiguration de la Passion et de la Résurrection. L'image est ancienne : au début du IIIe siècle, le *Commentaire sur Daniel* d'Hippolyte rapproche la fosse aux lions et le tombeau du Christ (3, 27, 5). Mais c'est un auteur syriaque du milieu du IVe siècle, Aphraate, qui développe le plus explicitement l'image. « Daniel, ils le jetèrent dans la fosse aux lions, mais il fut sauvegardé et il en remonta indemne ; Jésus, ils le firent descendre dans la fosse du séjour des morts, mais il en remonta, et la mort n'eut pas de pouvoir sur lui [...]. Pour Daniel fut fermée la gueule des lions, avides et destructeurs ; pour Jésus fut fermée la gueule de la mort, avide et destructrice de tout ce qui a forme » (*Exposés* 21, 18). « La fosse s'ouvre comme les tombeaux,

Daniel au milieu des lions, nourri par le prophète Habacuc.
(Rome, Vatican, Museo Pio Cristiano, sarcophage.)

dit Éphrem, les bêtes sont vaincues comme la mort. Le Triomphant remonte annoncer la Résurrection à ceux qui gisent dans les tombeaux » (*Chants de Nisibe* 71, 18). En Occident, l'évêque Quodvultdeus, au ve siècle, insère la figure dans son *Livre des promesses* (2, 77 et 81).

La fosse de Daniel représente donc le tombeau du Christ. Le Pseudo-Épiphane est le premier à poser formellement cette équivalence, quand il écrit que « Daniel jeté dans la fosse aux lions préfigure le tombeau du Christ, d'où il est remonté vivant, arraché à la mort et à l'Hadès, comme Daniel le fut aux lions » (*Homélie sur la résurrection* 3). Mais Hippolyte avait établi avant lui un parallèle entre la fosse fermée d'une pierre, sur laquelle le roi Nabuchodonosor avait apposé son sceau (Daniel 6, 18) et les scellés placés sur le sépulcre du Christ par les pharisiens selon Matthieu 27, 66 (*Sur Daniel* 3, 27, 5). Le thème reparaît chez Aphraate : « La fosse de Daniel, ils l'avaient scellée, et ils la gardaient avec vigilance ; le tombeau de Jésus, ils le gardèrent avec vigilance, comme ils ont dit : "Commande que l'on veille sur le tombeau." Quand Daniel remonta, ses calomniateurs furent confondus ; quand Jésus ressuscita, tous ceux qui l'avaient crucifié furent confondus » (*Exposés* 21, 18).

Si Daniel jeté aux lions évoque Jésus envoyé à la mort, Daniel faisant le geste de l'orant n'évoque pas seulement la prière du prophète : ses bras étendus dessinent la croix. Une homélie d'Athanase affirme que Daniel fut sauvé de la dent des lions par la puissance du signe de la croix, manifesté par l'extension des mains (*Homélie* 21). C'est une idée que l'on retrouve dans une invocation de Grégoire de Nazianze : « Ô Christ roi [...], toi qui, par les mains étendues de Daniel dans la fosse, as enchaîné les terribles gueules des lions et leurs redoutables griffes... » (*Poèmes autobiographiques* 1, 1, 1-9).

Daniel au milieu des lions et la vie paradisiaque

Daniel est presque toujours représenté entre deux lions affrontés. Ces fauves ont parfois un air redoutable, mais le plus souvent, ils manifestent une totale absence d'agressivité. « Les fauves, dit Paulin de Nole, étaient couchés aux pieds du prophète de part et d'autre, et caressaient les pieds de l'orant d'une langue débonnaire » (*Poème* 26, 259-260).

Parfois même, ils semblent donner la patte à Daniel. Selon Hippolyte, « Daniel assis au milieu des lions caressait de la main leur crinière. Le roi appela alors toute sa cour et leur montra le merveilleux spectacle : des bêtes féroces apprivoisées par un homme et se réchauffant à ses mains » (*Sur Daniel* 3, 29, 5). Daniel caresse les lions comme des chiens familiers, et ces derniers, dit Jérôme, remuent la queue de joie, un détail qui dénote une piètre connaissance des mœurs félines chez un homme à qui la tradition ultérieure donnera pour habituel compagnon un lion (*Épître* 1, 9) ! Pure rhétorique ? Ces détails sont trop fréquemment mentionnés pour être dépourvus de signification.

Les lions tremblent devant Daniel, et leur frayeur marque le rétablissement de l'ordre voulu dans la création par Dieu, qui avait fait d'Adam le maître des animaux. « Les lions n'osaient le toucher, écrit Jean Chrysostome, car ils voyaient briller en lui l'ancienne image du roi de la nature ; ils reconnaissaient les nobles traits qu'ils avaient vus sur le visage d'Adam avant le péché ; ils s'approchèrent de Daniel avec la même soumission qu'auprès d'Adam lorsque le premier homme leur imposa leurs noms » (*Sur la Genèse* 5, 2). « Les lions, dit encore Augustin, reconnaissent le pouvoir de Daniel sur eux, parce que Daniel reconnaît celui de Dieu : ainsi est respectée la hiérarchie Dieu-homme-bête voulue par le Créateur (*Sur la Première Épître de Jean* 8, 7).

Les lions obéissent à Daniel, se prosternent devant lui et le vénèrent avant tout parce qu'il est la figure du

Christ. Hippolyte met bien ce thème en valeur : « Quand l'ange apparut dans la fosse, les bêtes féroces s'adoucirent et lui manifestaient leur joie en remuant la queue, comme si elles voulaient se soumettre à un nouvel Adam. » « Elles léchaient les pieds de Daniel, se roulaient sur ses pas, désiraient être piétinées par lui », continue le texte, montrant ainsi le saint bénéficiant par avance de la restauration du monde effectuée par la venue du Christ, laquelle a lieu en figure sous ses yeux, puisque l'ange qui descend dans la fosse pour fermer la gueule des lions n'est autre que le Verbe de Dieu (*Sur Daniel* 3, 29, 3).

Daniel « a pacifié les lions et en a fait des agneaux innocents », dit Éphrem (*Sermon* 3, 1), ce qui rappelle de manière évidente les visions paradisiaques du renouvellement du monde qu'on lit en Isaïe (11, 6-8). « Quand Daniel se leva pour prier dans la fosse, les lions aussi étendirent leurs pattes vers le ciel comme Daniel », écrit Aphraate (*Exposés* 4, 9). C'est presque du Walt Disney, mais cela illustre bien ce que dit Paul dans l'Épître aux Romains (8, 20-22) : c'est la création tout entière qui aspire à entrer dans l'univers sauvé par le Christ. Dès avant les temps eschatologiques, le chrétien peut connaître un avant-goût de ce paradis. C'est ce que met en relief l'exégèse allégorique à portée morale. Le lion, dans la Bible, est la figure de celui qui est « homicide dès l'origine », le diable. « Il rôde, comme un lion rugissant », dit la Première Épître de Pierre (5, 8). Le croyant vainqueur du mal, écrit Origène dans son traité *Sur la prière*, « doit rendre grâces à Dieu plus que Daniel, car il a été délivré de fléaux plus redoutables et plus dangereux que lui » [...] ; « Dieu a brisé les dents des lions invisibles qui s'en prenaient à son âme avant de neutraliser les lions visibles dont parle l'Écriture » (13, 3). « Aujourd'hui encore, il y a des lions, sauve-moi ! », s'écrie Grégoire de Nazianze dans une prière adressée au Christ (*Poèmes* 1, 68, 83-86). De par la grâce divine, le chrétien peut devenir invulnérable et le péché n'a pas plus de prise sur lui que n'en eurent les lions sur Daniel.

Daniel au milieu des lions était devenu une figure de la Passion et de la Résurrection du Christ. Or, la résurrection du Christ est le gage de celle du croyant. Aussi Daniel évoque-t-il l'espérance qu'ont les défunts de ressusciter avec le Christ : « Imite Daniel [...], dit Hippolyte. On ne trouvera sur toi aucune blessure, mais tu seras tiré vivant de la fosse et tu participeras à la résurrection », échappant ainsi aux « anges tortionnaires » des enfers (*Sur Daniel* 3, 31, 3).

Dans l'art sépulcral, la fosse aux lions revêt parfois l'aspect d'un petit sarcophage, où Daniel est figuré nu au milieu des lions : il est Adam qui a réintégré le paradis. « In pace quieuit », dit le *Poème contre Marcion* à propos de Daniel dans la fosse aux lions (3, 207). Il reposa en paix : c'est le formulaire des épitaphes ; la sérénité de Daniel est aussi la paix bienheureuse du fidèle dans l'au-delà, une image de la béatitude paradisiaque.

2. DANIEL ET LE DRAGON BEL

Dans la seconde version de l'histoire de la fosse aux lions (Daniel 14), c'est parce que Daniel a refusé d'adorer le dieu Bel et le serpent sacré de Babylone qu'il est jeté aux lions. Bien plus, il avait empoisonné le serpent avec une mixture de sa composition : « Daniel prit de la poix, de la graisse et du crin, fit cuire le tout, en fit des boulettes, et les jeta dans la gueule du serpent, qui les avala et en creva » (14, 27). Si l'épisode est moins célèbre que celui de la fosse aux lions, il avait cependant nourri la prédication populaire plus largement que ne le laissent entrevoir les quelques textes qui nous sont parvenus, car il y en a plusieurs représentations dans l'art funéraire, et une sur le coffret d'ivoire du musée de Brescia : on y voit Daniel tendre une galette ou une boulette à un serpent qui est le plus souvent enroulé autour d'un arbre ou d'un poteau, parfois à côté d'un autel.

D'Origène a subsisté seulement une interprétation morale, où le serpent est la figure du mal et de Satan. « Il nous faut, dit-il, renverser Bel par la parole de Dieu et tuer le dragon avec Daniel, pour que, lorsque nous nous approcherons de la gueule des lions, nous ne puissions plus rien souffrir d'eux » (*Exhortation au martyre* 33). Il n'est pas exclu que l'Alexandrin ait également donné une exégèse typologique de l'épisode, car Jérôme nous informe qu'il en avait traité au livre X des *Stromates* (*Sur Daniel* 4, *Prologue*)

Jean Chrysostome donne par deux fois la même typologie, probablement héritée de la tradition, car on sait que, fidèle à la tradition antiochienne, il évitait de multiplier les allégories. Il dit explicitement que l'épisode est une figure de la résurrection et commente : « De même que ce dragon, après avoir pris la nourriture que lui donna le prophète, éclata par le milieu du corps, ainsi l'Enfer, après avoir dévoré le corps divin, fut déchiré. Ce corps lui brisa le ventre, et ressuscita » (*Sur la Première Épître aux Corinthiens* 38, 3). Dans un autre passage, le parallèle avec le monstre de Jonas est plus évident encore, puisqu'on y retrouve le thème du Christ que le dragon ne peut digérer et qui agit comme un émétique pour lui faire rendre non seulement le corps du Christ, mais aussi ceux des autres hommes qu'il avait engloutis (*Ibid.* 24, 4).

En Occident, l'auteur anonyme du ve siècle qu'on appelle l'Eusèbe Gallican traite aussi le thème dans un sermon. « Pour que le diable ne puisse accuser faussement Dieu d'être injustement vaincu par sa puissance, Dieu invente un ingénieux stratagème et c'est au contraire par l'humilité qu'il abat l'orgueilleux [...]. Il prend au piège l'instigateur du péché par une forme de pécheur ; il trompe par l'appât de la chair la Bête irrassasiable, avide de l'humaine perdition ; son humanité provoque le vorace, et sa divinité l'étouffe quand il le dévore. C'est ainsi que Daniel, le plus grand des prophètes, est venu à bout de l'effroyable dragon, — effroyable parce qu'il portait l'esprit du diable —, par la vertu d'une nourriture fort consistante, faite d'une unique boulette de poix et de graisse, c'est-à-dire de deux substances. Une fois pris ce qu'il croyait une nourriture, le dragon trépassa. Par la poix, il faut entendre l'humanité [du Christ] ; par la graisse, la divinité, qui tout entière est blanche pureté et onction de bonté » (*Homélies* 19, 7). Les deux ingrédients de la boulette mortelle donnée au serpent deviennent l'image des deux natures du Christ, condition du salut de l'homme. Sur la coupe de verre gravé d'Homblières, l'image semble être le pendant de celle d'Adam et Ève : au serpent qui offre une nourriture de mort est opposé le serpent qui la reçoit.

Ainsi, l'histoire de Daniel et du dragon est une préfiguration analogue à celle de Jonas, quoique moins célèbre qu'elle, et parle aussi du mystère essentiel de la mort et de la résurrection.

3. LES TROIS HÉBREUX DANS LA FOURNAISE

L'épisode des trois Hébreux dans la fournaise de Babylone (Daniel 3) est, dans la version des Septante, un drame en trois actes. Dans le premier, le roi Nabuchodonosor veut imposer à tous ses sujets l'adoration de sa royale personne sous la forme d'une statue d'or. Seuls trois Hébreux lui opposent une résistance irréductible et, devant la menace du supplice, répliquent que Dieu peut, s'il le veut, les soustraire au pouvoir du roi, et que même s'il ne le fait pas, ils ne sacrifieront pas à la statue. Si en effet les Juifs et les chrétiens reconnaissent le pouvoir de l'État, ils le désacralisent, ce qui est proprement révolutionnaire, parce que cela sape les fondements religieux de l'État antique. L'acte II représente le supplice ; les trois jeunes gens sont jetés dans les flammes, mais ils s'y promènent en chantant un premier cantique de louange et de supplication : « Délivre-nous selon tes œuvres merveilleuses et glorifie ton nom » (3, 43). Quand la flamme atteint son paroxysme, elle brûle les badauds assistant à la scène, mais « l'ange du Seigneur descendit dans la fournaise auprès d'Azarias et de ses compagnons. Il repoussa au-dehors la flamme du feu, et il leur souffla au milieu de la fournaise comme une fraîcheur de brise et de rosée, si bien que le feu ne les toucha aucunement et ne leur causa ni douleur ni angoisse » (3, 46-50). Alors, les trois Hébreux entonnèrent une longue action de grâces, source du « cantique des créatures » de saint François d'Assise : « Toutes les œuvres du Seigneur, bénissez le Seigneur [...]. Vous, le feu et la chaleur, bénissez le Seigneur ! » Troisième acte : Nabuchodonosor reconnaît le miracle, et les trois Hébreux se voient accorder honneurs et pouvoirs. Comme dans tout triptyque, le tableau essentiel est au centre : c'est le feu dont Dieu délivre miraculeusement les trois jeunes gens.

Le refus d'adorer la statue

Le premier acte évoquait de trop près les conditions des chrétiens à l'époque des persécutions pour n'avoir pas donné lieu à des représentations figurées. Elles apparaissent à la fin du IIIe siècle, à l'époque de la tétrarchie, quand les empereurs, avec la plus brutale énergie, exigent de tous leurs sujets le culte impérial. Plusieurs sarcophages et une peinture de la catacombe des saints Marc et Marcellien comportent l'image, qui est souvent le pendant de l'adoration des mages : à gauche, trois personnages vêtus à l'orientale avec un bonnet phrygien se détournent ostensiblement de la statue du roi ; à droite, trois personnage semblablement vêtus se prosternent devant l'enfant que la Vierge présente à leur vénération. Refus de l'idolâtrie d'un côté, adoration du Dieu unique incarné de l'autre. L'antithèse est obvie et elle est commentée par quelques vers d'Éphrem de Nisibe :

Tel a fait une image de soixante-dix coudées ;
Petit se voulut grand par l'effigie ;
Autour d'elle obtint l'adoration impie.
La venue de notre Seigneur fut une merveille ;
De nature infinie, dans l'image méprisée, se fit petit ;
Par elle obtint l'adoration universelle.

(*Chants de Nisibe* 48, 8)

On ignore pratiquement tout de la prédication chrétienne à l'époque de Dioclétien, mais il y a fort à parier que notre épisode, dont la signification était transparente, a joué un rôle important lors de la persécution. À la fin du IVe siècle, dans l'empire désormais chrétien, l'interprétation s'élargit : les trois Hébreux deviennent le modèle des chrétiens refusant les valeurs du monde en général.

Pourquoi avoir représenté la scène dans l'art funéraire ? C'est que la détermination des trois jeunes gens à demeurer fidèles au Dieu unique était assortie d'un acte de foi en son pouvoir de délivrance : « Le Dieu que nous servons est capable de nous arracher à la fournaise de feu et de tes mains, ô roi, il nous délivrera » (3, 17). Pour Grégoire d'Elvire, cela illustrait bien leur foi inébranlable dans la vie éternelle : ils se promettent, commente-t-il, « la victoire dans les deux cas, soit que Dieu pût les délivrer de la fournaise de feu ardent, soit qu'ils aient dédaigné la vie présente, *sûrs qu'ils étaient de l'immortalité future* » (*Homélie* 18, 5).

Les trois Hébreux dans la fournaise et la foi en la vie éternelle

Quand le refus de l'adoration de la statue est apparu dans l'art chrétien sous la pression des circonstances extérieures, la péricope a été chargée d'une partie de la signification accordée à la scène centrale de la fournaise, qui lui est bien antérieure. On a dit qu'elle faisait partie des catalogues des préfigurations du salut vulgarisés par la liturgie et l'homilétique. Le salut éternel, la résurrection, et le baptême qui y conduit sont pour les anciens la leçon de l'épisode.

Les trois Hébreux sont considérés comme des types du martyr, qui fait de sa vie un sacrifice volontaire à Dieu — les flammes de la fournaise évoquaient l'holocauste —, parce qu'il croit à la vie éternelle. « Leur assurance ne se fondait pas sur l'espoir d'une délivrance actuelle, mais sur la pensée de la délivrance et de *la sécurité de l'éternelle gloire* », écrit Cyprien (*Épître* 6, 3). La Passion de saint Fructueux de Tarragone et de ses compagnons, condamnés au supplice du feu en 258, compare les saints espagnols aux trois Hébreux et les décrit en train de prier à genoux au milieu des flammes, « sûrs qu'ils étaient de la résurrection » (*Actes de Fructueux, Augure, Euloge* 4, 3). Plusieurs prédicateurs reviennent sur ce thème : les trois Hébreux proclament la foi en la vie éternelle.

Ils manifestent aussi la puissance de la prière. Le double cantique qu'ils entonnent dans la fournaise justifie qu'on les représente toujours en orants. Non seulement ils enseignent, comme Daniel parmi les lions, qu'il faut prier en tout lieu et en toutes circonstances, mais ils prouvent la vérité de la parole de Jésus : il a promis à ses disciples, lorsque deux ou trois d'entre eux seraient réunis en son nom, de leur être présent (Matthieu 18, 19-20) (Cyprien, *Sur l'unité de l'Église* 12). Une mosaïque de la catacombe de Domitille illustre bien cette idée : derrière les trois Hébreux apparaît un quatrième personnage, qui semble surgir d'un autre niveau de réalité, à l'arrière-plan. Les trois jeunes gens, dont la prière est prononcée d'un « cœur unanime » (Daniel 3, 51), sont un exemple éloquent de l'efficacité de la prière communautaire, qui se voit accorder l'objet de sa prière, conformément à la parole du Christ : « Par la prière, les trois enfants changèrent la fournaise en rosée », dit une homélie anonyme prononcée dans l'octave de Pâques (*Homélie anoméenne* 2, 2).

Être sauvé de la fournaise : salut éternel et résurrection

Dans la Bible, la fournaise évoque le jugement de Dieu, souvent appelé le jour de Dieu : « Voici, le Jour vient, brûlant comme une fournaise », écrit le prophète Malachie (3, 19). Dans le Nouveau Testament, « la fournaise ardente » est une métaphore des châtiments infernaux (Matthieu 13, 42, etc.). Aussi la fournaise dans laquelle sont jetés les trois Hébreux apparaît-elle comme une préfiguration du feu éternel.

« Ananias, Azarias et Misaël furent jetés dans la fournaise de feu, prophétisant, par cela même qui leur arrivait, l'épreuve du feu que subiront les justes à la fin des temps », écrit Irénée (*Contre les hérésies* 5, 29, 2). Dans le *Commentaire sur Daniel* d'Hippolyte, les trois jeunes gens chantent leur cantique « parce que Dieu les a arrachés à l'enfer, et de la main de la mort les a sauvés, parce qu'il les a tirés du milieu de la flamme ardente et du milieu du feu » (2, 29). Le *De pascha computus,* daté de 243 environ, parle du « feu de la géhenne à l'image duquel, par ordre du roi, fut allumée la fournaise » (§ 17). Méthode d'Olympe clôt un développement sur les trois Hébreux par cette prière personnelle : « Toi le Dieu tout-puissant, grand, éternel, père du Christ, accorde, à moi aussi, Méthode, lors de ton Jour, de traverser le feu sans dommage » (*Sur la résurrection* 1, 56).

Chez plusieurs auteurs, l'analogie entre la fournaise et les flammes éternelles revêt la forme d'une antithèse : le feu où sont jetés les jeunes gens s'oppose au feu éternel qu'ils désirent éviter. « Crains Dieu si tu ne veux pas avoir à craindre le feu du diable », dit Zénon pour introduire l'exemple des trois Hébreux dans la fournaise (*Homélies* 2, 15). « Ce n'est pas pour éviter de brûler ici-bas que nous croyons en Dieu », fait dire Jérôme aux trois jeunes gens, « mais pour éviter de passer de ce feu dans un autre », entendons : le feu éternel (*Sur le psaume* 145, 5). Une oraison du Ve siècle, récitée à

Jérusalem lors de la vigile pascale, dit : « Seigneur, fais tomber la rosée, une rosée de miséricorde, et éteins les flammes du feu embrasé, car c'est toi seul qu'on reconnaîtra comme Sauveur » (*Codex arménien de Jérusalem 121).*

Les flammes de la fournaise, qui épargnent les trois Hébreux et se retournent contre ceux qui les ont allumées (Daniel 3, 22), fournissaient à l'enseignement sur le Jugement dernier un exemple idéal. « Voyez comme le feu est intelligent ! » s'écrie Hippolyte ; « il reconnaît et châtie les coupables. Car il ne toucha pas aux serviteurs de Dieu, mais il brûla les Chaldéens incroyants et athées » (*Sur Daniel* 2, 31, 3). Lors du jugement, le croyant peut compter sur la miséricorde du Christ en qui il a mis son espérance : « Si la fournaise n'a pas eu raison des trois Hébreux, dit Hippolyte, comment le feu éternel pourrait-il avoir pouvoir sur les saints qui, comme eux, ont mis leur foi en Dieu ? » (2, 28, 7). Le feu « consuma les adversaires d'Ananias, Azarias et Misaël, mais ne fit pas de mal aux trois jeunes gens, *protégés qu'ils étaient par le Fils de Dieu* » (*De pascha computus* 17). Comme le dit Ambroise, nous subirons tous l'épreuve du feu ; mais les justes pourront dire avec le psaume : « Nous avons traversé l'eau et le feu » ; pour eux, « le feu se fera rosée, comme pour les trois jeunes Hébreux jetés dans la fournaise de feu ardent ; mais le feu vengeur brûlera les serviteurs de l'impiété » (*Sur le psaume* 36, 26). Sur quelques sarcophages, le sculpteur a tenu à représenter un des serviteurs du roi en train d'activer le feu de la fournaise. Le roi Nabuchodonosor étant souvent considéré comme la figure du diable, ses serviteurs représentent probablement les démons chargés des châtiments infernaux.

Le Verbe de Dieu dans la fournaise

« N'avons-nous pas jeté trois hommes ligotés dans la fournaise ? », demande Nabuchodonosor ; « or, je vois quatre hommes en liberté qui se promènent indemnes dans le feu, et le quatrième a l'aspect *d'un fils* (ou : *du Fils*) *de Dieu* » (Daniel 3, 92). Telle est la traduction de Théodotion, la plus répandue chez les Pères, tandis que, pour les Septante, le quatrième a l'aspect « d'un *ange* de Dieu ». Ce texte est de ceux que, depuis les origines, on a cités pour prouver que déjà l'Ancien Testament avait pressenti que Dieu avait un Fils.

Pour Irénée, le Verbe de Dieu, « s'est fait voir en la compagnie d'Azarias, Ananias et Misaël, se tenant auprès d'eux dans la fournaise *et les sauvant du feu* » (*Contre les hérésies* 4, 20, 11). Il est représenté par l'ange de la traduction des Septante : le sens étymologique du mot, « envoyé », est toujours perçu, et l'expression « Ange du grand conseil » est une appellation ancienne du Christ qui vient du texte grec d'Isaïe 9, 6. « C'est de cet Ange que le feu eut peur quand il le vit dans la fournaise », dit Hippolyte ; « c'est lui que le feu vit et reconnut pour son maître ; saisi de crainte, il s'enfuit dehors » ; « il gardait les jeunes gens comme ses propres enfants *sous ses bras* », ajoute-t-il, par allusion à la crucifixion (*Sur Daniel* 2, 32, 9). Certaines images semblent faire écho à ces lignes. Ainsi, sur le coffret d'ivoire de Brescia, du milieu du IVe siècle, le quatrième personnage qui apparaît dans la fournaise a les bras en croix. Des représentations plus tardives le montrent en train d'éteindre le feu avec la croix. Au-dessus de la fournaise, une fresque du Cimetière Majeur à Rome représente une main : « Cette Main de Dieu qui est le Verbe », dit Hippolyte (*Sur Daniel* 2, 33, 4), est apparue dans la fournaise et a sauvé du feu les trois Hébreux, « en repoussant en dehors la flamme du feu et en leur soufflant au milieu de la fournaise comme une fraîcheur de brise et de rosée » (Daniel 3, 49-50).

L'idée que le quatrième personnage de la fournaise est le Fils de Dieu est ensuite devenue un lieu commun. Le poète Prudence résume bien l'opinion générale en montrant dans l'apparition de la fournaise une épiphanie du Fils « qui toujours est venu en aide à l'homme pour le sauver » (*Apotheosis* 135-142). Les jeunes gens innocents sont jetés dans la fournaise, écrit Zénon, « et là même trouvent Celui à cause de qui ils y ont été précipités » (*Homélies* 2, 22). La mosaïque de la catacombe de Domitille à laquelle il a déjà été fait allusion est en effet accompagnée d'une inscription affirmant en une formule archaïque à la limite de l'orthodoxie : « On dit que tu es le Fils et on découvre que tu es le Père. » Trois sarcophages, dont deux parmi les plus anciens qui comportent cet épisode (début du IVe siècle), montrent dans la fournaise, au milieu des trois Hébreux en orants, reconnaissables à leur vêtement oriental, un quatrième personnage vêtu différemment ; sur le reliquaire d'argent de San Nazaro de Milan, il est représenté comme un berger.

À la fin du IVe siècle, avec le progrès de la réflexion trinitaire, on précisera que toute la Trinité était présente dans la fournaise. Le Fils de Dieu, affirme Ambroise de Milan, « était présent sous l'aspect de l'ange qui engageait à louer l'unique Puissance qui se manifestait dans le nombre de la Trinité. Dieu était béni, le Fils était vu dans l'ange de Dieu, la sainte grâce de l'Esprit parlait dans les jeunes gens » (*Sur la foi* 1, 1, 33).

Les trois Hébreux dans la fournaise et la résurrection des corps

Pour les anciens, l'épisode de Daniel 3 évoquait non seulement le Christ éteignant les flammes de la géhenne, mais la résurrection, raison pour laquelle la péricope fait partie des lectures de la vigile pascale dans la plupart des traditions. Le lien entre l'épisode de la fournaise et la foi en la résurrection est très ancien dans le christianisme, où Daniel 3 sert d'argument pour montrer la toute-puissance de Dieu, capable d'arracher le corps humain à la corruption. Comme Élie, comme Jonas, les trois Hébreux sortis indemnes du feu prouvent aux yeux d'Irénée que le Fils de Dieu « peut ressusciter les corps et les gratifier d'une durée sans fin » (*Contre les hérésies* 5, 5, 2).

Dans son traité *Sur la résurrection,* Tertullien déclare que « les flammes de Babylone n'ont endommagé ni les tiares ni les vêtements de pourpre des trois frères (Daniel 3, 24) » ; Dieu qui a préservé des vêtements saura bien préserver les corps, et ce sont là « des preuves de l'intégrité future » (58, 6-10). Hippolyte fonde la même idée sur l'analogie du vêtement et du corps : si les vêtements des trois Hébreux sont sortis intacts du feu, parce qu'ils avaient été sanctifiés avec eux, « comment alors la chair corruptible qui habille une âme sainte ne sera-t-elle pas elle aussi sanctifiée et muée en incorruptibilité ? » (*Sur Daniel* 2, 28, 4-5). Cette argumentation est très probablement un héritage juif, car, dans les *Pirqè de Rabbi Éliézer* (§ 33), Daniel 3 est allégué pour prouver qu'à la résurrection les morts apparaîtront habillés de leurs vêtements et non pas nus. « Celui qui a fait sortir [...] les trois enfants de la fournaise à Babylone », est-il dit dans les *Constitutions apostoliques*, « la puissance ne lui manquera pas pour nous ressusciter nous aussi » (5, 7, 12). Rien de nous ne restera en poussière, écrit Éphrem ; « dans la fournaise, pas un cheveu ne périt ; semblable sera la sollicitude de Dieu à la résurrection ». Le corps « a triomphé de la fosse aux bêtes et de la fournaise ; il fut rejeté par le poisson qui l'avala ; il marche sur l'eau, vole dans l'air, et, couronné de gloire, s'assied à la droite du Père » ; « mer, fosse, fournaise, sont garantie aux morts qu'ils accourront de partout à la convocation pour la résurrection » (*Chants de Nisibe* 46, 9 ; 43, 22).

Par le biais de cette association traditionnelle entre Daniel 3 et le thème de la résurrection, l'image des trois Hébreux est devenue un véritable type de la résurrection du Christ, instrument de celle de l'homme, comme on le voit dans un long parallèle d'Aphraate entre les trois Hébreux et Jésus. « Ananias et ses frères tombèrent dans la fournaise de feu et, pour eux qui étaient justes, elle se fit fraîche comme la rosée ; Jésus descendit dans la contrée des ténèbres, il en brisa les portes et fit sortir les captifs. Ananias et ses frères remontèrent de la fournaise de feu, et les flammes brûlèrent leurs calomniateurs ; Jésus vivant remonta du sein des ténèbres, et ceux qui l'avaient crucifié brûleront dans les flammes jusqu'à la fin » (*Exposés* 21, 19). La descente du quatrième personnage dans la fournaise devient donc une figure de la descente aux enfers, et la *sortie* des trois jeunes gens de la fournaise est une image de la libération des justes des enfers par Jésus. C'est Jérôme qui formule le plus clairement la figure : « En type, cet "ange" ou ce "fils de Dieu" est la préfiguration de notre Seigneur Jésus-Christ qui est descendu dans la fournaise de l'enfer, où étaient enfermées à la fois les âmes des pécheurs et celles des justes, pour libérer du feu et de leur péché ceux qui étaient enfermés dans les liens de la mort » (*Sur Daniel* 1 (3, 92 b).

Les trois Hébreux et le baptême

Pour les trois Hébreux, lit-on dans les *Hymnes* de Romanos le Mélode, poète liturge byzantin du VIe siècle, « le feu devint fontaine » (8, 21). Plusieurs textes du IVe siècle font de la fournaise ardente une figure de la cuve baptismale. D'après les Évangiles, le baptême de Jean Baptiste n'était qu'un baptême d'eau, mais Jésus « baptise dans l'Esprit-Saint et le feu » (Marc 3, 11), comme le rappellent les auteurs chez qui la fournaise est une image du baptistère. Firmicus Maternus va jusqu'à parler de « l'eau de feu » du baptême (*L'Erreur des religions païennes* 2, 5). Cela rejoint une tradition archaïque selon laquelle, lorsque Jésus descendit dans l'eau du baptême, un feu s'alluma dans le Jourdain. Les vers que Paulin composa pour le baptistère de Nole marient encore l'eau et le feu :

> « De cette source heureuse où renaissent les âmes,
> Sort un fleuve abondant de lumière et de flamme.

L'Esprit-Saint qui sur elle est descendu des cieux,
L'épouse et l'enrichit de ses dons précieux. »

(*Épître* 32, 5)

Les jeunes gens ont été jetés ligotés dans la fournaise, et ils y apparaissent ensuite délivrés de leurs liens. C'est un trait qu'exploite volontiers Éphrem : « Entrez, soyez baptisés, mes frères, dans cette flamme qui libère des chaînes, cette flamme où était cachée la Trinité, où habite secrètement Celui qui dans la fournaise était le Quatrième et s'était joint aux trois Hébreux » (*Sur l'Épiphanie* 8, 6). Le Seigneur, dit-il, a laissé derrière lui son feu sur la terre (Luc 12, 49) pour rompre les liens invisibles de notre péché, tout comme le feu de la fournaise a consumé les liens des jeunes gens (*Sur l'Église* 1, 8). Un sermon africain du ve siècle, prononcé peu avant Pâques, dit : « La libération des rachetés approche, car déjà triomphe la libre captivité des jeunes gens. Il est proche désormais, le moment où les péchés des élus vont être déliés dans la fontaine baptismale, tout comme les liens des saints sont dissous par le feu » (Pseudo-Fulgence, *Sermon* 8). Le baptême est la délivrance par excellence.

C'est sans doute la présence conjointe dans la fournaise de la flamme et de la rosée qui a le plus contribué à rapprocher la fournaise de la vasque baptismale. Zénon établit un parallèle explicite entre la rosée qui descend sur les trois Hébreux et le baptême : « Dans la fournaise inondée de rosée, la grâce du baptême ne leur a pas fait défaut. Ô feu admirable ! Ô spectacle vraiment digne de Dieu ! Ceux qui entendent sont saisis de frayeur ; ceux qui avaient allumé le feu brûlent ; ceux qui sont jetés dans le feu sortent de la fournaise sanctifiés et intacts, par notre Seigneur Jésus-Christ » (*Homélies* 1, 2). Dans un autre sermon pascal, l'évêque de Vérone se représente les jeunes gens « submergés par les flammes », comme le fidèle est immergé dans l'eau baptismale (2, 27). Le feu de la fournaise est tantôt un feu divin purifiant, tantôt le feu du diable qu'éteignent les eaux : « Par les eaux divines de la piscine baptismale sont éteintes les flammes inextinguibles de la géhenne », lit-on chez Didyme d'Alexandrie (*Sur la Trinité* 2, 12). Le même motif reparaît dans un sermon africain anonyme : « Dans la fontaine baptismale s'éteint la brûlante iniquité, parce que, dans la fontaine comme dans la fournaise, l'Ange du grand conseil [c'est-à-dire : le Fils de Dieu] va descendre du ciel, afin d'accorder aux croyants dans le sacrement ce qu'il a donné aux jeunes gens dans le rafraîchissement » (Pseudo-Fulgence, *Sermon* 8).

C'est chez Éphrem que la symbolique baptismale de la fournaise apparaît le plus clairement : « À Babel, les trois jeunes gens victorieux furent baptisés dans la fournaise et ils en sont sortis. Ils étaient entrés, s'étaient baignés dans les flammes, s'étaient promenés dans la houle des flammes, qui faisaient pleuvoir goutte à goutte sur eux la rosée du ciel. Elle les a dégagés de leurs liens terrestres. Voyez les trois jeunes gens victorieux, entrez, et rencontrez le Quatrième dans la fournaise ! Le feu visible qui là rayonnait désigne le feu de l'Esprit-Saint, secrètement mêlé à l'eau du baptême » (*Sur l'Épiphanie* 8, 5-6). Le baptistère est un bain de flammes où le catéchumène reçoit le baptême de feu.

La rosée rafraîchissante descendue sur les trois Hébreux évoque quant à elle l'onction d'huile qui, dans l'Antiquité, suit la plongée dans la vasque baptismale et symbolise l'effusion de l'Esprit-Saint. Image riche de sens dans la Bible, la rosée représente le don céleste de l'Esprit-Saint, « cette rosée de Dieu qui nous est nécessaire pour que nous ne soyons ni consumés ni rendus stériles », comme le dit Irénée (*Contre les hérésies* 3, 17, 3). Tertullien parle aussi des « rosées des charismes » (*Contre Marcion* 3, 23, 3), et Clément d'Alexandrie décrit le chrétien « rassasié de la rosée de l'Esprit » (*Hymne* 52). Hippolyte assimile le parfum du saint chrême à la rosée de la fournaise : « C'est de ce parfum qu'Ananias, Azarias et Misaël ont désiré d'un grand désir être oints ; à cause de ce parfum, ils apparurent quatre dans la fournaise, car il y avait là le parfum qui,

Les trois Hébreux dans la fournaise et la colombe au rameau d'olivier.
(Rome, catacombe de Priscille, cubiculum de la Velatio, fresque.)

Jugement par l'eau et par le feu : Noé (à gauche) et les trois Hébreux.
(Rome, Vatican, Museo Pio Cristiano, sarcophage.)

telle la rosée, coulait sur la terre » (*Sur le Cantique* 2, 26). On comprend dès lors qu'à la catacombe de Priscille, dans le Cubiculum dit de la *Velatio,* une énorme colombe plane au-dessus de la tête des trois Hébreux ; elle porte un rameau d'olivier, qui évoque pour les anciens l'huile, et donc l'Esprit-Saint : elle signifie la descente de la rosée dans la fournaise.

Les trois Hébreux sont le modèle des chrétiens qui reçoivent l'effusion de l'Esprit au baptême. La présence en eux de l'Esprit se traduit par l'explosion de louange qu'est le fameux cantique des trois enfants, chanté très anciennement dans la liturgie baptismale par les néophytes qui venaient de recevoir l'onction, et considéré comme une louange inspirée : « C'était le Verbe qui était avec vous et parlait par votre bouche », dit Hippolyte (*Sur Daniel* 2, 30, 3). L'effusion de l'Esprit embrase le cœur d'amour : « Dans la fournaise ardente, dit Ambroise, les jeunes Hébreux ne sentaient pas la brûlure de la flamme, rafraîchis qu'ils étaient par le feu de l'amour (*Sur Isaac* 8, 77). « Le feu divin que recèlent leurs cœurs a dompté du bûcher les cruelles ardeurs », dit une homélie métrique de Jacques de Sarug. Certaines représentations paléochrétiennes se ressentent d'une telle interprétation : dans la Cappella Greca de la catacombe de Priscille, les trois jeunes gens dansent littéralement de joie.

Si, par le baptême, on échappe virtuellement une fois pour toutes au feu de la géhenne, il reste au chrétien à ratifier ce choix par sa vie. L'histoire des trois Hébreux se déroule aujourd'hui encore. Les Pères ont développé une interprétation allégorique morale de l'épisode, où le monde est la fournaise ; les flammes représentent les épreuves, les tentations « plus brûlantes que le feu » auxquelles les chrétiens sont en butte, et les brûlures du péché ; l'homme est invité à les fouler aux pieds comme le firent les trois jeunes gens, avec l'aide de l'Esprit-Saint (Origène, *Sur la prière* 13, 3-4).

L'application de l'épisode des trois Hébreux à la mort et de la résurrection de tout homme est préparée par le livre de Daniel, où il est dit : « Dieu nous a délivrés des Enfers et sauvés de la main de la Mort, il nous a tirés du milieu de la fournaise de flamme ardente et tirés du milieu du feu » (Daniel 3, 88). La fournaise figure la mort et le feu éternel ; la rosée rafraîchissante de Daniel 3, 50 rappelle le *refrigerium,* expression antique du repos des justes. Comme le dit Paulin de Nole, en écho à la parabole du pauvre Lazare (Luc 16, 19-26) : « dans le sein d'Abraham, le Dieu des vivants prépare un lieu à l'écart du feu des riches, rafraîchi par *la rosée de vie* » (*Poème* 24, 491-494). Cela explique le succès de l'image des trois Hébreux dans l'art funéraire, tout autant que la signification baptismale qu'on avait conférée à l'épisode : la fournaise, symbole de mort, représente aussi le baptistère où meurt le vieil homme, pour ressusciter avec le Christ et vivre de la vie de l'Esprit, figuré par la rosée vivifiante. L'interprétation ancienne est centrée sur le don de Dieu à l'homme : vie dans l'Église aujourd'hui grâce au baptême, vie dans le monde à venir.

4. SUZANNE ET LES VIEILLARDS

Le récit qui forme actuellement le chapitre 13 du livre de Daniel, après avoir eu une existence indépendante, n'était généralement pas considéré comme faisant partie du canon des Écritures dans le christianisme ancien, mais il a pourtant nourri la réflexion chrétienne et l'iconographie. L'histoire de la belle Suzanne, surprise au bain dans son grand jardin par deux vieillards libidineux, qui, faute de pouvoir arriver à leurs fins, l'accusent d'avoir eu dans les buissons des rapports coupables avec un jeune homme, et prononcent contre elle un arrêt de mort, forme un joli petit roman très moral : la vertu y est récompensée et le vice puni, grâce à l'intervention du sage Daniel qui, en procédant à des interrogatoires séparés des deux accusateurs, les convainc de mensonge. Suzanne est universellement célébrée pour sa chasteté et la jeune femme, qui déclare que la mort vaut mieux que le péché (13, 22), est un modèle de résistance à la tentation dans la prédication morale.

Comme Jonas, Daniel et les trois Hébreux, elle a été intégrée aux listes des justes qui, dans des circonstances critiques, ont crié vers Dieu et ont été par lui miraculeusement délivrés de la mort, et on fait mémoire d'elle à ce titre dans des prières liturgiques, comme on l'a déjà dit. « Nous savons et nous avons lu, dit Augustin dans une homélie, que Dieu a délivré beaucoup de nos pères qui espéraient en lui. Il a délivré le peuple d'Israël de la terre d'Égypte ; il a délivré les trois Hébreux de la fournaise de feu ; il a délivré Daniel de la fosse aux lions ; il a délivré Suzanne de la calomnie. Tous l'ont invoqué et ont été délivrés » (*Sur le psaume* 21, 2, 6). Les représentations montrent Suzanne en orante entre deux arbres de son jardin, derrière lesquels sont parfois postés les ignobles vieillards.

Jugement

Le motif du jugement est central dans le récit et dans l'iconographie, où de véritables cycles de Suzanne se sont développés. On la montre accusée par les vieillards, qui posent les mains sur sa tête pour la charger, et innocentée par Daniel, que ce soit dans les catacombes (à Priscille dès la fin du IIIe siècle, ou encore à Callixte au début du IVe siècle) ou sur le sarcophage de Gerona dit « de la chaste Suzanne ». Cinq sarcophages représentent même le supplice des vieillards, par lapidation ou décapitation. Double jugement donc, avec d'un côté acquittement et de l'autre condamnation par intervention divine : on y a vu une figure du Jugement dernier, d'où la place de la péricope dans l'art funéraire. C'est sans doute ce glissement vers un sens eschatologique qui explique la présence, insistante dans les commentaires, du thème du supplice du feu (pour Suzanne ou les vieillards), bien que le texte biblique soit muet sur ce point. Suzanne, dit Hippolyte, « garda en son cœur la crainte du Seigneur et, pour échapper au supplice du feu, préféra la mort qui ne dure qu'un instant ». Il faut, dit-il encore, « imiter Suzanne [...] pour être sauvés de la seconde mort », c'est-à-dire de la mort éternelle, à laquelle sont livrés les perfides vieillards (*Sur Daniel* 1, 22).

Suzanne échappe au feu, mais les vieillards y grillent. Dans la *Didascalie des apôtres* (IIe siècle), on lit : « Le Seigneur délivra Suzanne de la main des hommes iniques par le moyen de Daniel, et *condamna au feu* ces vieillards qui étaient chargés de son sang » (11, 51, 2). Dans la traduction des Septante, en effet, il est dit que l'ange du Seigneur « lança du feu au milieu d'eux » (13, 62). « Une colonne de feu tomba du ciel entre les deux vieillards, non pour les consumer dans l'instant, mais pour les torturer longuement », ajoute une tradition orale transmise par Épiphane de Salamine (*Sur les pierres précieuses*, Blake, p. 143). Jérôme parle quant à lui de « la poêle où le roi de Babylone fit frire les vieillards qui avaient jugé Suzanne » (*Épître* 54, 10).

Baptême

En mainte Église, la péricope de Suzanne faisait partie des lectures du Carême et était en rapport avec les rites prébaptismaux. Aussi a-t-on vu dans le bain de Suzanne une préfiguration du baptême. C'est en ce jour de Pâques, dit Hippolyte, « qu'est préparé dans le jardin le Bain qui doit rafraîchir ceux que le feu devrait consumer, et que l'Église, lavée comme le fut Suzanne, se tient debout devant Dieu comme une épousée jeune et pure. Et tout comme les deux servantes accompagnaient Suzanne, la foi et la charité accompagnent l'Église et préparent, pour ceux qu'on lave, l'huile et les savons. Que sont les savons, sinon les commandements du Verbe ? Qu'est l'huile, sinon les puissances de l'Esprit ? Voilà ce qui sert de parfum pour oindre les croyants après le bain [...]. Quand l'Église désire recevoir le bain spirituel, deux servantes doivent de toute nécessité l'accompagner : c'est par la foi au Christ et par l'amour de Dieu que l'Église, en pénitente, reçoit le bain » (*Sur Daniel* 1, 16). Cette allégorie explique sans doute que sur le sarcophage de Gérone on a représenté une servante portant l'attirail de bain de Suzanne.

L'interprétation baptismale a conduit Hippolyte à donner un sens au jardin de Suzanne. « Suzanne était la figure de l'Église, son mari, Joakim, celle du Christ. Le jardin qui était près de sa maison figurait la société des saints, plantés comme des arbres féconds au milieu de l'Église. Babylone, c'est le monde. Les deux vieillards représentent en figure les deux peuples qui conspirent contre l'Église, celui de la circoncision et celui des gentils » (1, 14). Le jardin est donc l'Église, « jardin spirituel de Dieu planté comme à l'Orient, sur le Christ, et où l'on voit toutes sortes d'arbres : la lignée des patriarches, qui sont morts dans le commencement, les œuvres des prophètes accomplies après la Loi, le chœur des apôtres, qui tenaient leur sagesse du Verbe, le chœur des martyrs, sauvés par le sang du Christ, la théorie des vierges, sanctifiées par l'eau, le chœur des docteurs, l'ordre des évêques, des prêtres et des lévites » (1, 17).

Zénon de Vérone (*Homélies* 1, 1, 17), Chromace (*Sermon* 35, 4) et Ambroise de Milan (*Des vierges* 1, 45) reprennent cette image du jardin de Suzanne : jardin clos de l'Église et de l'âme, où l'ombre des arbres apaise le feu des passions, où pousse la fleur qu'est le Christ. Il rappelle l'Éden primordial : « Comme jadis dans le paradis le diable s'était dissimulé sous la forme du serpent, de même, il s'est caché dans les vieillards pour satisfaire ses propres désirs et perdre Ève une seconde fois » (Hippolyte, *Sur Daniel* 1, 18). Ainsi, Suzanne, victorieuse de la tentation des vieillards, devient l'antithèse

Suzanne accusée par les vieillards.
(Rome, catacombe des saints Pierre et Marcellin, fresque.)

Suzanne représentée comme une brebis parmi les loups.
(Rome, catacombe de Prétextat.)

d'Ève qui a cédé au serpent, thème qu'on retrouve chez plusieurs auteurs.

Le juste persécuté

En Suzanne, image de l'Église, les Pères reconnaissaient l'imitation du Christ : en effet, dans son silence et son refus de répondre aux accusations des vieillards, ils ont vu la figure du silence du Christ devant Pilate : un sarcophage d'Arles relie les deux scènes. Quand Suzanne fut condamnée, dit le texte biblique, elle prononça à haute voix une prière ; aussi Athanase se la représente-t-il en orante, les bras en croix, et affirme que c'est par le signe de la croix qu'elle a été sauvée (*Homélie* 21).

Suzanne injustement condamnée représente aussi le chrétien, les vieillards figurent tantôt les autorités politiques qui les persécutent en voulant les contraindre à l'idolâtrie (dans la symbolique biblique, l'adultère désigne souvent l'idolâtrie), tantôt le diable, comme chez Hippolyte. Plus tard, étant donné que le texte biblique donne les vieillards pour des anciens du peuple ayant autorité pour le juger et le guider (13, 5), on verra en eux de mauvais prêtres ou des hérétiques ; en ce cas, les propositions déshonnêtes des vieillards évoquent les doctrines fallacieuses par lesquelles ils cherchent à séduire l'Église (Cyprien, *Épître* 43, 3). Suzanne, disent les textes, est une pauvre agnelle en butte aux loups ou aux renards que sont les hérétiques (Astérios, *Homélie* 6) : c'est de cette façon que la peint une fresque de la catacombe de Prétextat.

Ainsi, l'histoire de Suzanne a fourni la matière d'une catéchèse portant sur le baptême, le relèvement d'Ève, et le Jugement dernier, où ceux que Dieu acquittera seront, comme Suzanne, dans la sécurité du jardin paradisiaque, tandis que les méchants connaîtront le même châtiment que les perfides vieillards.

Daniel, les trois Hébreux, Suzanne, sont d'abord des figures du chrétien en butte à la persécution, à la tentation, aux épreuves de la vie ou à la mort. Les trois figures bibliques sont d'une manière ou d'une autre liées à la catéchèse baptismale, toutes parlent de la mort et du salut, du jugement de Dieu. L'histoire de Suzanne pouvait quant à elle évoquer la vie dans l'au-delà, mais non la foi en la résurrection, comme c'était le cas des deux premières images. C'est peut-être la raison pour laquelle Suzanne est moins fréquemment représentée dans l'art funéraire que Daniel ou les trois Hébreux.

CHAPITRE VIII

NOÉ

Lointain souvenir de cataclysmes remontant à la nuit des temps et fantasme entretenu par la mémoire des générations successives, ou mythe correspondant à quelque antique rite de régénération du temps, le déluge est l'objet de maint récit dans le monde. Au Moyen-Orient, l'épopée de Gilgamesh en présente une version ancienne, et, dans le monde gréco-romain, on racontait l'histoire de Deucalion et Pyrrha, couple vertueux que les dieux sauvent de la destruction générale du monde pour restaurer l'humanité corrompue. Dans l'Antiquité, certains croyaient savoir qu'il y avait des vestiges de l'arche sur une montagne d'Arménie ; l'idée s'est transmise jusqu'au Moyen Age, voire à notre époque, où certains n'ont pas perdu l'espoir de les trouver sur le mont Ararat. Que des esprits forts, comme le gnostique Apelle, le païen Celse ou les manichéens, aient ironisé sur les invraisemblances du récit, n'avait nui en rien à sa notoriété.

D'après le récit biblique (Genèse 6-9), qui doit beaucoup à l'épopée de Gilgamesh ou à l'une de ses sources plus anciennes, mais la transforme à la lumière d'une théologie tout autre, la corruption des hommes est telle que Dieu ne voit plus d'autre solution que la suppression de cette terre qu'il a créée. Mais à Noé, seul juste de cette génération pervertie, il donne les instructions nécessaires pour échapper à la noyade du monde, avec sa famille, huit personnes en tout (Genèse 7, 7), et des exemplaires de tous les animaux de la création, pour repeupler le monde à neuf après le déluge. Pendant quarante jours et quarante nuit, les écluses célestes déversent leurs eaux sur la terre, d'où toute vie disparaît. Alors commence la décrue, et l'arche échoue, avec son précieux chargement, sur la cime du mont Ararat. Noé, prudent, attend encore quarante jours avant d'ouvrir la fenêtre de l'arche, d'où il lâche deux oiseaux pour reconnaître la terre ferme, selon le procédé des marins antiques. Le corbeau ne revient pas. La colombe, une première fois, s'en retourne à l'arche, car elle n'a pas trouvé où se percher et reposer ses ailes ; la seconde fois, elle rapporte à Noé un rameau d'olivier tout frais, et la troisième fois, elle part pour ne plus revenir. Noé alors connaît qu'il est temps : il ouvre le couvercle de l'arche et, sur l'ordre de Dieu, débarque tout son monde. Après un sacrifice d'action de grâces et une nouvelle alliance avec le Seigneur, tous s'en vont repeupler la terre.

Cette histoire eut grand succès dans la littérature et dans l'art du christianisme ancien. C'était l'exemple parlant d'un salut inespéré que Dieu octroyait miséricordieusement, par l'entremise d'un juste, au monde courant à la perdition. On y a vu la préfiguration de la rédemption. L'interprétation est d'abord christique : Noé figure le Christ, l'arche, la croix. D'autre part, l'idée d'un salut par l'eau a entraîné dès les origines une application baptismale de l'histoire. Enfin, on a développé la symbolique ecclésiale de l'arche. La richesse de ces différentes harmoniques explique la fréquence de l'image sur les tombes anciennes.

1. NOÉ DANS LE DÉLUGE, IMAGE DU SALUT

Noé, figure du Christ

« Noé, dit la Genèse, était un homme juste, intègre parmi ses contemporains, et il marchait avec Dieu » (6, 9).

C'est pourquoi Isidore peut déclarer dans son commentaire de la Genèse : « Noé, en tout et dans tous ses actes, annonce le Christ » (7, 1). « C'est Lui, dit Méliton de Sardes, qui en Noé fut pilote » de l'arche du salut (*Fragment* 15). De même, Origène parle de « notre Noé, qui est véritablement le seul juste et le seul parfait, le Seigneur Jésus-Christ » (*Sur la Genèse* 2, 3). Car Noé, quoique juste, n'était encore qu'un homme, en qui subsistait le penchant au mal hérité de ses ancêtres. La purification définitive de l'humanité ne put être opérée que par un homme qui était aussi un Dieu, le Christ, dont Noé était seulement la figure.

Dans l'Évangile est suggéré un parallèle entre Jésus et le patriarche (Matthieu 24, 38). De nombreux textes font de Noé un prédicateur, adjurant ses contemporains de se convertir tant qu'il en est encore temps. La Genèse n'en disait rien, mais en examinant de près les données chronologiques du récit, les anciens avaient conclu que cent ans avaient été nécessaires pour construire l'arche ; un juste comme Noé ne pouvait s'être aussi longtemps désintéressé du salut de ses contemporains ! Comme le dit Clément de Rome, dans son *Épître aux Corinthiens* : « Noé fut trouvé fidèle. Il eut pour ministère de prêcher au monde une nouvelle naissance, et le Maître sauva par lui les êtres vivants qui, dans la concorde, étaient entrés dans l'arche » (9, 4).

L'étymologie du nom de Noé amène encore un autre rapprochement avec Jésus. « Il ne fait aucun doute, dit Grégoire d'Elvire, dans son petit traité sur *L'Arche de Noé* (§ 4), que Noé était la figure du Christ, puisque son nom hébreu, Noé, signifie en latin "repos", selon la prophétie de son père Lamech au jour de sa naissance : "Celui-ci nous fera reposer de nos labeurs et de la peine qu'impose à nos mains un sol maudit par le Seigneur" (Genèse 5, 29) ». « Noé veut dire "le repos" ou "le juste", dit Origène, Noé qui est le Seigneur Jésus-Christ », « car celui qui a dit : "Venez à moi, vous qui êtes fatigués et ployez sous le fardeau, je referai vos forces et vous trouverez le repos de vos âmes" (Matthieu 11, 28-29), c'est lui qui a vraiment donné le repos aux hommes » (*Sur la Genèse* 2, 3).

Déluge : mort, résurrection, nouvelle création

Le Seigneur, dit au IVe siècle Astérios d'Amasée, « demeura dans le sépulcre comme Noé dans l'arche » ; ainsi, « il mit fin au déluge de l'impureté et institua le baptême de la régénération, afin que, ayant été ensevelis avec lui dans le baptême, nous devenions participants de sa résurrection » (*Sur le psaume* 6). Au VIe siècle, Jean Damascène dit également que Noé dans l'arche enfermé est un type du Christ au tombeau (*Homélie sur le saint Sabbat* 4, 25). Au Moyen Age, un hymne de saint Bonaventure exprimera encore de façon suggestive ce rapport entre l'arche et la mort du Christ, en déclarant qu'elle a été fabriquée avec le bois de la croix. Ce thème n'apparaît pas très fréquemment chez nos auteurs, mais il pouvait aller de soi, car dans les textes et dans l'iconographie se juxtaposent et parfois même se superposent l'histoire de Noé et celle de Jonas dans le ventre du monstre marin. De plus, on a très anciennement associé notre épisode à l'idée de renaissance et de résurrection. Déjà pour Philon d'Alexandrie, Noé était « le père de la nouvelle race humaine renouvelée » (*Abraham* 56). Le déluge avait été comme une seconde genèse de l'humanité : « tel un sein maternel, l'arche porte en elle le cosmos tout entier comme un embryon », dit Basile de Séleucie (*Discours* 6). Elle avait porté « les semences du monde nouveau » (Origène, *Sur la Genèse* 2, 2), « les germes du monde » (Grégoire de Nazianze, *Discours* 28, 18).

Selon Irénée, Dieu avait fait venir le déluge pour éteindre le mal et « pour mettre un terme aux péchés des hommes tout en sauvegardant le modèle primitif, l'ouvrage modelé en Adam » (*Contre les hérésies* 4, 36, 4). Noé sauvé du déluge est en quelque sorte le

Noé en orant, dans l'Arche.
(Rome, catacombe de la via Dino Compagni, fresque.)

nouvel Adam, une figure du Christ. Il représente l'humanité nouvelle, et il est aussi celui qui la recrée, comme le dit Origène : « Noé était d'une certaine manière le nouveau créateur du monde » (*Sur Ézéchiel* 4, 8). Selon Justin, « le Christ, premier-né de toute création, est devenu le chef d'une autre race, celle qui par lui a été régénérée par l'eau, la foi et le bois qui contenait le mystère de la croix, de la même façon que Noé fut sauvé par le bois de l'arche, porté par les eaux avec les siens » (*Dialogue avec Tryphon* 138, 1-2). « À partir de Noé, dit Aphraate le Persan, il y eut un second monde » (*Exposés* 13, 7).

C'est par la résurrection du Christ que la mort est vaincue, et que l'homme peut donc être restauré dans l'état d'incorruptibilité d'avant la chute. Les anciens en ont vu le symbole dans le nombre de ceux qui furent sauvés avec Noé. On lit dans la Seconde Épître de Pierre que, dans l'arche, Dieu « préserva huit personnes, dont Noé, héraut de justice, tandis qu'il amenait le déluge sur un monde d'impies » (2, 5). Or, le nombre huit est symbolique dans le christianisme ancien. « Le huitième jour », c'est en effet le lendemain du sabbat, le dimanche, jour de la Résurrection du Christ selon les Évangiles. Les huit personnes sauvées avec Noé montrent donc le salut de l'humanité acquis par la mort et la Résurrection du Fils de Dieu, comme le déclare Justin dans son *Dialogue avec Tryphon* : « Au déluge s'opéra le mystère du salut du monde. Le juste Noé avec les autres êtres humains du temps du déluge, à savoir sa femme, ses trois fils et les femmes de ses fils, étant au nombre de huit, présentaient par ce nombre le symbole du huitième jour où notre Christ apparut ressuscité des morts » (138, 1).

Couronnant la semaine de sept jours, le huitième est en même temps le premier jour d'une nouvelle semaine. Il évoque donc l'accomplissement du temps de l'histoire et l'avènement du Royaume de Dieu. Aussi Clément d'Alexandrie peut-il écrire : « Celui que le Christ régénère est transféré dans la vie, dans l'ogdoade (ou : huitaine) » (*Extraits de Théodote* 80, 1). Et Astérios d'Amasée explique dans une homélie que le Seigneur est ressuscité le huitième jour, « parce que la première ogdoade d'hommes, au temps de Noé, après la destruction du monde ancien, a suscité un nouvel univers dans notre race » (*Sur le psaume* 6). Huit est le nombre parfait (= 2^3 !), symbole de ceux que le Christ sauvera du feu lors du Jugement dernier (Pseudo-Augustin, *Sermon Mai* 112, 7). Ces spéculations sur le nombre huit expliquent le plan octogonal du baptistère de Saint Ambroise à Milan, et de celui du Latran, pour ne rien dire des *martyria,* sanctuaires de martyrs octogonaux.

L'arche et la croix

Que l'arche soit une image de la croix ne tombe pas sous le sens. Mais les premiers chrétiens ont cherché partout, dans l'Écriture comme dans la nature, des symboles de la croix du Christ : au IIe siècle, Justin fournit le premier une liste des « bois » susceptibles de la représenter, et encore au IVe siècle, Firmicus Maternus, donne comme premier exemple du « bois divin et libérateur », « l'arche en bois qui sauva l'humanité du déluge » (*L'Erreur des religions païennes* 27, 3). L'arche figure la croix, planche de salut de l'humanité. « Toujours par le bois vient la vie », explique Cyrille aux catéchumènes de Jérusalem ; « du temps de Noé, en effet, les vies furent sauvées par une arche de bois » (*Catéchèse* 13, 20). « Ô barque paradoxale du salut, esquisse du bois de la croix, dit Basile de Séleucie, tu montres à ceux qui voyagent sur la mer combien la croix est nécessaire » (*Discours* 6).

En raison de l'insistance du texte biblique sur les dimensions de l'arche, les anciens ont vu là « des mesures pleines de mystères célestes » (Origène, *Sur la Genèse* 2, 3). Grégoire d'Elvire affirme que « les trois cents coudées de longueur sont une évidente figure de la croix du

Christ ; en effet, chez les Grecs, le chiffre 300 est signifié par le tau (T) ; cette lettre a un jambage dressé comme un arbre, et l'autre s'étend en son sommet comme une antenne de navire, ce qui manifeste la croix » (*L'Arche de Noé* 29). Pour Hippolyte, l'arche sillonne les eaux du déluge dans la direction des quatre points cardinaux : « C'est une référence à la croix, et l'arche est le Christ attendu » (*Fragment sur la Genèse* 8, 1).

Philon, dans les *Questions sur la Genèse* (2, 5), suivi par Ambroise dans son traité *Sur Noé*, avaient cherché un rapport entre les dimensions de l'arche et celles du corps humain. Augustin reprend ces idées et les applique plus particulièrement à l'humanité assumée par le Christ dans l'Incarnation, d'où la belle image de la porte de l'arche qu'il développe : « La porte que l'arche reçut sur le côté, c'est assurément la blessure qu'ouvrit la lance dans le côté du crucifié : par là entrent ceux qui viennent à lui, car de là découlèrent les sacrements par lesquels les croyants sont initiés » (*Cité de Dieu* 15, 26). Jean Chrysostome aussi parle du Christ comme de « la nouvelle arche divine » (*Homélie sur le Baptême du Seigneur* 4).

2. LE DÉLUGE ET LE BAPTÊME

L'eau et le bois

Au IIe siècle, Barsabée de Jérusalem disait : « Les païens furent sauvés à cause de l'eau par le baptême et par le bois de la croix. Noé fut baptisé dans le bois et il sauva son peuple de l'eau. Le Christ, lui, porta le bois de la croix et sauva son peuple par l'eau et par le baptême d'eau [...]. Et ils vécurent dans l'arche, et ils furent sauvés de l'eau par le bois, et ils sont entrés dans ce monde. Les païens quant à eux ont été sauvés de l'eau, et, par le bois de la croix, ils sont sortis de ce monde » (*Discours* 11). Augustin exprime cela dans une formule plus concentrée : « Noé est sauvé avec les siens par l'eau et par le bois ; de même la famille du Christ, est sauvée par le baptême marqué du signe de la Passion et de la croix » (*Contre Fauste* 12, 14). Le baptême est comme un ensevelissement dans la mort du Christ et une participation à sa résurrection (Romains 6, 3-4), et l'eau baptismale est efficace parce que sanctifiée par le signe de la croix que l'officiant traçait sur elle.

L'application de la péricope de Noé au baptême est très ancienne : la Première Épître de Pierre affirme à propos de l'arche qu'elle était « la figure du baptême qui vous sauve à présent » (3, 21). Le baptême suppose la foi : « il n'est pas l'enlèvement d'une souillure charnelle, mais l'engagement à Dieu d'une bonne conscience par la résurrection de Jésus-Christ », poursuit l'Épître. Là aussi, Noé est un précurseur : Dieu, dit Cyrille d'Alexandrie, « a montré par avance en Noé la justification par la foi et la rémission par l'eau » (*Sur la Genèse* 2, 5). De nombreux auteurs insistent sur la foi qu'il lui fallut pour obéir aux ordres de Dieu et entreprendre une pareille aventure, alors que n'apparaissait encore aucun signe du cataclysme annoncé.

Les Pères reprennent souvent l'idée que l'histoire de Noé préfigure le baptême. Ambroise s'adressait aux néophytes en ces termes : « Il y eut dans le déluge une figure anticipée du baptême [...]. Dans le déluge périt toute la corruption de la chair, et seule la race et le modèle du juste subsistèrent. N'est-ce pas là le déluge du baptême, où sont effacés tous les péchés, tandis que seuls ressuscitent l'esprit et la grâce du juste ? » (*Des sacrements* 2, 1). « Tu vois l'eau, tu vois le bois, disait-il, tu aperçois la colombe, et tu doutes du mystère ? C'est l'eau où la chair est plongée pour effacer le péché de la chair. Tout forfait y est enseveli. C'est le bois auquel fut attaché le Seigneur Jésus quand il souffrit pour nous. C'est la colombe, sous l'aspect de laquelle descendit l'Esprit-Saint, comme tu l'as appris dans le Nouveau Testament, et c'est l'Esprit qui t'inspire la paix de l'âme et la tranquillité de l'esprit » (*Des mystères* 10-11).

L'eau est à la fois l'eau destructrice qui purifie la terre, supprime le péché et tue le vieil homme, et l'eau bienfaisante qui donne vie : « Tu sauves par l'eau et nous arraches aux eaux », disait Basile de Séleucie (*Discours* 6). Avec Noé-Christ, celui qui doit être baptisé descend dans les eaux de la mort, pour sortir vers la vie.

Déluge et baptême du Christ : la colombe

Lors de son baptême par Jean Baptiste, Jésus, « remontant de l'eau, vit les cieux se déchirer et l'Esprit, telle une colombe, descendre sur lui » (Marc 1, 10). La présence de la colombe atteste qu'il est « le véritable Noé, auteur de la seconde génération », c'est-à-dire régénérateur du monde, comme le dit Cyrille de Jérusalem (*Catéchèses* 17, 10). « Dieu le Père a ouvert les portes du ciel et envoyé l'Esprit-Saint sous la forme d'une colombe sur la tête de Jésus, en tant qu'il est le nouveau Noé, le bon pilote dans le naufrage du monde » (Pseudo-Hippolyte, *Sur la sainte théophanie* 4).

Il y a pour Tertullien une analogie entre le rôle de la colombe au déluge et celui de l'Esprit-Saint lors du baptême de tout croyant. Lors du déluge, qui était en quelque sorte « le baptême du monde », dont « les eaux purifièrent l'antique souillure », « la colombe lâchée de l'arche et revenant avec un rameau d'olivier, symbole de paix, même pour les païens, vint en messagère annoncer à la terre l'apaisement de la colère du ciel ». Lors du baptême du croyant, « la colombe qui est l'Esprit-Saint vole vers la terre, c'est-à-dire notre chair, cette chair sortant du bain, lavée de ses anciens péchés. Elle apporte la paix de Dieu, en messagère du ciel, où se tient l'Église dont l'arche est la figure » (*Sur le baptême* 8, 3-4). Des deux côtés, la colombe est le symbole de la rémission des péchés. Deux siècles plus tard, Maxime de Turin ne dit pas autre chose : « La colombe qui jadis, lors du déluge, est revenue en hâte à l'arche de Noé est celle-là même qui maintenant vient à l'Église du Christ lors du baptême ; alors, elle annonçait par le rameau d'olivier la sécurité retrouvée ; aujourd'hui, elle confère l'éternité par le symbole de la divinité. Elle portait alors dans son bec le signe de la paix ; aujourd'hui, elle répand la paix elle-même, qui est le Christ » (*Sermon* 64, 2).

Le rameau d'olivier suffisait parfois à signifier le baptême, non seulement par allusion à l'ensemble de l'histoire de Noé, mais parce qu'il évoquait l'huile d'olive, base des parfums antiques, et donc, l'onction d'huile qui accompagnait le rite baptismal d'immersion et symbolisait la consécration à Dieu et le don de l'Esprit-Saint. Cela apparaît chez Éphrem : « Vint le rameau d'olivier avec le type de l'onction. Les habitants de l'arche jubilèrent en le voyant, car il apportait la bonne nouvelle du salut. Vous aussi, jubilez en voyant cette huile sainte ; que se réjouisse le corps chargé de fautes, car il apporte la bonne nouvelle du pardon » (*Hymnes sur l'Épiphanie* 3, 8). L'huile qui adoucit la peau et les blessures chez les anciens, peut également renvoyer à la douceur du pardon de Dieu, comme c'est le cas chez Hilaire. La colombe, dit-il, revient porteuse d'un rameau d'olivier, « car le Saint-Esprit rapportait les fruits de la miséricorde divine dont l'olivier est la figure » (*Des mystères* 14). Enfin, c'est avec des lampes à huile qu'on s'éclairait, et l'huile peut symboliser l'illumination de l'âme par le baptême : « la colombe du Saint-Esprit vole vers Noé, comme plus tard vers le Christ au Jourdain, et avec le *rameau de la régénération et de la lumière*, elle annonce la paix au monde », dit Jérôme (*Épître* 69, 6).

Grégoire d'Elvire fait en quelque sorte la synthèse de ces idées ; pour lui, le rameau d'olivier évoque non seulement la rémission des péchés et le don de l'Esprit, mais aussi la Passion du Christ et la résurrection eschatologique qui s'ouvre au croyant par le baptême : « Le rameau d'olivier qu'apporta la colombe témoignait ouvertement de la paix et de la résurrection ; en portant dans son bec le bois de la Passion, elle annonçait qu'il accorderait la grâce abondante du charisme ; c'était vers le soir, parce que cela devait advenir à la fin du monde » (Grégoire d'Elvire, *L'Arche de Noé* 28).

La colombe et le corbeau

Dans les trois envois de la colombe par Noé, l'auteur du petit traité *À Novatien* (IIIe siècle) voit un rappel de la Trinité, au nom de laquelle sont baptisés tous les hommes (cf. Matthieu 28, 19) : « Son triple envoi de l'arche, où elle vole dans les airs au-dessus de l'eau, désignait déjà alors les mystères de notre Église » (Pseudo-Cyprien, *À Novatien* 3, 3). Dans une tradition syriaque qui pourrait être ancienne, les différents lâchers de la colombe correspondent aux étapes de l'histoire du salut : la colombe, figure de l'Esprit-Saint, a parlé par les prophètes dans l'Ancien Testament (premier envoi), mais elle ne trouve vraiment le lieu de son repos que chez les fidèles du Nouveau Testament (*La Caverne aux trésors* 19, 13).

La colombe qui, la première fois, ne peut se poser et revient à l'arche, signifie pour Grégoire d'Elvire que la prédication chrétienne n'est pas toujours accueillie : « La colombe, qui a été lâchée et qui est revenue vers l'arche parce qu'elle ne trouvait pas où se reposer sur la terre, était l'image de l'Esprit-Saint, qui, bien que répandu sur toute la terre par le Seigneur, n'a pu trouver le repos auprès de tous les hommes à cause de l'iniquité du siècle et devait donc être rappelé dans l'arche de l'Église » (Grégoire d'Elvire, *L'Arche de Noé* 25). Mais lorsque, la troisième fois, la colombe ne revient plus, dit Hilaire, « cela préfigure l'inhabitation dans le croyant de l'Esprit-Saint qui, une fois envoyé, demeure éternellement dans l'âme des fidèles » (*Des mystères* 14). Augustin applique pour sa part le symbole de la colombe à l'Église, et dit que quand elle « revient à l'arche sans avoir trouvé où se poser, elle signifie par là que le

Noé accueille la colombe porteuse du rameau d'olivier.
(Rome, catacombe des saints Pierre et Marcellin, fresque.)

Colombe au rameau d'olivier.
(Rome, catacombe de Callixte, pierre tombale.)

Nouveau Testament n'a pas promis aux fidèles le repos en ce monde » (*Contre Fauste* 12, 20).

La noirceur du corbeau en fait l'image du péché, qui n'a pas sa place dans le chrétien ni dans l'Église. « Le corbeau est l'image du péché qui s'en va et ne revient pas, pourvu que toi aussi tu observes une juste règle de conduite » (Ambroise, *Des mystères* 11). En ne revenant pas à l'arche, symbole de l'Église, le corbeau s'est condamné à être le type des apostats et des pécheurs (Pseudo-Cyprien, *À Novatien* 2, 10). La tradition dit qu'il avait trouvé hors de l'arche à se repaître de cadavres, d'où l'idée qu'il figure « les hommes rendus abominables par leurs convoitises immondes » et retenus par elles dans le monde (Augustin, *Contre Fauste* 12, 20). Le corbeau symbolise le pécheur : bien qu'il ne trouve pas de repos dans la vacuité du monde, dit Hilaire, il préfère y demeurer (*Sur le psaume* 146, 12). Cet oiseau, dit Grégoire d'Elvire, il faut l'expulser hors de l'Église et ne plus le laisser revenir, car « il signifie les plaisirs de l'âme vicieuse et impure ; l'infâme couleur noire signifie l'injustice des vices » (*L'Arche de Noé* 25). Augustin, qui avait le sens des formules que l'on retient, dit souvent que les corbeaux sont ceux qui diffèrent sans cesse de se convertir, parce qu'ils croassent toujours "cras ! cras !" (demain !) (*Sur le psaume* 102, 16) ; mais, au croassement du corbeau, Dieu préfère « le gémissement de la colombe », gémissement de désir de l'homme qui aspire à la patrie céleste, gémissement de l'amour inspiré par l'Esprit. « Qui sont les corbeaux ? Ceux qui recherchent leurs propres intérêts. Qui sont les colombes ? Ceux qui recherchent les intérêts du Christ » (*Sur l'Évangile de Jean* 6, 2).

Mais que nul ne s'inquiète : on n'est pas corbeau par nature. Telle est la conclusion d'un sermon de Chromace d'Aquilée : « Prions le Seigneur Jésus qu'aucun de nous ne soit trouvé corbeau dans l'Église du Seigneur, ne soit chassé dehors et ne périsse. Est corbeau, tout impur, tout païen, tout hérétique, qui ne mérite pas d'être dans l'Église du Christ [...]. Mais d'un corbeau, Dieu peut faire une colombe [...]. Veux-tu savoir de quel corbeau le Seigneur fait une colombe spirituelle ? Considère le larron qui fut crucifié avec le Seigneur ; il était un corbeau tout noir de ses péchés. Mais lorsqu'il eut confessé le Christ en croix, de corbeau, il devint colombe, c'est-à-dire que d'impur, il est devenu pur » (*Sermon* 2, 6).

3. L'ARCHE ET L'ÉGLISE

Dans les livres les plus tardifs de l'Ancien Testament, Noé représente le « reste d'Israël » demeuré fidèle à Dieu. « Au temps de la colère, il fut le surgeon ; grâce à lui un reste demeura à la terre lorsque se produisit le déluge », lit-on dans le livre du Siracide (44, 17). Il semble que la communauté de Qumrân se soit assimilée à l'arche qui échappe à la corruption universelle. Dans le christianisme, l'image est présente dès la Première Épître de Pierre, où il est question du « petit nombre, en tout huit personnes, qui furent sauvées à travers l'eau » grâce à l'arche (1 Pierre 3, 21).

Noé et ses compagnons

« Notre Seigneur Jésus-Christ, le véritable Noé, possède un petit nombre d'intimes, un petit nombre de *fils* et de proches, qui partagent sa parole et peuvent recevoir sa sagesse », dit Origène (*Sur la Genèse* 2, 3). « Il abrite *ses fils* dans l'arche de sa doctrine et de son Église » (Hilaire, *Des mystères* 13) : par le baptême, les croyants sont en effet devenus les fils adoptifs de Dieu (Galates 4, 5-7), et sont figurés par les enfants de Noé. Ils s'identifient aussi à Noé lui-même, comme on le voit dans une apostrophe d'Origène à ses auditeurs : « Ne viens pas dire : heureux Noé, parce qu'au déluge il a été digne d'être seul choisi par le Seigneur pour être conservé sain et sauf avec les siens, quand tous les autres périssaient dans l'inondation. Mais considère que toi aussi, si tu fais ce que fit Noé, tu seras Noé » (*Sur Ézéchiel* 4, 4).

Être dans l'arche avec Noé, c'était résister aux passions, figurées par les flots en furie, dit Philon : « Soutenu, flottant sur les eaux de l'immense déluge qui avait submergé toutes les parties de l'âme, Noé se maintint énergiquement à la surface de tous les périls » (*Migration d'Abraham* 125). « Noé domina les eaux du désir », dit Éphrem (*Chants de Nisibe* 1, 4), et il adresse au Christ cette prière : « Nautonier de l'arche, sois mon pilote sur la terre sèche » (1, 3). Grégoire de Nazianze considère quant à lui que « flotter avec Noé sur l'arche, c'est vivre dans le monde sans se laisser influencer par les pratiques du milieu ambiant (*Discours* 25, 6).

Les compagnons de Noé étaient sept, nombre sacré. Sept est souvent le chiffre de l'Église : dans les premiers chapitres de l'Apocalypse, sept Églises figurent l'Église universelle. Grégoire d'Elvire entrelace les deux thèmes : « Les sept âmes qui sont accordées au Noé juste et saint, on reconnaît qu'elles portent le type des sept Églises qui, grâce au Christ, échapperont à la destruction lors de l'incendie du jugement et régneront avec lui sur une terre renouvelée. Mais peut-être cela trouble-t-il quelqu'un d'entendre parler de sept Églises, alors qu'il n'y a qu'une unique Église répandue à travers le monde. On parle au pluriel de sept Églises, bien qu'elle soit une, à cause de l'Esprit septuple [...]. Car les dons de l'Esprit sont au nombre de sept (Isaïe 11, 1-3) [...]. Aucun de nous ne peut les avoir tous, mais chacun de nous en a un. Le Seigneur seul les possède tous, lui qui est le Corps tout entier » (*L'Arche de Noé* 6-7).

L'arche, instrument du salut pour qui y trouve refuge, est une image courante de l'Église. « Par le mystère du déluge était prédite l'Église à venir que le Christ, son roi et son Dieu, par le mystère de sa croix, a maintenue à l'abri du naufrage de ce monde », dit Augustin (*Première Catéchèse* 19, 32). Assez souvent se superposent à l'image de l'arche celles du navire de l'Église, ou de la barque de Pierre, elles aussi très anciennes.

Les pécheurs dans l'Église

Figure de l'Église, l'arche l'est aussi par la variété des animaux qu'elle abrite. « Tous les types d'animaux sont enfermés dans l'arche ; de même, l'Église renferme toutes les nations », dit Augustin (*Contre Fauste* 12, 15). Jérôme dit de même : « Dans l'arche, il y avait des animaux de tout genre ; dans l'Église, des nations de toutes mœurs » (*Contre les lucifériens* 22). Tout le temps que dura le déluge, le loup cohabita avec l'agneau et tous les animaux de la ménagerie de Noé reconnurent le pouvoir de l'homme : l'arche était donc une sorte de nouveau paradis terrestre, à l'image duquel on se représentait l'Église. À l'arrivée (du véritable Noé), déclare Cyrille de Jérusalem dans ses *Catéchèses,* « les loups au sens spirituel paissent avec les agneaux ; à son arrivée, l'Église accueille le veau et le taureau en même temps que le lion » (17, 10). « Quand un homme rapace ou cupide y entre et qu'il écoute les divines paroles de l'enseignement, son état d'esprit change, et de loup, il devient brebis », dit Jean Chrysostome (*Homélie sur Lazare* 6). Éphrem de Nisibe chante aussi dans ses hymnes l'admirable paix régnant dans l'arche, symbole de celle de l'Église (*Sur l'Église,* 51, 2-3).

Mais force fut de reconnaître que la réalité n'était pas toujours aussi idyllique ; certains loups n'avaient été que momentanément transformés en agneaux. Et la cargaison de l'arche est un sujet de discussion au début du IIIe siècle, quand on se demande si l'Église doit ou non exclure de son sein les pécheurs (Tertullien, *Sur l'idolâtrie* 24). On s'est rappelé que Noé avait reçu l'ordre de faire entrer dans l'arche « des animaux purs et des animaux impurs » (Genèse 7, 8). Hippolyte fulminait contre le pape Callixte, qui « voyait une figure de l'Église dans l'arche de Noé, renfermant des chiens, des loups, des corbeaux et toutes les espèces d'animaux purs et impurs », et disait « c'est ainsi qu'il doit en être dans l'Église » (*Philosophoumena* 9, 12). À Novatien, autre rigoriste du milieu du IIIe siècle, un auteur anonyme rappelait que dans l'arche avaient coexisté le corbeau et la colombe (Pseudo-Cyprien, *À Novatien* 2, 9-10). « Dans l'arche, dit encore Jérôme contre les partisans de Lucifer de Cagliari plus d'un siècle plus tard, il y avait le léopard et le chevreau, le loup et l'agneau ; dans l'Église, il y a des justes et des pécheurs, des récipients d'or et d'argent qui coexistent avec des récipients de bois et de terre cuite » (*Contre les lucifériens* 22).

En Afrique, au début du Ve siècle, les donatistes qui prolongeaient un schisme qui durait depuis un siècle, prétendaient être une Église de purs, d'où avaient été retranchés tous les pécheurs. « Le corbeau s'est envolé de l'arche et n'y revint plus : signe, disent les donatistes, qu'il ne saurait y avoir de pécheurs dans l'Église » ; mais Augustin argue du fait qu'« après le départ du corbeau, il ne manquait pas dans l'arche d'autres animaux impurs ; il y reste de tout, animaux purs et animaux impurs, tant que dure le déluge, tant que durera ce monde » (*Conférence avec les donatistes*, 3, 9, 16). L'idée revient souvent chez Augustin : nul hormis Dieu, ne peut savoir avant le jour du Jugement qui est vraiment fidèle et qui ne l'est pas.

Le salut dans l'Église

« De même que, dans ce baptême du monde, qui le purifia de la perversité d'autrefois, celui qui n'était pas dans l'arche ne put être sauvé à travers l'eau, de même maintenant, on ne peut être tenu sauvé par le baptême, si l'on n'a pas été baptisé dans l'Église, qui, selon le symbole de l'arche unique, a été fondée sur l'unité » (Cyprien, *Épître* 74, 11). C'est chez Cyprien, fort préoccupé de maintenir l'unité de l'Église menacée par les schismes lors de la persécution de Dèce, qu'on voit pour la première fois apparaître des formules qui aboutissent à l'adage qui embarrassera parfois les siècles ultérieurs : hors de l'Église, point de salut. N'échappe à la mort, dit-il, que celui qui est dans l'arche de l'Église (*Sur l'unité de l'Église* 6).

Partant du principe que l'arche figurait l'Église, les auteurs anciens ont cherché un sens figuré aux détails de la construction de l'arche. On ne comprenait plus très bien, au début de notre ère, quel était le bois désigné par Dieu pour le bâtiment (Genèse 6, 14) ; les traductions hésitaient entre des bois « imputrescibles » et des bois « équarris ». Mais les deux termes ont également servi de base à une interprétation morale. Qu'est-ce en effet qu'un tronc équarri sinon quelque chose « qui ne balance en aucune façon, et qui, de quelque façon qu'on le tourne, garde constamment et solidement son assiette », comme le dit Origène, qui en fait le symbole des maîtres qui enseignent dans l'Église et consolident la foi des croyants (*Sur la Genèse* 2, 4). Augustin développe une symbolique analogue : « Si Dieu commande que l'arche soit faite de bois équarri, c'est pour figurer la parfaite stabilité de la vie des saints, car, en quelque sens qu'on tourne un bois équarri, il reste en équilibre. Et tout ce qui est décrit dans la construction de cette arche est un signe des réalités de l'Église » (*Cité de Dieu* 15, 26). Quant aux bois imputrescibles, ils évoquent la sainteté et la pérennité : « les bois imputrescibles, ce sont les âmes des saints et des justes », dit encore l'évêque d'Hippone (*Sermon* 264, 5). Selon Grégoire d'Elvire, « l'arche construite de bois imputrescibles désignait la construction de l'Église qui doit toujours demeurer avec le Christ » (*L'Arche de Noé* 5).

Les bois de l'arche devaient de surcroît être enduits de bitume — procédé d'imperméabilisation du bois —, « à l'intérieur comme à l'extérieur » (Genèse 6, 15). Pour Épiphane de Salamine, c'est parce que l'asphalte fait fuir les serpents, symbole du mal (*Panarion* 51, 2, 1). Cela signifie plus profondément, pour Origène, qu'il ne faut pas seulement paraître juste, mais l'être : « L'architecte de l'Église, le Christ, ne veut pas que vous soyez comme ceux qui paraissent justes au-dehors aux yeux des hommes, et qui à l'intérieur sont des sépulcres de morts (cf. Matthieu 23, 27) ; mais il veut que vous soyez saints de corps à l'extérieur et purs de cœur à l'intérieur » (*Sur la Genèse* 2, 4).

Pour Augustin, le bitume est ce qui fait tenir la construction qu'est l'Église : l'amour fraternel. « Les bois de l'arche sont calfatés avec du bitume au-dedans et au-dehors, pour signifier, par l'assemblage des pièces de bois qui ne font plus qu'un, ce que doit supporter la charité : l'union fraternelle ne doit jamais céder devant les scandales qui éprouvent l'Église [= le déluge], qu'ils viennent de l'extérieur ou de l'intérieur, et le lien de la charité ne doit pas être défait. Le bitume est en effet un corps visqueux très chaud et très fort, qui signifie l'ardeur de la charité, qui souffre tout par la vertu de sa force pour maintenir l'union spirituelle » (*Contre Fauste* 12, 14).

4. L'HISTOIRE DE NOÉ DANS L'ICONOGRAPHIE

Sur les murs des catacombes, on rencontre fréquemment des représentations isolées de colombes portant un rameau d'olivier. Dans le monde romain, le feuillage persistant de l'olivier revêtait parfois une signification funéraire, ce qui pourrait avoir contribué au succès de l'image dans le christianisme. La colombe au rameau, qui évoque la sérénité retrouvée des éléments, est l'équivalent des souhaits qu'on lit sur les pierres tombales : « (qu'il repose) dans la paix, *(requiescat) in pace* ». Selon toute probabilité, l'image évoque aussi le baptême, le sacrement d'initiation qui faisait espérer au défunt la vie éternelle. Un texte du milieu du IIIe siècle, c'est-à-dire contemporain de plusieurs de nos peintures, affirme explicitement que la colombe qui vient à Noé dans son arche, préfigure, par le rameau d'olivier qu'elle tient dans le bec, « le sacrement du baptême » (Pseudo-Cyprien, *À Novatien* 3, 3). Selon la formule déjà citée d'Éphrem, elle signifie « la bonne nouvelle du salut ».

Noé figure sur plus de quarante peintures et sur une trentaine de sarcophages, mais il semble n'apparaître que vers la fin du IIIe siècle. Cela pourrait s'expliquer par le fait qu'à la différence de Jonas ou Daniel, il est rarement intégré dans les listes des personnages de l'Ancien Testament sauvés par Dieu de la liturgie et des textes les plus anciens. Dans l'art funéraire, Noé est le plus souvent représenté seul, et, à cause d'un jeu sur le mot *arca,* dans une arche transformée en coffre domestique, muni de serrure, pieds et couvercle. Tantôt le patriarche a les bras levés vers le ciel dans la posture de l'orant, tantôt il tend les mains pour accueillir la colombe porteuse du rameau d'olivier. Le sarcophage de saint Matthias de Trêves, où figurent les huit personnes sauvées dans l'arche et des animaux, est une exception.

Arca pouvait également désigner un sarcophage. On a vu qu'on rencontre occasionnellement une comparaison entre Noé enfermé dans l'arche et le Christ au tombeau. Le défunt pouvait aussi être identifié à Noé : sur une pierre tombale de la catacombe de Callixte, Noé est remplacé par une femme, une dénommée Juliana, d'après l'inscription. La signification de l'image est claire : le coffre est ouvert, la colombe est là, le geste de prière est celui d'une action de grâces pour le salut donné par Dieu. C'est l'annonce que le déluge est fini, c'est-à-dire que le fidèle sort victorieux du jugement et que s'ouvre devant lui le monde nouveau, symbolisé par le rameau de la colombe. Déluge moral du monde présent ou déluge eschatologique du jugement dernier ? L'image est ambiguë sur ce point, autant que les conceptions eschatologiques des anciens.

Eaux destructrices du déluge, eaux de la mort, eaux salvifiques du baptême, toutes ces significations se mêlent. Déjà chez Justin et chez Tertullien et probablement déjà dans la Première Épître de Pierre, les interprétations baptismale, ecclésiale et eschatologique sont toutes présentes et s'enchevêtrent. Aussi est-il vain de vouloir, comme on le fait souvent, limiter la signification de l'image à un unique aspect : rémission des péchés, délivrance, baptême… C'est parce que Noé est un symbole christique qu'il évoque le salut du croyant par le baptême, qui est descente dans les eaux de la mort avec le Christ, et l'entrée du défunt dans le monde nouveau de la résurrection.

CHAPITRE IX

ADAM ET ÈVE

Adam et Ève ne font partie ni des motifs les plus anciens ni des plus répandus de l'art funéraire romain : à Rome, l'image apparaît pour la première fois dans la seconde moitié du IIIe siècle à la catacombe de Pierre et Marcellin. En dehors de Rome, dans le baptistère de Doura Europos, à la catacombe de saint Janvier à Naples ou à Nola, on rencontre la scène quelques années plus tôt. Elle est énigmatique. Non qu'elle soit difficile à déchiffrer ; un homme et une femme, nus à l'exception d'un pagne qu'ils maintiennent le plus souvent d'une main, entourent un arbre, chargé ou non de fruits, dans les branches duquel est accroché ou non un serpent ; ce dernier apparaît parfois au pied de l'arbre, parfois pas du tout.

Si la scène paraît étrange dans les catacombes, c'est qu'elle a pour nous des relents de faute, de punition et de mort. Mais est-on certain que l'image était si négative à l'époque paléochrétienne ? Tous les thèmes bibliques retenus dans l'art funéraire sont des figures de délivrance, c'est-à-dire que, s'ils rappellent des situations d'angoisse mortelle, c'est en fin de compte pour parler du salut. Les représentations d'Adam et Ève seraient-elles l'exception à la règle ? Le fait même que la scène apparaît toujours en compagnie des figures traditionnelles de salut, en particulier du rocher frappé par Moïse et de la résurrection de Lazare, fait plutôt songer qu'on voyait en elle aussi un message de vie.

1. L'HOMME EST FAIT POUR L'IMMORTALITÉ

Dans le célèbre récit de la Genèse, Dieu, après avoir créé l'homme et la femme, les installe dans un jardin paradisiaque, un verger, avec libre disposition de tous ses fruits. Il y a cependant un interdit — on retrouve là le schéma de plus d'un conte —, dont la transgression doit entraîner la mort : « De l'arbre de la connaissance du bien et du mal (ou : du bonheur et du malheur ; littéralement : du bon et du mauvais), tu ne mangeras pas, car le jour où tu en mangeras, tu mourras de mort » (Genèse 2, 17). L'arbre et l'interdiction ont fait l'objet de mainte spéculation, sur lesquelles il n'est pas nécessaire de s'attarder ici. Selon l'interprétation la plus plausible, l'antique récit parle des limites de l'intelligence humaine ; inaccessible à l'homme, la connaissance totale est l'apanage de Dieu : la suite du texte (3, 5) montre en effet que sa possession serait susceptible de faire de l'homme un Dieu.

L'homme avait donc été créé sinon immortel (nos auteurs hésitent sur ce point), du moins capable de vivre éternellement, puisqu'il avait libre accès à l'arbre de vie (2, 9). Comme le dit Théophile d'Antioche au IIe siècle, « par nature, l'homme n'était pas plus mortel qu'immortel. S'il avait été créé dès le principe immortel, il eût été Dieu. D'autre part, s'il avait été créé mortel, il eût semblé que Dieu était la cause de sa mort. Ce n'est donc ni mortel ni immortel qu'il a été créé, mais capable des deux » (*À Autolycos* 2, 27). La mort n'est pas naturelle, elle est le châtiment d'une désobéissance. Certains Pères considèrent même qu'elle est plutôt l'effet de la pitié de Dieu envers l'homme pécheur, « pour que le péché qui était en lui ne fût pas immortel et le mal sans fin et inguérissable » (Irénée, *Contre les hérésies* 3, 23, 6). Comme l'explique Chromace d'Aquilée, « si l'homme, sans être racheté du péché, avait goûté à l'arbre de vie, il aurait certes vécu à jamais, mais pour un châtiment éternel, non pour la gloire. Il importait donc que tous les hommes fussent d'abord condamnés à mourir, pour avoir transgressé le commandement, et par ce moyen fussent rappelés à la grâce » (*Sermon* 38, 2). L'homme donc est renvoyé du jardin d'Éden et éloigné de l'arbre de vie pour n'être pas figé dans un état de péché et d'éloignement de Dieu qui est pire que la mort physique.

La mort est une réalité, non une fatalité : l'homme pouvait se nourrir quotidiennement de l'arbre de vie en étant fidèle au commandement de Dieu, lequel, comme l'explique Tertullien, représentait en abrégé toute la Loi divine (*Contre les Juifs* 2, 2-5) ; c'était le document de l'alliance avec Adam, dont parlent les Pères (Aphraate, *Exposés* 11, 11-12). La faute d'Adam et Ève est la rupture de cette alliance. Enfants désobéissants, ils n'ont pas compris qu'on leur interdisait, dans leur propre intérêt, quelque chose qui n'était pas de leur âge (Théophile, *À Autolycos* 2, 25). « Vous serez comme des dieux », avait susurré le serpent : la faute d'Adam, écrit-on le plus souvent, est l'orgueil. Pour Irénée, l'homme, mal conseillé par le serpent, a pris pour une propriété naturelle l'incorruptibilité dont il jouissait au paradis et s'est cru l'égal de Dieu : « Cet orgueil lui avait masqué l'amour dont il était l'objet de la part de Dieu et avait aveuglé son esprit » (*Contre les hérésies* 3, 20, 1). Lors de la chute, explique souvent Augustin, l'homme se détourne de Dieu pour se tourner vers lui-même, et il découvre alors qu'il n'est rien, car c'est seulement en adhérant à Dieu, qui est l'Être, qu'il peut subsister dans l'être ; s'il se tourne vers les réalités sensibles et transitoires, il se décompose avec elles dans le néant. La faute d'Adam est donc le péché type, que chaque humain reproduit pour son propre compte. Et il y a aussi une certaine solidarité des hommes dans le mal : des auteurs comme Tertullien et Origène avaient bien vu que le péché n'est pas seulement individuel, que celui des pères entraîne celui des enfants. Cela conduit, à la fin du IVe siècle, à poser la question d'une transmission de ce péché. Avec Augustin, dans les premières décennies du ve siècle, on en viendra à parler d'un péché « originel », au sens d'un péché qui serait à l'origine de tous les péchés de l'humanité et se transmettrait par la naissance : des idées qui ont donné lieu par la suite à d'étranges aberrations, et ne font pas l'unanimité dans la tradition chrétienne.

Dans nos images, Adam et Ève près de l'arbre évoquent incontestablement les conséquences de la désobéissance : ils sont nus et se couvrent de feuilles ; or, ce n'est qu'après avoir mangé le fruit interdit qu'ils « connurent qu'ils étaient nus », en conçurent de la honte, et voulurent cacher leur nudité. Mais à date ancienne, le rappel de la faute est essentiellement le pendant de la doctrine de la rédemption. Le Christ, disent de nombreux textes, a guéri « la blessure du vieil Adam » et aboli en sa personne le châtiment qui pesait sur lui, payant ainsi la dette de l'homme envers la mort, selon une métaphore courante chez les auteurs chrétiens de l'Antiquité.

2. LE SALUT D'ADAM ET ÈVE

Dès l'origine, Dieu déjà préparait le remède. « Adam, où es-tu ? » est la première parole qu'il adresse à l'homme après la faute. Cette question, dit Novatien au IIIe siècle, « manifeste l'espérance que l'homme sera retrouvé et sauvé dans le Christ » (*Sur la Trinité* 1, 12). C'est pour poser à l'humanité cette même question que le Fils de Dieu, berger en quête de la brebis perdue, va s'incarner, comme l'explique Irénée : « Dans les derniers temps, le même Verbe de Dieu est venu appeler l'homme, lui rappelant ses œuvres, celles dans lesquelles il vivait lorsqu'il s'était dérobé aux yeux de Dieu. Car de même qu'autrefois Dieu avait parlé à Adam le soir pour le rechercher, de même, dans les derniers temps, par la même Voix, il a visité Adam pour le rechercher » (*Contre les hérésies* 5, 15, 4).

Adam, Ève et le serpent.
(Rome, catacombe des saints Pierre et Marcellin, fresque.)

Adam fait un geste d'acclamation vers l'arbre.
(Rome, catacombe des saints Pierre et Marcellin, fresque.)

On trouve souvent dans le christianisme ancien l'idée que le Fils de Dieu s'est fait homme pour réparer de l'intérieur de l'humanité les dégâts du premier Adam. Déjà dans l'Apocalypse, il triomphe de « l'antique serpent » (20, 3). Paul dessine plusieurs fois un parallèle entre le premier Adam, dont la faute a entraîné la mort des hommes, et Jésus, le second et véritable Adam, qui donne la vie au monde : « Puisque la mort est venue par un homme, c'est par un homme aussi que vient la résurrection des morts. De même que tous meurent en Adam, tous revivront dans le Christ (*Première Épître aux Corinthiens* 15, 21-22).

Irénée multiplie ces corrélations, qui ne cessent par la suite de nourrir les commentaires sur la rédemption. Citons un exemple parmi cent : « Parce que dans le premier homme, Adam, nous avions tous été enchaînés à la mort par le fait de la désobéissance, il fallait que, par l'obéissance de Celui qui se ferait homme pour nous, nous fussions affranchis de la mort. Parce que la mort avait régné sur la chair, il fallait que, détruite par le moyen de la chair, elle laissât échapper l'homme à son oppression. Le Verbe se fit donc chair, afin que, détruit par cette chair même par laquelle il avait dominé, le péché ne fût plus en nous. Et c'est pourquoi le Seigneur reçut une chair formée de la même manière que celle du premier homme, afin de combattre pour ses pères, et de vaincre en Adam celui qui nous avait vaincus en Adam » (Irénée, *Démonstration* 31). À Ève, vierge désobéissante qui écoute les propos du serpent, figure de l'ange du mal, répond en symétrie la Vierge Marie, qui « devint en obéissant cause de salut pour elle-même et pour le genre humain » en accueillant lors de l'Annonciation la parole de l'ange ; ce que la vierge Ève avait lié par son incrédulité, la Vierge Marie l'a délié par sa foi » (*Contre les hérésies* 3, 22, 4).

Il apparaît donc qu'aux yeux d'un chrétien, Adam et Ève sont d'ores et déjà sauvés ; selon Augustin, presque toute l'Église s'accorde à le dire. Le thème du salut des premiers parents était en particulier lié à la descente aux enfers. La Première Épître de Pierre parle d'une prédication du Christ chez les morts ; un apocryphe ancien dit que le Christ y baptise Adam ; dans l'*Évangile de Nicodème,* il marque Adam du signe de la croix et le tire par la main vers le paradis, ce qui a fortement influencé l'art médiéval : songeons aux mosaïques de Saint-Marc de Venise ou aux icônes byzantines de la Résurrection. Le Christ, dit Hippolyte, est « celui qui a tiré de l'Hadès très profond le premier homme formé à partir de la terre, perdu et prisonnier des liens de la mort ; celui qui est descendu d'en haut et a fait monter en haut celui qui était en bas, celui qui est devenu l'évangéliste des morts, le rédempteur des âmes et la résurrection des ensevelis » (*Sur la Grande Ode* 1).

Car le salut offert à Adam l'est également à tout croyant depuis la résurrection du Christ, qui, est-il dit dans un sermon de Chromace d'Aquilée, est la clé du ciel : « C'est pour nous ouvrir la porte du ciel par son Ascension qu'il est ressuscité dans son corps et monté aux cieux avec son corps ; et cette porte, jusqu'au moment de la résurrection demeurait fermée et verrouillée pour lui. Le chemin est ouvert par la résurrection du Christ » (*Sermon* 1, 5-6). Et, par le baptême, l'homme peut réintégrer le paradis : « Quand tu renonces à Satan, dit Cyrille de Jérusalem aux néophytes, en foulant aux pieds toute alliance avec lui, tu brises les vieux pactes avec l'enfer, et à toi s'ouvre le paradis de Dieu, qu'il planta vers l'orient et d'où, à cause de sa désobéissance, fut exilé notre premier père » (*Catéchèses mystagogiques* 1, 9).

Le retour au paradis commence dès l'instant du baptême, car le paradis du Christ est l'Église, jardin arrosé des quatre fleuves des Évangiles (Hippolyte, *Sur Daniel* 1, 17), où l'homme retrouve la familiarité divine et s'abreuve à la source de vie. Plantée dans l'Église, l'âme des croyants devient elle-même paradis : « Ils deviennent un jardin de délices ; un arbre chargé de fruits, à la sève vigoureuse, grandit en eux, et ils sont ornés des plus riches fruits. C'est là le terrain où ont été plantés l'arbre de la science et l'arbre de la vie » (*Épître à Diognète* 12, 1-2). Déchoir de son baptême et revenir à sa vie ancienne, c'est inversement comme une expulsion du paradis, comme l'expriment les *Catéchèses* de Théodore de Mopsueste (1, 6). De même Barsabée de Jérusalem s'écriait : « Ne tombez pas du paradis qui est l'Église de Dieu » (*Discours* 6). Mais l'entrée plénière et définitive dans le paradis de Dieu est réservée à l'au-delà, d'où cette prière de Macrine à l'heure de la mort : « Toi qui as brisé la flamme de l'épée de feu et rendu au paradis l'homme crucifié avec toi qui s'était confié à ta miséricorde, souviens-toi de moi dans ton royaume » (Grégorie de Nysse, *Vie de Macrine* 24, 29).

3. L'ARBRE

Adam et Ève entourent l'arbre du paradis dans nos images. D'après les anciennes traductions latines, après la faute, ils se sont cachés « sous l'arbre » (Genèse 3, 8). Piètre cachette, dira-t-on ! Et de quel arbre s'agit-il ? La plupart des auteurs ne le précisent pas. Didyme pense que c'est l'arbre de la connaissance (*Sur la Genèse* 3, 6-8), et Jérôme tranche tantôt en faveur de l'arbre de vie (*Épître* 121, 8), tantôt de l'arbre de la connaissance (*Sur Isaïe* 9, 29, 15-16). Cette hésitation est révélatrice de la tendance des anciens à confondre les deux arbres, qui s'explique d'ailleurs par les ambiguïtés du texte biblique lui-même : « Il y avait l'arbre *de vie* au milieu du jardin », est-il écrit ; or, le texte ajoute plus loin qu'il est interdit de manger « du fruit de l'arbre qui est au milieu du jardin » (Genèse 2, 9 ; 3, 3). Autrement dit, et Grégoire de Nysse déjà l'avait remarqué, les deux arbres sont au centre du jardin (*Sur le Cantique* 12), car la connaissance est pour l'homme une réalité aussi fondamentale que la vie.

Dans le judaïsme, la tendance à l'assimilation des deux arbres était renforcée par le fait que la sagesse est appelée « un arbre de vie pour qui la saisit » (Proverbes 3, 18). Or, en Israël, toute sagesse est contenue dans la Loi de Dieu, dont l'enseignement fonde toute connaissance véritable, comme l'exprime avec force le livre du Deutéronome (4, 6-8). Aussi un « targum » de Genèse 3, 24 dit-il que « la Loi est un arbre de vie pour tout homme qui l'étudie et observe ses préceptes ». Vie et connaissance sont intimement mêlées. On trouve des échos de ces conceptions dans le christianisme. Pour Hermas, à la fin du Ier siècle, la Loi est un grand arbre, « et cette Loi, c'est le Fils de Dieu » (*Le Pasteur* 69, 2) ; Barsabée dit que les fruits de l'arbre de vie sont les paroles des Écritures (*Discours* 3). La parole de Dieu, dit encore Éphrem, « est un arbre de vie qui de toutes parts te tend ses fruits bénis » (*Sur le Diatessaron* 1, 18). Aussi voit-on dans le christianisme ancien le Christ, Verbe de Dieu, identifié à l'arbre de vie. Jésus, dit Justin, « a eu pour symbole l'arbre de vie du paradis (*Dialogue* 86, 1). « Le Sauveur, est-il écrit dans une homélie attribuée à Éphrem, est comme un arbre planté au milieu du monde » (*Hymne sur la Nativité* 6).

Pour Hippolyte (*Sur Daniel* 1, 17), Origène ou l'Ambrosiaster (*Questions* 106, 19), les deux arbres représentent la parole de Dieu, mais ils distinguent l'arbre de la connaissance, symbole de la Loi, et l'arbre de vie, figure du Logos de Dieu. Manger indûment de l'arbre de la connaissance, c'est pour Origène prendre l'Ancien Testament à la lettre, et c'est cela qui est mortel, car « la lettre tue et l'esprit vivifie » (*Sur l'Épître aux Romains* 6, 11). Mais l'arbre de la connaissance est bon en soi, comme le rappelle l'auteur de l'*Épître à Diognète* : « Ce n'est pas l'arbre de la science qui tue, c'est la désobéissance qui tue », et Dieu, en plaçant cet arbre au milieu du jardin, « nous a montré dans la science l'accès à la vie [...]. Car il n'y a pas de vie sans la science, ni de science sûre sans la véritable vie : c'est pourquoi les deux arbres ont été plantés l'un près de l'autre » (12, 2-4). Dans une lettre d'Ambroise à Irénée, évêque de Sirmium, l'assimilation des deux arbres est manifeste, puisqu'elle invite à « monter sur la montagne céleste des Écritures pour y couper le bois de l'arbre de la sagesse, de l'arbre de vie, de l'arbre de la connaissance » (*Épître* 12, 8).

Un autre thème, ancien et très répandu, contribue à la confusion des deux arbres : la représentation de la croix comme arbre de vie. L'idée est pour le moins paradoxale, la croix étant par excellence le bois (ou arbre : *lignum*) de mort. Certes, comme le dit Clément d'Alexandrie, c'est « le Verbe qui a fleuri et porté du fruit, et qui, devenu chair, a vivifié ceux qui ont goûté à sa bonté », mais comme « ce n'est pas sans l'arbre qu'il est venu se faire connaître à nous et que "notre vie y a été suspendue" (Deutéronome 21, 23) pour notre foi » (*Stromates* 5, 72), un glissement s'est opéré du Christ arbre de vie à la croix arbre de vie.

Selon Cyrille de Jérusalem, la croix est « l'arbre de Jésus » (*Catéchèses* 13, 2), « l'arbre de vie planté en terre pour que la terre jadis maudite jouisse de la bénédiction et que les morts soient délivrés » (13, 55). Cet arbre, est-il dit dans une *Homélie pascale* attribuée à Hippolyte, « est une plante de salut éternel ; de lui je me nourris et de lui je me repais [...]. Je jouis librement de ses fruits qui m'étaient dès l'origine réservés » (§ 51). « La croix du Christ, déclare encore Ambroise, nous a rendu le paradis ; c'est elle, l'arbre que le Seigneur a montré à Adam en lui disant qu'il lui fallait manger de l'arbre de vie qui était au milieu du paradis et non de l'arbre de la connaissance du bien et du mal » (*Sur le psaume* 35, 3).

La relation entre Adam et le Christ, Ève et Marie dont il a déjà été question se prolonge, dès Irénée, en un parallèle antithétique entre l'arbre de l'Éden et la croix : « La transgression qui s'était perpétrée par le moyen du bois fut détruite par l'obéissance accomplie par le moyen du bois, cette obéissance par laquelle le Fils de l'homme a obéi à Dieu lorsqu'il fut cloué au bois, abolissant par là la science du mal et procurant la science du bien : car le mal, c'est de désobéir à Dieu, et obéir à Dieu était le bien » (*Démonstration* 33). Dans le Christ, « Adam jadis vaincu par le bois est aujourd'hui vainqueur par le bois », dit Hippolyte (*Sur la Grande Ode* 1). Selon Jean Chrysostome, « le bois de l'arbre a jeté les hommes dans l'abîme, le bois de la croix les en a retirés » (*Sur les cimetières* 2). « Parce qu'à cause de l'arbre du paradis le genre humain était tombé dans les enfers, lit-on dans Éphrem, c'est par l'arbre de la croix qu'il est passé dans la demeure de la vie » (*Sermon sur Notre Seigneur* 4). Adam, dira encore Césaire d'Arles au VIe siècle, a montré l'arbre de la mort, et Jésus l'arbre de la vie (*Sermon* 112, 1).

À Adam qui tend la main vers l'arbre, répond Jésus qui, sur l'arbre de la mort a « étendu les mains », selon un euphémisme antique désignant le supplice de la crucifixion. Ainsi dans une *Homélie pascale* d'Hésychius de Jérusalem : « Adam, pour avoir étendu les mains, a attiré sur nous la mort, tandis que notre Maître, par l'extension de ses mains, a tout sauvé » (1, 3). L'image était déjà dans l'homélie *Sur la Pâque* attribuée à Hippolyte : « À la place du bois, il a planté le bois ; à la place de la main perverse qui s'était tendue autrefois dans un geste d'impiété, il a cloué sa propre main immaculée dans un geste de piété ; il a montré dans sa personne toute la vraie vie pendue au bois » (§ 50). Chez les Latins, Augustin connaît encore le thème (*Sur la Genèse contre les manichéens* 2, 22, 34), et de même, dans le domaine syriaque, Éphrem, qui écrit : « Les mains que l'homme avait étendues vers l'arbre de la science, en transgressant le commandement, étaient indignes d'être étendues vers l'arbre de vie pour recevoir les dons de Dieu qu'elles avaient méprisés ; aussi notre Seigneur prit-il ces mêmes mains et les attacha-t-il à la croix, afin qu'elles tuent leur meurtrier et parviennent à sa vie bien-aimée : “Tu seras avec moi dans le jardin de délices” » (*Sur le Diatessaron* 20, 24).

L'assimilation de la croix à l'arbre de vie est évidente chez les auteurs qui parlent des fruits de l'arbre de la croix. « Celui qui croit au Christ, dit Commodien, poète de la fin du IIIe siècle, mange de l'arbre de vie où fut pendu le Seigneur » (*Carmen Apologeticum* 333) ; « sur le bois fut suspendue la vie portant les fruits que sont les préceptes ; cueillez-y maintenant les fruits de la vie, ô croyants » (*Instructions* 1, 35, 9-10). Adam avait prématurément tendu la main vers les fruits de l'arbre de la connaissance, et il est mort ; mais désormais, le temps est venu, l'homme doit tendre la main vers le fruit de l'arbre de vie : « ces fruits m'étaient depuis toujours réservés », avons-nous lu chez Hippolyte. « Étends tes bras vers la croix, dit Éphrem, pour que le Seigneur crucifié étende son bras vers toi ; car celui qui n'étend pas la main vers sa croix ne peut pas non plus l'approcher de sa table », c'est-à-dire de l'autel et du pain sacramentel (*Sur le Diatessaron* 20, 23).

Si chez Commodien le fruit est encore la doctrine, chez Origène, il peut aussi désigner l'eucharistie (*Sur la prière* 27). Il en va de même chez l'Ambrosiaster, qui écrit : « L'arbre de vie qui était placé dans le paradis était l'image de la grâce future de Dieu, c'est-à-dire du corps du Seigneur, qui donne la vie éternelle à qui le mange » (*Questions* 109, 26). « Son corps remplace les fruits de l'arbre », dit Éphrem ; « ce que nous mangeons, c'est la vie qui est dans le Christ » (*Diatessaron* 21, 25). Ainsi, il faut aujourd'hui que le croyant tende la main vers l'arbre, pour être nourri de l'Écriture et des sacrements. En effet, comme le déclare Commodien, « la mort était cachée dans le bois, et la vie était cachée dans le bois » (*Carmen Apologeticum* 329).

4. LE SERPENT DANS L'ARBRE

Si l'arbre qu'entourent Adam et Ève est l'arbre de vie, que fait donc là le serpent, souvent enroulé au tronc ou suspendu aux branches ? Nous sommes habitués à voir en lui la figure de Satan, qui a persuadé la désobéissance au premier couple. Mais le serpent, qui inflige la mort, et évoque aussi l'immortalité par la mue qui lui rend la jeunesse, est un symbole ambivalent, comme le rappellent à l'occasion Origène et Augustin. Très souvent, on rapproche du serpent d'Éden un autre serpent qui a joué une rôle positif : le serpent de bronze, que sur l'ordre de Dieu Moïse attacha à un bois dressé, pour guérir les fils d'Israël des morsures des serpents venimeux qui les attaquaient dans le désert : « Quiconque aura été mordu et le regardera, restera en vie », avait dit le Seigneur (Nombres 21, 4-9). Philon, Barnabé, Justin, Barsabée associent les deux serpents, et c'est encore le cas, aux IVe-Ve siècles, pour Éphrem, Augustin ou Maxime de Turin. Or, ce passage du livre des Nombres est invariablement rapporté à la crucifixion. La figure apparaît dès l'Évangile de Jean : « Comme Moïse éleva le serpent dans le désert, ainsi faut-il que soit élevé le Fils de l'homme, afin que quiconque croit ait par lui la vie éternelle » (3, 14) ; et, dans la théologie johannique, l'élévation signifie à la fois la crucifixion et l'exaltation dans la gloire.

L'épisode est fréquemment rappelé par les auteurs anciens. Certains éprouvent le besoin de préciser qu'il n'enseigne pas à mettre sa foi dans le serpent que Dieu a maudit dès l'origine, car des gnostiques comme les ophites vouaient un culte au serpent d'Éden, en qui ils voyaient le bienfaiteur qui avait donné à l'homme la connaissance (Pseudo-Tertullien, *Contre les hérésies* 2, 1). Non, dit Justin, ce serpent était seulement un signe préfigurant la croix (*Dialogue* 91, 4). Il annonçait le Sauveur qui guérirait l'homme de « l'antique blessure du serpent », selon l'expression d'Irénée (*Contre les hérésies* 4, 2, 7). Ainsi, le serpent attaché au bois évoque globalement la crucifixion. « Dans le serpent de bronze a été figuré mon serpent, le bon serpent ; un bon serpent qui, de sa bouche, répandait des remèdes au lieu de venin » : en lisant ces lignes d'Ambroise (*Sur le psaume* 118, 6, 15), on songe aux quelques représentations où le serpent tient dans sa gueule le fruit qu'il tend aux premiers parents. Toutefois, en dépit de l'autorité de l'Évangile de Jean, les Pères ont le plus souvent répugné à faire du serpent une figure du Christ.

Dans le serpent de bronze, on reconnaissait plutôt le diable, comme l'explique Tertullien : « La croix du Seigneur devait nous délivrer des serpents, c'est-à-dire des anges du diable, en suspendant sur elle le diable, c'est-à-dire le serpent tué » (*Sur l'idolâtrie* 5, 4). En effet, « à la croix du Seigneur a été pendu et cloué le diable. Car le Seigneur a été crucifié, mais c'est le diable qui est mort » (Jérôme, *Sur le psaume* 105, 7). C'est cela qui avait guéri les Hébreux au désert, dit Grégoire de Nazianze : « Ils regardaient le serpent suspendu et abattu par la Passion du Christ » (*Discours* 4, 65). Le serpent de bronze apparaît donc comme une sorte de trophée, auquel, selon la coutume antique, sont suspendues les dépouilles de l'ennemi (Jérôme, *Épître* 78, 37).

Figure du diable, le serpent fixé au bois représente aussi la mort : « Le Christ est venu pour la vie de l'homme et a tué le serpent, c'est-à-dire la mort. Et il lui a cloué la tête sur le bois de la croix » (Barsabée, *Discours* 9). « Le serpent du désert, dit Augustin, représente la mort causée par le serpent du paradis, selon la figure de rhétorique qui désigne l'effet par la cause » (*La Trinité* 3, 10, 20). « Par sa mort il a tué la mort » : cette expression, qui a probablement une origine liturgique, résume pour l'évêque d'Hippone l'épisode de Nombres 21, 6-9 (*Sur l'Épître aux Galates* 22). Il est probable que le serpent suspendu à l'arbre d'Adam et Ève évoquait dans les esprits le serpent de bronze, ce qui pourrait expliquer que ce dernier motif, bien que courant dans la littérature, est absent de l'art funéraire antique, alors qu'il était suggestif et très facile à représenter.

À la lumière des textes que nous avons cités, l'image d'Adam et Ève nous apparaît sous un jour nouveau. L'arbre au serpent signifie la mort, mais il évoque aussi l'arbre de la croix et l'arbre de vie ; cela pourrait expliquer qu'il est dans certains cas chargé de fruits, à moins que le modèle iconographique de l'arbre aux pommes d'or gardées par le dragon dans le jardin des Hespérides n'ait exercé ici une influence. Dans plusieurs images du IVe siècle, Adam et Ève font un geste d'acclamation en regardant l'arbre : « Ô bois trois fois béni qui transporte nos âmes au ciel », disait Hésychius (*Homélie pascale* 1, 4). Le geste d'Adam et Ève vers l'arbre n'est pas le geste du péché de Genèse 3, 6 — le péché est passé, déjà ils sont nus —, mais il exprime l'espérance de la vie bienheureuse : par la grâce de Dieu accordée dans le Christ, l'homme a de nouveau accès à l'arbre de la vie. Dans quelques-unes de nos images funéraires, la main tendue vers le fruit rappelle peut-être la promesse de l'Apocalypse : « Au vainqueur, je donnerai à manger du fruit de l'arbre de vie qui est dans le paradis de Dieu » (2, 7), au cœur de la Jérusalem céleste (22, 2). La nudité même d'Adam et Ève n'est plus une nudité honteuse : Ambroise va jusqu'à voir dans le pagne dont ils avaient couvert leur honte une prophétie de la résurrection (*Sur le psaume* 1, 43). Adam et Ève entourant l'arbre au serpent évoquent la défaite définitive de Satan.

La figure d'Adam et Ève, comme toutes les images fondamentales de l'art funéraire dont nous avons traité, parlait de mort et de résurrection. « Dieu, dit Irénée de Lyon, a permis que, dès le commencement, l'homme fût englouti par le grand monstre, auteur de la transgression, non pour qu'il disparût et pérît totalement, mais parce qu'il préparait à l'avance l'acquisition du salut qu'a effectuée le Verbe, par le moyen du "signe de Jonas" » (*Contre les hérésies* 3, 20, 1) : à l'image de Jonas avalé par le monstre marin, se superpose celle d'Adam, « dévoré » par le serpent du jardin d'Éden, mais comme lui sauvé par le Christ.

CHAPITRE X

LOT ET SA FEMME

L'histoire de Lot est de celles qui faisait jadis interdire la lecture de la Bible aux jeunes filles. Rappelons les faits. Dieu a entendu les plaintes des hommes contre les fautes de Sodome et Gomorrhe, et décide d'infliger à la région le châtiment mérité. Par sa prière, Abraham obtient que Dieu ne fasse pas périr Sodome tout entière, pour peu qu'il y trouve dix justes. C'est donc à la recherche de ces justes que Dieu envoie deux anges à Sodome. Mais c'est « tout le peuple sans exception » qui s'attaque à eux et cherche à abuser d'eux ; Lot s'avère être l'unique juste de la ville. Aussi est-ce seulement Lot et sa famille que les anges font sortir de la ville, avant que la pluie de soufre et de feu ne s'abatte sur toute la plaine, en lui donnant cet avertissement : « Va, sauve ton âme. Ne regarde pas en arrière et ne t'arrête pas dans tout le pays avoisinant ; sauve-toi dans la montagne de peur d'être pris, toi aussi » (19, 17). On connaît la suite, qui n'est pas sans analogie avec le mythe d'Orphée et Eurydice : bravant l'interdit, « sa femme regarda en arrière et elle devint une stèle de sel » (19, 26). Le père et ses filles sont sauvés et se réfugient sur la montagne dans une caverne. Jusque-là, rien que de très moral et d'édifiant : la vertu et l'obéissance sont récompensées et les méchants punis. Mais c'est ici qu'intervient l'épisode scabreux. Après la destruction du monde, Lot est le seul survivant de Sodome : pas d'autre solution pour lui que de coucher avec ses filles pour perpétuer l'humanité.

Ce récit, qui intègre probablement quelque mythe très archaïque de création, était évidemment gênant quand on partait de l'idée que toute la Bible devait enseigner la morale. Mais Augustin répondra au manichéen Faustus, qui ironisait sur ce point, en donnant une interprétation allégorique de l'affaire, et en déclarant que ce sont les mérites de Lot, non ses péchés, que l'Écriture propose à notre imitation (*Contre Fauste* 22, 60). La peu édifiante histoire de la caverne n'a pas empêché le récit de Genèse 19 d'avoir grand succès dans l'Église ancienne : en Lot, le juste échappant à Sodome, on voyait une figure du salut accordé par le Christ, et l'épisode renfermait des traits qui s'adaptaient à merveille à la catéchèse baptismale.

1. LOT FUYANT SODOME, FIGURE DU SALUT

Lot, figure du salut aujourd'hui dans l'Église

Le lecteur de Genèse 19 ne manque pas d'être frappé par le fait que Lot quitte Sodome à son corps défendant, littéralement entraîné par l'ange, et qu'il n'est nullement pressé de profiter de la grâce divine. Pourtant, l'Orient byzantin a vénéré Lot comme un saint, dont le nom figure dans plusieurs calendriers liturgiques. Cette tradition exaltant Lot remonte à l'Écriture elle-même : le livre de la Sagesse (10, 6-7) affirme que la Sagesse de Dieu « alors que les impies périssaient, délivra *le juste* fuyant devant le feu qui s'abattait sur les cinq villes ». Les anciens évoquent souvent les vertus de ce juste. Dans la ligne de l'Épître aux Hébreux (13, 2), l'hospitalité de Lot est mise en tête de ses mérites. Pour être libéré de Sodome, il faut avoir comme lui la porte toujours ouverte, dit Paulin de Nole (*Poèmes* 27, 613). Sa volonté de défendre à tout prix ses hôtes contre l'agression

Lot et sa femme quittent Sodome.
(Rome, catacombe de Saint-Sébastien, sarcophage de Lot.)

des Sodomites montre qu'il pousse l'hospitalité jusqu'à l'héroïsme. On est généralement plus discret sur le fait qu'il leur livre ses filles pour préserver ses hôtes, mais certains n'hésitent pas à y voir la preuve de l'héroïcité de ses vertus. Pourtant, la malheureuse affaire de la caverne a indiscutablement entaché sa réputation. On considère qu'il est loin d'égaler en sainteté son oncle Abraham, et qu'il représente le progressant et non l'homme parfait (*Sur la Genèse* 5, 1). Lot n'était donc pas en toutes choses un modèle de sainteté, mais il demeurait cependant une figure exemplaire de l'homme sauvé, car il a échappé à Sodome.

Sodome et Gomorrhe sont dans la tradition biblique le type même de la ville pécheresse. Fuir Sodome, c'est donc fuir le péché. La métaphore s'applique d'une part au retournement initial aboutissant au baptême, d'autre part à la conversion continuelle qui est le lot du chrétien. Le symbolisme est constant dans nos textes. « Tu es sorti de Sodome », dit Léonce de Byzance dans une homélie adressée aux nouveaux baptisés (*Homélies* 1, 7, 8) ; et Origène : « Tu as laissé Sodome, ne te retourne pas vers Sodome ; tu as laissé le mal et le péché, ne retourne pas à eux » (*Sur Jérémie* 13, 3). Les flammes de Sodome prennent parfois valeur allégorique : elles représentent tantôt les tentations, tantôt la concupiscence charnelle. Dans le courant ascétique, fuir Sodome, c'est fuir le monde et ses convoitises pour rechercher la vie parfaite dans le monachisme.

Lot, figure du salut eschatologique

Incendie spectaculaire de toute une ville, l'embrasement de Sodome est l'image du Jugement dernier, qui est feu, et ce déjà dans le Nouveau Testament. Le châtiment de la ville est « le modèle du jugement futur » (Augustin, *Cité de Dieu* 16, 30), où les impies seront punis et les justes sauvés. Comme le dit Clément d'Alexandrie : « Le malheur arrivé aux Sodomites est un jugement pour ceux qui ont péché, mais une leçon pour ceux qui sont attentifs » (*Pédagogue* 8, 44, 3). Si l'incendie de Sodome évoque le jugement, échapper à Sodome en flammes est une figure du salut eschatologique, comme on le voit dans un sermon de Quodvultdeus : « Délivré des périls de la cité, Lot a tout à la fois échappé à l'incendie temporel et obtenu la récompense éternelle » (*Contre cinq hérésies* 4, 7). Lot, écrit Isidore de Séville, « était le type des saints qui, à la fin du monde, seront délivrés du feu réservé aux impies » (*Allégories* 31). Il n'est donc pas étonnant que le registre inférieur d'un sarcophage de la catacombe de Saint-Sébastien soit consacré à un cycle de Lot.

Parce qu'il a été délivré de Sodome, Lot entre dans les listes récapitulatives des patriarches sauvés par le Christ et figure aussi dans des prières, probablement inspirées par la liturgie, comme celle-ci : « Sauve-moi, Seigneur, toi qui sauvas Lot du feu sauvage, toi qui sauvas Abraham des cinq rois, toi qui sauvas Isaac du combat des bergers… » (*Homélie anoméenne* 2, 5).

Le salut sur la montagne

« Sauve-toi à la montagne », ont ordonné les anges à Lot (19, 17). Il obéit en deux temps : il cherche d'abord refuge à Ségor, une ville de la plaine, puis, après la destruction de toute la contrée, s'en va dans la montagne. La tradition catéchétique a simplifié le texte biblique, soit en transférant Ségor sur la montagne, comme Ambroise, qui affirme que Lot « s'est rendu à la montagne de Ségor et y fut sauvé » (*Sur la fuite du monde* 5, 31), soit en omettant franchement l'étape intermédiaire de Ségor : « Lot ne fut-il pas sauvé pour avoir gagné la montagne ? », demande Cyrille de Jérusalem (*Catéchèses mystagogiques* 1, 8). La symbolique de la montagne, lieu de la rencontre avec Dieu dans la Bible, a entraîné une antithèse qui ne retient plus que deux pôles : la plaine de Sodome, vers laquelle se retourne la femme de Lot pour sa perte, et la montagne du salut où se dirige Lot pour y être sauvé.

Dans la tradition spirituelle, on prend soin au contraire de marquer les différentes phases du voyage de Lot. Pour Origène, Lot « n'était pas parfait au point de pouvoir monter sur la montagne immédiatement au sortir de Sodome » ; « sachant qu'il n'était pas de force à gravir la montagne, il s'excuse respectueusement et humblement en disant : "Je ne peux pas être sauvé à la montagne, mais il y a là une toute petite cité..." » (*Sur la Genèse* 5, 1-2). On ne parvient pas au sommet de la vertu du jour au lendemain, dit Cyrille d'Alexandrie ; en quittant Ségor pour se rendre sur la montagne, Lot manifeste ses progrès dans la vie spirituelle (*De adoratione* 1). Dans la littérature monastique, Lot devient le modèle de ceux qui se retirent du monde à la recherche d'une vie plus haute : « Sauve ta vie sur la montagne » devient le mot d'ordre du moine (Hilaire d'Arles, *Vie de saint Honorat* 7).

Fuir à la montagne, c'est choisir le Christ. « Si tu ne veux pas être emporté avec les Sodomites, écrit Origène, ne te tourne jamais vers ce qui est en arrière, ne t'arrête pas dans les alentours de Sodome, et ne va nulle part ailleurs qu'à la montagne, car c'est là seulement qu'on peut être sauvé. Et la montagne, c'est le Seigneur Jésus » (*Sur Jérémie* 13, 3). Aux catéchumènes, Cyrille de Jérusalem conseille : « Fuis sur la montagne, près de Jésus-Christ, la pierre taillée sans mains qui a rempli l'univers » (1, 8). La montagne étant le Christ, la caverne, refuge des saints qui veulent échapper au jugement de Dieu, est le symbole de l'Église (Cyrille d'Alexandrie, *De adoratione* 1). Comme l'explique un commentateur syriaque tardif, la montagne symbolise aussi le paradis : « Sodome, sise dans la vallée, est porteuse du symbole de la géhenne qui se trouve dans les profondeurs, mais la terre promise située sur la hauteur figure le royaume des cieux » (Isodad de Merv, *Sur la Genèse* 19, 22).

C'est au soleil levant que Lot pénètre dans Ségor. Les Pères n'ont pas manqué d'opposer la nuit du péché de Sodome au jour qui marque le salut du juste. « Le Soleil de justice naît pour ceux qui le craignent », dit Jérôme ; « quand Lot sortit de Sodome et arriva à la cité vers laquelle il lui avait été ordonné de se hâter, il monta sur la montagne, et le soleil se leva sur Ségor » (*Sur l'Ecclésiaste* 1, 5). À propos de l'arrivée des anges chez Lot au soleil couchant, Ambroise relate une interprétation ancienne qui faisait de toute la péricope de Genèse 19 une parabole du salut apporté par le Christ : « On peut rapporter au temps de la Passion du Seigneur leur arrivée au soir chez celui qui devait être sauvé des souillures de Sodome et de la destruction de la ville entière. Avant la venue du Christ, c'était le soir, parce que le monde entier était dans les ténèbres. C'était le soir pour tous ceux qu'accablait la salissure ténébreuse d'immondes péchés. Le Seigneur Jésus est venu, il a racheté le monde par son sang, il a apporté la lumière » (*Sur Abraham* 1, 6, 50). Lot et les siens sont la figure des chrétiens arrachés aux ténèbres de Sodome et amenés à la lumière du Christ.

2. GENÈSE 19 ET LA CATÉCHÈSE PRIMITIVE

L'exemple de Lot dans un contexte baptismal

La similitude des thèmes mis en œuvre dans Genèse 19 et dans l'histoire de Noé a entraîné dès avant le christianisme un parallèle entre le déluge d'eau de Genèse 6 et le déluge de feu de Genèse 19. Lot et Noé sont fréquemment unis dans nos textes : l'un et l'autre sont le type du juste qui échappe au châtiment des pécheurs.

La péricope de Lot est souvent rapprochée par les Pères du passage de la mer Rouge. Sortir d'Égypte, fuir Sodome, c'est tout un. Comme le dit Origène : « L'épouse de Lot est le peuple qui est sorti d'Égypte, qui a traversé la mer Rouge et qui a échappé aux poursuites de Pharaon comme si c'étaient les incendies de Sodome ; mais regrettant les viandes, les aux, les oignons et les concombres d'Égypte, il regarda en arrière et tomba dans le désert, devenant lui aussi un mémorial de convoitise en plein désert » (*Sur la Genèse* 5, 5). Or, le passage de la mer Rouge était la figure baptismale par excellence.

De fait, la double figure de Lot et de sa femme a été utilisée dans la catéchèse baptismale, où elle fournit un enseignement sur la conversion : la Sodome que quitte Lot, mais vers laquelle se retourne sa femme, est « la vie passée », celle d'avant le baptême. « Qui a reçu la parole de l'Évangile et a vu le salut ne doit plus, du moment qu'il l'a connu, se retourner en arrière comme la femme de Lot, vers la vie d'auparavant tout entière tournée vers les choses sensibles », écrit Clément d'Alexandrie (*Stromates* 7, 96, 4). Augustin parle de « la Sodome de notre vie passée » (*Sur le psaume* 83, 3). Dans la *Cité de Dieu,* Lot et sa femme représentent les baptisés, qui ne doivent pas revenir vers « l'ancienne vie dont on se dépouille en étant régénéré par la grâce » (16, 30).

Une exhortation baptismale, dont la trame est fixée dès la première moitié du IIIe siècle, exploitait le thème du regard en arrière, qui a perdu la femme de Lot ; ce comportement funeste était opposé à celui que préconise Paul dans l'Épître aux Philippiens : « Oubliant le chemin parcouru, je vais droit de l'avant, tendu de tout mon être, et je cours vers le but » (3, 13). Lisons l'exhortation dans la forme que lui a donnée Cyprien : « Que chacun, reconnaissant ses fautes, se dépouille maintenant du genre de vie du vieil homme. “Quiconque regarde derrière soi après avoir mis la main à la charrue n'est pas fait pour le royaume de Dieu” (Luc 9, 62). La femme de Lot, qui après avoir été délivrée, a regardé en arrière en contrevenant au précepte, a perdu le bénéfice de cette délivrance. Tournons notre attention non vers ce qui est derrière, où le diable nous rappelle, mais vers ce qui est devant, où le Christ nous appelle » (*Épître* 11, 7, 2). On retrouverait des admonitions analogues chez Origène, Jérôme, Ambroise et Augustin.

Genèse 19 et les rites du baptême

Le récit de la sortie de Sodome renferme deux détails, le retournement et le sel, qui permettaient un rapprochement avec certains rites baptismaux : le demi-tour liturgique attesté dans plusieurs Églises lors des rites de renonciation à Satan, et l'imposition du sel. À Jérusalem ce demi-tour symbolique, de l'Occident vers l'Orient, est référé à l'histoire de la femme de Lot et ainsi commenté : « L'Occident est le lieu des ténèbres visibles ; or, celui dont nous parlons [Satan] est ténèbres, et il exerce sa puissance dans les ténèbres : c'est pourquoi vous regardez symboliquement vers l'Occident en renonçant à ce prince ténébreux et sombre » (Cyrille de Jérusalem, *Catéchèses mystagogiques* 1, 4) ; « quand donc tu renonces à Satan, à toi s'ouvre le paradis de Dieu, qu'il planta vers l'Orient [...]. En symbole de quoi tu t'es tourné de l'Occident vers l'Orient, région de la lumière » (1, 9). À Milan, où la coutume est également attestée, Ambroise dit : « Tu te tournes vers l'Orient, car celui qui renonce au diable se tourne vers le Christ » (*Des mystères* 7). Il oppose la femme de Lot, qui se retourne vers le prince de ce monde et ses alliés, à celui qui suit le Christ, sans un regard en arrière (*Sur le psaume* 43, 33-34) : « Pour avoir regardé en arrière, elle a perdu le privilège de sa nature ; car *derrière est Satan,* derrière est Sodome » (*Sur l'Évangile de Luc* 8, 45).

Le rapprochement entre le sel baptismal et la colonne de sel en laquelle est changée la femme de Lot peut paraître étrange, puisqu'en Genèse 19 cette métamorphose est un châtiment. Mais la valeur positive conférée au sel dans l'Évangile et la liturgie l'a emporté sur sa signification négative (stérilité ou mutabilité). « Vous êtes le sel de la terre », avait dit Jésus (Matthieu 5, 13), et

« c'est une bonne chose que le sel » (Luc 14, 34). « J'ai lu en quelque livre, écrit Jérôme, que le Seigneur Sauveur est le sel céleste » (*Sur Ézéchiel* 4, 16, 4-5). Il a existé à date ancienne une symbolique baptismale du sel : comme le dit encore Jérôme, « c'est à ceux qui renaissent dans le Christ qu'il est dit “vous êtes le sel de la terre” » (*Ibidem*). Préservant de la corruption, le sel présente une analogie avec le baptême, affirme Barsabée de Jérusalem : « L'Évangile nous dit : “Vous êtes le sel de la terre”. À cause de cela, l'homme n'est plus terre, mais sel. Le serpent n'a pas le pouvoir de manger le sel, car la mort n'a pas de pouvoir sur nous. Du fait que nous avons revêtu le baptême, la mort ne régnera plus sur nous » (*Discours* 8). L'idée qu'on devient sel par le baptême est mal attestée par les textes latins, mais elle a dû exister en Occident, puisqu'on la voit émerger au VIe siècle chez Césaire ou Fulgence de Ruspe. On comprend mieux dès lors que, dans une interprétation archaïque préservée par Irénée, la colonne de sel en laquelle s'est muée la femme de Lot puisse représenter « l'Église qui est le sel de la terre et qui a été abandonnée dans la région de ce monde pour y subir les vicissitudes humaines » (*Contre les hérésies* 4, 31, 3).

D'après les traductions anciennes, la femme de Lot avait été changée en statue ou en stèle, ce qui évoque aux yeux de Romains un mémorial pour la postérité. La femme de Lot prend ainsi sa pleine valeur d'*exemplum* : « Changée en sel, elle offrit aux hommes fidèles une sorte d'assaisonnement grâce auquel ils auront la sagesse de se garantir contre un tel exemple », dit Augustin (*Cité de Dieu* 16, 30). Paulin exhorte à ne pas regarder en arrière comme la femme de Lot, « pour n'être pas transformés en un bloc de sel par manque du sel du cœur », c'est-à-dire de sagesse (*Poèmes* 27, 614-615). Ces allusions au sel de la sagesse sont elles aussi à comprendre dans un contexte baptismal. En effet, dès 256 en Afrique, on parle du baptême comme d'un assaisonnement avec la sagesse spirituelle, sans doute pour expliquer le rite de l'imposition du sel aux catéchumènes.

Lot et sa femme : des exemples pour le catéchumène

Tout autant que Lot, sa femme représente le baptisé. Elle aussi a été délivrée de Sodome, nos textes y insistent souvent. Elle était, au dire d'Origène, une « progressante » (*proficiens*), mais, en regardant en arrière, elle a perdu le bénéfice de son avancée dans l'ascension spirituelle (*Sur le psaume* 36, 4, 2). Augustin la dit aussi « délivrée de Sodome », ou « délivrée de Sodome et en chemin » (*Sur le psaume* 69, 9 ; 75, 16). Arnobe le Jeune se représente la femme de Lot qui, ayant échappé aux plaines en feu sous la conduite des anges, « prie pour ne pas brûler dans les flammes de Sodome, mais pour être brûlante de l'Esprit avec ses filles » (*Sur le psaume* 107), ce qui correspond à la représentation du sarcophage de Saint-Sébastien, où la femme fait le geste de l'orante. Mais son regard en arrière réitère le péché d'Ève transgressant le précepte divin, comme le remarquent plusieurs auteurs : la femme de Lot est la figure du baptisé qui n'a pas persévéré.

Hilaire de Poitiers propose mari et femme à la réflexion du catéchumène : Lot est le modèle, et sa femme le repoussoir (*Des mystères* 2, 12). « Efforçons-nous d'imiter Lot et non sa femme », dit Jean Climaque (*L'Échelle sainte,* 3, 13). Isodad de Merv déclare : « Lot et ses filles sont la figure des hommes droits et justes, qui méritent par leur vie de foi la hauteur des montagnes, c'est-à-dire le ciel. La femme de Lot est la figure de ceux qui sont appelés à la vie dans le Christ et à l'ascension vers la hauteur, mais dont le regard s'attache aux choses terrestres » (*Sur la Genèse* 19, 22). Lot et sa femme illustrent la puissance du libre-arbitre, comme l'explique Prudence : « Voilà l'exemple symbolique de la liberté ; par là, Dieu a voulu nous faire savoir que la conduite à suivre dépend toujours de nous, qu'à chaque instant il nous est accordé d'adopter soit l'une soit l'autre route. Deux personnes reçoivent l'ordre de sortir de Sodome. L'une se précipite, l'autre hésite ; la première presse le pas pour fuir, la seconde refuse ; ces deux personnes ont la même liberté, mais elles ont deux volontés différentes ; elles sont séparées par leur désir qui entraîne l'une ici et l'autre là » (*Hamartigenia* 769-776). L'usage du texte biblique par la prédication a entraîné sa transformation : Lot, qui en Genèse 19 sort de Sodome en se faisant prier est devenu, par opposition à sa femme, le modèle du chrétien plein de zèle qui court dans les voies de Dieu, et on a peu exploité cette belle figure de la grâce divine qu'est Lot, saisi par la main de l'ange pour être arraché à Sodome qu'il a du mal à fuir. La morale a pris le pas sur la théologie.

Les représentations de l'épisode ne sont pas très nombreuses. La fuite de Lot et l'immobilisation de sa femme figuraient dans les peintures murales de la basilique Saint-Félix à Nole, au témoignage de l'évêque Paulin (*Poèmes* 27, 613-615). Dans l'art funéraire, l'épisode apparaît vers le milieu du IVe siècle sur une fresque de la catacombe de la Via Dino Compagni, ainsi que sur deux sarcophages. Le « sarcophage de Lot » de la catacombe de Saint-Sébastien offre la moitié de sa surface à l'évocation de Genèse 19. Au registre inférieur de la cuve, on voit à gauche la femme de Lot qui, les cheveux épars en signe de deuil, se retourne en arrière vers la porte de Sodome en flammes (à l'angle du sarcophage), en faisant le geste de l'orante, tandis que Lot, tenant ses filles par la main, fuit vers le centre de la cuve, où sont représentés Adam et Ève chassés du paradis. À droite, la scène n'est qu'ébauchée, le sarcophage n'ayant pas été achevé ; l'interprétation en est discutée, mais la porte de Sodome y est à nouveau figurée, et il semble qu'on peut distinguer ensuite une scène relative à la colonne de sel, et Lot pénétrant avec ses filles dans une haute demeure, qui représente la ville de la montagne ou la caverne. À la lumière des textes patristiques que nous avons cités, on pourrait penser que le côté gauche évoque l'ordre de l'ange d'aller sans se retourner pour sauver son âme, et la prière de l'Église pour échapper au feu du jugement et revenir au paradis, le lieu d'où Adam et Ève ont été expulsés. Le côté droit peut signifier la libre réponse de l'homme : l'un reste en chemin, colonne de sel ; l'autre, comme Lot et ses filles, pénètre dans Ségor, figure de la Jérusalem céleste.

Pour être plus fréquente dans les cimetières, il a sans doute manqué à la figure d'avoir un contenu christologique suffisant ; certes, c'est bien le Christ qui engage Lot au salut et le prend par la main dans l'interprétation ancienne. Mais l'épisode ne dit rien de la mort et de la résurrection du Christ, cœur de toutes les « figures de salut » classiques. Il parlait trop de l'homme sauvé, pas assez du Rédempteur. L'histoire de Lot a surtout servi à fonder un enseignement catéchétique sur le salut.

CHAPITRE XI

LES COMBATS DE DAVID

Chez les anciens, le roi David était généralement considéré comme l'auteur de l'ensemble du psautier, qui contenait maint verset réputé prophétie du Christ. De certains psaumes, comme le psaume 22 (21), dont le début (« Mon Dieu, mon Dieu, pourquoi m'as-tu abandonné ? ») est mis sur les lèvres de Jésus en croix selon les Évangiles synoptiques, on disait qu'ils avaient été prononcés par David « in persona Christi », c'est-à-dire par David tenant le rôle du Christ, par David en tant qu'il était une préfiguration du Christ. Aussi les en-têtes des psaumes, qui précisent dans quelles circonstances David avait composé ces prières, ont-ils anciennement reçu une interprétation typologique, dans laquelle les épreuves et les guerres du roi représentent la lutte du Fils de Dieu contre les forces du mal. Cela appartenait toutefois davantage à la tradition savante, et nous nous bornerons dans ce chapitre à ce qui a le plus marqué l'enseignement dispensé au peuple. Parmi les thèmes mythiques que les écrivains de l'Ancien Testament ont repris pour les charger d'un sens neuf, il y a celui du combat singulier destiné à trancher de grandes guerres, comme celui des Horaces et des Curiaces chez les Latins. Dans la Bible, c'est la lutte de David contre Goliath, qui doit mettre un terme à la guerre opposant les Philistins au peuple d'Israël (1 Samuel 17). Au cœur de ce récit est insérée l'évocation des combats antérieurs de David contre le lion et l'ours. Dans tous ces combats de David, les Pères ont lu des préfigurations de la lutte du Christ, et donc aussi de tout homme, contre Satan.

1. DAVID, LE LION ET L'OURS

Récit dans le récit, qui a pour but de convaincre Saül de laisser David affronter le Philistin en dépit de sa jeunesse, la relation de ses batailles avec les fauves dans les versets 34-37 fournissent la clé de l'épisode, en mettant en relief la foi qui anime David, ainsi que la protection divine qui explique son étonnante victoire. « Le Seigneur qui m'a sauvé de la griffe du lion et de l'ours me sauvera des mains de ce Philistin », affirme David à Saül (1 Samuel 17, 37). Les *Antiquités bibliques* du Pseudo-Philon ont bien mis en relief la valeur emblématique de ce court récit en faisant dire à David : « Voilà qui me servira de signe pour inaugurer puissamment mes combats victorieux ; je vais sortir à leur poursuite, je délivrerai les bêtes qu'ils ont ravies et je les tuerai » (59, 5).

David était le berger de son père Jessé, et on a vu très tôt en lui une figure du Fils de Dieu devenu fils de l'homme pour venir en aide à l'humanité. « David était un enfant et faisait paître les brebis de son père Jessé, tout comme le Christ est devenu un enfant venu du Père et par là se manifesta aux saints comme le pasteur véritable venu du Père », dit Hippolyte dans son commentaire *Sur David et Goliath* (5, 1). David berger qui, au péril de sa vie affronte les fauves pour assurer le salut des brebis, était une évidente figure du bon Pasteur « qui donne sa vie pour ses brebis » (Jean 10, 11). Comme le dit Eusèbe de Césarée, « David, muni de sa foi et de son espérance en Dieu, attaquait les lions et les ours pour assurer le salut des brebis, imitant en cela le bon Pasteur » (*Sur le psaume* 69, 6-9). Il était une préfigure du Christ, « le véritable David, celui qui sauve les brebis de son père, qui s'est emparé du lion et l'a mis à mort » (Jérôme, *Sur Naum* 2, 11-12). Il a, dit Amphiloque d'Iconium, « ramené les brebis perdues et tué notre adversaire le lion avec le bâton de sa croix » (*Sur la Pâque* 5).

Dans l'animal combattu par David, les Pères sont unanimes à voir un symbole du diable. David vainqueur du lion et de l'ours est un épisode à mettre au nombre des figures de la victoire pascale du Christ sur Satan pour lui arracher l'homme. L'image est déjà présente au début du IIIe siècle dans le traité *Sur David et Goliath* d'Hippolyte. « Il est venu, le véritable David qui, issu de ta descendance et né de la Vierge, a fait paître les troupeaux de son père et mis à mort la Mort, tel un lion ; lui qui a détruit l'ours, c'est-à-dire le péché du monde, qui a pourchassé le loup trompeur, qui a relevé l'homme, telle une brebis morte ; qui par le bois a écrasé la tête du serpent et arraché Adam aux profondeurs infernales du Tartare, telle la brebis morte » (11, 4). Désormais est pleinement accompli par le Christ ce que la figure n'avait encore qu'ébauché. Dans un sermon de Jean de Naples, évêque vers le milieu du VIe siècle, il est dit : « Quand David enfant défendait les brebis contre la férocité des fauves, il étouffait le lion et l'ours en les maintenant sous son aisselle. D'où l'enfant tenait-il cette force, sinon du fait que déjà Dieu en lui réalisait les mystères ? Qu'était-ce en effet qu'étouffer l'ours et le lion et défendre les brebis, sinon annoncer la venue du Seigneur Jésus-Christ, qui a enchaîné Satan et ses anges pour délivrer son troupeau de la gueule du lion rugissant, lui qui a “foulé aux pieds le lion et le dragon” (Psaume 90, 13) ? » (Pseudo-Chrysostome, *Homélie* 24). Et Éphrem s'adresse au Christ en ces termes : « Le corps était une brebis perdue, et le lion l'avait traquée et déchirée ; le péché est la bête invisible qui l'a lacérée. Quand David arracha l'agneau au lion, il lui sauva la vie. Toi, tu as donné ton corps pour notre corps à la mort, qui l'avait englouti sans en être rassasié. Par toi seul, elle fut rassasiée, et en creva » (*Hymnes sur la virginité* 37, 5).

Lion, ours, loup, serpent, tous ces animaux reçoivent donc une signification analogue, comme le dit Césaire d'Arles : « Ils étaient tous deux des types du diable, le lion et l'ours qui ont été étouffés par la force de David pour avoir osé attaquer une de ses brebis. Tout cela, mes très chers frères, nous lisons que ce fut alors préfiguré en David et que ce fut accompli en notre Seigneur Jésus-Christ. Car c'est alors qu'il étrangla le lion et l'ours quand, descendant aux enfers, il a arraché tous les saints à leur gueule. Écoute enfin le prophète qui, parlant au nom du Seigneur, supplie : "Arrache à l'épée mon âme, et à la patte du chien mon unique. Délivre-moi de la gueule du lion" (Psaume 21, 21-22). C'est parce que la force de l'ours réside dans sa patte et celle du lion dans sa gueule que ces deux bêtes ont été choisies pour figurer le diable. Ces paroles donc ont été dites au nom du Christ, pour que "son unique", c'est-à-dire son Église, soit arrachée à la patte du diable, c'est-à-dire à son pouvoir, ou à sa gueule » (*Sermon* 121, 4).

De l'interprétation christique, où David, vainqueur du lion et de l'ours, symbolise la victoire du Christ sur les puissances infernales, on passait tout naturellement à une exégèse morale : à l'image de David, le chrétien doit vaincre le mal et le péché. David, dit Éphrem dans un sermon, « a vaincu le lion, et par ta force, mon Seigneur, il a mis le loup à mort. Avec ta force, mon Seigneur, je vaincrai le Mauvais, le loup invisible qui me guette » (*Sermon* 7, 185-188)

2. DAVID ET LE GÉANT GOLIATH

Le récit biblique offre un sens transparent : le petit David, sans autres armes que le nom de Dieu, est vainqueur du géant Goliath, hérissé de sa panoplie guerrière, afin que tous reçoivent une leçon : les païens, pour qu'ils connaissent Dieu, les croyants, pour qu'ils apprennent que « c'est le Seigneur qui donne la victoire et qui est le maître du combat » (17, 47). L'homme humble qui met sa foi dans le Seigneur est finalement vainqueur de l'arrogance des puissants de ce monde. Cet enseignement, constant dans la Bible, avait déjà été tiré du texte par le Siracide, qui écrit : « Jeune encore, (David) n'a-t-il pas tué le géant et levé la honte du peuple, en lançant avec la fronde la pierre qui abattit l'orgueil de Goliath ? Car il invoqua le Seigneur Très-Haut, qui accorda à sa droite la force pour mettre à mort un puissant guerrier et relever la vigueur de son peuple » (Siracide 47, 2-6). Les commentaires anciens ont également exploité les antithèses du texte.

On met souvent l'accent sur la superbe du Philistin, qui éclate dans les défis qu'il lance à Israël et le mépris dont il témoigne à l'égard de David. On lui oppose l'humilité de David : « L'humilité a tué l'orgueil », dit Augustin dans un sermon (*Sur le psaume* 33, 1, 4). Le combat de David, est-il dit dans la Bible, « est le combat de Dieu » (17, 47). L'évêque d'Hippone met ce commentaire dans la bouche de David : « Dieu combat par moi ; il se sert de moi comme d'un instrument ; c'est lui qui abat l'ennemi, lui qui libère le peuple, lui qui donne la gloire, "non pas à nous, mais à son nom" (Psaume 115, 1) » (*Sermon Lambot* 21, 6). Et Paulin de Nole écrit : « Le géant est abattu comme un chien par la fronde du jeune berger ; vaine est la force des hommes ; seule vaut celle qui vient de Dieu » (*Poèmes* 26, 143). Aussi l'exemple de David sauvé de la main de Goliath a-t-il été rejoindre la série des exemples bibliques de délivrance invoqués dans la prière des chrétiens : « Libère-moi, Seigneur, comme tu as libéré David de la fureur de l'ours, du lion et de Goliath », lit-on dans le *Sacramentaire* de Gellone.

La lutte du Christ contre Satan, du chrétien contre le péché

« De même que Goliath a été abattu par David », écrit Hippolyte, « de même le Trompeur a été vaincu par le Christ » (*Sur David et Goliath* 7, 9). Et, s'il met en relief certains traits de l'histoire de David, berger, oint dans l'obscurité, haï de Saül, pour souligner sa ressemblance avec le Christ, de même il « diabolise » Goliath, « homme de guerre dès l'enfance » comme le diable est « homicide dès l'origine », terrifiant Saül et les Israélites parce qu'invincible pour les hommes ; les écailles mêmes de sa cuirasse le rapprochent du Serpent ennemi de l'humanité. David, vainqueur de Goliath, est une figure constante de la victoire du Christ sur Satan. « En David et Goliath a été préfiguré le combat de Satan et du Seigneur », écrit Hilaire de Poitiers (*Sur le psaume* 143, 1). Augustin dit dans un sermon que « David était figure du Christ comme Goliath était figure du diable ; et David qui a abattu Goliath est le Christ qui a tué le diable » (*Sur le psaume* 33, 1, 4). Une homélie africaine anonyme du temps pascal rapproche le combat de David et Goliath du combat du Christ contre Satan lors de la Passion et de la descente aux enfers (Pseudo-Augustin, *Sermon Caillau Saint-Yves* 1, 38, 4). Presque tous les textes patristiques qui traitent du chapitre 17 du Premier Livre de Samuel supposent l'exégèse typologique que l'on vient d'exposer.

« Ce qui a été fait dans le passé par David a été par la suite accompli par le Sauveur, et accordé par grâce aux Églises saintes » (*Sur David et Goliath* 3, 2), dit Hippolyte. Le récit du livre de Samuel est une préfiguration du mystère pascal, et le combat de David contre Goliath, du Christ contre Satan, se prolonge aujourd'hui encore dans la lutte du chrétien contre le péché. Un sermon sur David et Goliath faussement attribué à Jean Chrysostome affirme que « le berger David combat encore le lion et tue encore l'ours », tout comme il combat toujours le géant (Chrysostome latin, *Homélie* 9). « C'est en cette vie, explique Augustin à ses ouailles, qu'est le combat, la bataille avec tous les vices et tout spécialement avec le chef des vices, comme avec Goliath. Car le diable provoque l'âme en une sorte de combat singulier ; « l'ennemi est invisible, mais tu as aussi un protecteur invisible ; tu ne vois pas celui contre lequel tu te bats, mais tu crois en celui qui te protège, et, si tu as les yeux de la foi, tu peux même le voir : car tout fidèle voit des yeux de la foi l'ennemi qui chaque jour le défie » (*Sermon Lambot* 21, 3).

Les armes de David : bâton, fronde et cailloux

« Tu marches contre moi avec épée, lance et cimeterre, mais moi, je marche contre toi au nom du Seigneur, le Dieu des troupes d'Israël que tu as défiées », dit David au Philistin (1 Samuel 17, 45). Ce verset suggérait une antithèse entre l'homme désarmé et l'homme armé jusqu'aux dents, entre les armes visibles et les invisibles, une opposition que les écrivains anciens ont souvent développée. « Bien qu'il semblât sans armes aux yeux des hommes, déclare Maxime de Turin, il était bien armé de la grâce de Dieu » ; « David sans armes a tué le très fort Goliath en armes » (*Sermon* 85, 3).

À la panoplie de Goliath, David oppose sa seule foi en Dieu : « C'est la foi qui accorda à David sans armes le triomphe sur Goliath en armes », lit-on dans un sermon de Zénon de Vérone (1, 36, 8). Le récit de l'onction de David, qui précède immédiatement notre péricope (ch. 16), a contribué à l'identification des armes spirituelles de David avec la grâce et la force reçues par le chrétien au baptême, comme l'exprime un hymne d'Éphrem sur le baptême : « Avec les armes reçues de l'onction d'huile, David a combattu et humilié le champion qui voulait asservir Israël. Voici que pareillement, par l'huile du Christ et les armes qui viennent de l'eau est abaissé l'orgueil du Mauvais qui voulait asservir les peuples » (*Sur l'épiphanie* 5, 10-11).

Saül avait pourtant voulu armer son jeune champion de ses propres armes, mais David, écrasé par leur poids, s'en était débarrassé (1 Samuel 17, 38-39). Le rejet des armes de Saül par David a reçu très tôt un sens figuré. Selon Hippolyte, « il a rejeté la science des hommes [ou : les inventions des hommes] pour recevoir ce que Dieu donne par grâce » (*Sur David et Goliath* 12, 1). Quodvultdeus voit là une figure du Christ qui récuse la sagesse de ce monde et ses armes glorieuses et choisit, selon la Première Épître aux Corinthiens (1, 27), « la folie de ce monde pour confondre la force » (*Sur les promesses* 2, 25, 52). David alourdi par les armes de

Saül, au point de ne plus pouvoir marcher, est pour Maxime de Turin la figure de l'homme empêtré dans les œuvres de ce monde, qui le rendent incapable d'aller à Dieu (*Sermon* 85, 3).

Au sens moral, les armes de Saül, « ces armes anciennes qui, au lieu de l'aider, alourdissaient plutôt son âge neuf » (*Sermon* 32, 4, 4), représentent pour Augustin, le comportement du « vieil homme » qu'il faut dépouiller pour revêtir l'homme nouveau, comme le dit l'Épître aux Colossiens (3, 9-10). Mais au sens typologique, l'équipement de Saül, type du peuple juif, est la figure des rites de l'Ancien Testament que répudie le Christ et dont il dispense son Église. « Vous savez que le premier peuple portait le poids de nombreux rites visibles et corporels : la circoncision, une espèce de sacerdoce minutieux, un temple plein de figures, les multiples sortes d'holocaustes et de sacrifices. Notre David s'en est débarrassé comme d'armes qui l'alourdissaient au lieu de l'aider [...]. Il s'est débarrassé des rites de la Loi, de ces rites qui n'ont pas été imposés aux païens et que nous n'observons pas » (*Sur le psaume* 143, 2). Les armes de Saül, qui se sont montrées inutiles pour remporter la victoire sur Goliath, sont donc les observances rituelles anciennes, incapables de donner à l'homme la justification que seule procure la foi, d'où leur abandon par le peuple chrétien, figuré par David.

Débarrassé de l'armure et de l'épée de Saül, David marche contre le géant muni de son bâton de berger et de sa fronde (1 Samuel 17, 40). Pour Hippolyte, la houlette du jeune berger est la figure de la royauté et du sacerdoce du Sauveur (*Sur David et Goliath* 12, 2). Elle préfigure la croix du Christ : « Celui en qui était la figure du Christ, dit Césaire d'Arles, s'avança pour le combat, prit son bâton à la main et sortit contre Goliath. En lui fut alors préfiguré ce qui fut accompli dans le Christ : car le véritable David est venu, et, au moment de combattre le Goliath spirituel, c'est-à-dire le diable, il a porté lui-même sa croix » (*Sermon* 121, 7).

La fronde au moyen de laquelle David lance la pierre qui va tuer Goliath représente pour Hippolyte le commandement de l'amour de Dieu, l'arme absolue contre le diable (*Sur David et Goliath* 12, 2). Quant aux « cinq pierres bien lisses » que David met dans sa giberne (17, 40), elles désignent les cinq livres du Pentateuque, et par extension, l'Ancien Testament (*Ibid.*). Pour Augustin, ce n'est pas en vain que l'Écriture parle de galets, pierres inutilisables, roulées par tous les courants du monde : ils représentent l'inefficacité des préceptes de la Loi à réfréner les passions (*Sermon* 32, 7). Mais quand David, préfiguration du Christ, les fait passer dans son seau à lait (c'est le terme de la vieille traduction latine), lequel évoque pour Hippolyte l'enseignement de l'Église, ils retrouvent leur utilité : c'est le passage de la Loi à la grâce, déclare Augustin. « Comment David montre-t-il que la Loi ne peut être efficace sans la grâce, sinon quand il a déposé dans son vase de berger, où il avait coutume de traire le lait, les cinq pierres qui représentaient la Loi, voulant ainsi les unir à la grâce ? » (*Sur le psaume* 143, 2). « Quand on passe de la Loi à la grâce, on n'accomplit pas des préceptes autres, mais on observe par la grâce ces mêmes préceptes qu'on était jusque-là incapable d'observer », parce qu'on les accomplit désormais avec l'amour que l'Esprit-Saint répand dans le cœur (*Sermon* 32, 8).

David tue Goliath d'une pierre et l'achève avec sa propre épée

Pour vaincre le géant, David n'eut besoin que d'un seul caillou, dont il atteignit le Philistin au front. La pierre qui abat Goliath, ennemi du peuple de Dieu, symbolise dans des textes juifs la parole de Dieu, ou encore le Nom divin. « J'ai tué Goliath par la parole du Très-Fort », dit David dans les *Antiquités bibliques* du Pseudo-Philon (62, 4 ; 61, 5). Dans la tradition chrétienne, la pierre, symbole bien connu du Christ, a été identifiée avec le Verbe de Dieu, la Parole incarnée, comme il ressort de l'*Ad Quirinum* de Cyprien (2, 16). « Nous lisons dans les Écritures, dit Maxime de Turin, que le Christ est désigné de façon figurée par le terme de pierre [...]. Quand donc Goliath est frappé d'une pierre, c'est par la puissance du Christ qu'il est abattu » (*Sermon* 85, 3). Pour Augustin, si les cinq pierres de David représentent l'Ancien Testament, la pierre unique qui tue Goliath symbolise ce qui fait l'unité des Écritures, c'est-à-dire l'amour qui en est le message central. « David a placé cinq pierres dans sa besace, il a envoyé une pierre unique. On a lu cinq livres, mais c'est leur unité qui a vaincu. Car la plénitude de la Loi, nous l'avons rappelé peu auparavant, est l'amour » (*Sur le psaume* 143, 2).

La pierre a renversé le Philistin sans le tuer complètement, mais David se saisit de l'épée du géant et lui trancha la tête. « Mystère inouï, dit Hippolyte : un homme est égorgé par sa propre épée, comme le diable est abattu par sa propre méchanceté » (15, 4). L'arme absolue de David, préfiguration du Christ comme Goliath est celle du diable, est la croix : selon Ambroise de Milan, « ce n'est pas avec une épée, mais avec le dard de sa croix qu'il a triomphé » (*Sur la mort de Théodose* 44). Mais comment comprendre que cette épée appartenait à Goliath ? Le Christ, écrit Éphrem, est « par la croix vainqueur de la mort. Il s'en est emparé, et par elle il a vaincu la mort. C'est ainsi que Goliath est mort, tué par sa propre épée » (*Sur la crucifixion* 7, 4). « Se servant de l'épée du païen, écrit Théodoret de Cyr, il lui coupa la tête, esquissant ainsi par avance la victoire de celui qui est né de sa chair. Car le diable qui a cloué notre maître à la croix a perdu par la croix son empire » (*Sur le Premier Livre des Rois* 41).

Dans la Bible, l'épée est un symbole de la parole de Dieu (Hébreux 4, 12) ; pour Ambroise, c'est avec l'épée de sa parole que le Christ, figuré par David, a mis à mort le diable (*Sur le psaume* 118, 18, 25). Que veut dire le fait qu'il lui a coupé la tête ? Cela signifie, pour Augustin, qu'il amène à la foi ceux qui étaient à la tête des païens, « des personnages importants que le diable avait dans sa main et dont il se servait pour massacrer les autres âmes » ; ces derniers alors « retournent leur langue contre le diable, et c'est ainsi que la tête de Goliath est coupée par sa propre épée » (*Sur le psaume* 143, 2).

Goliath est abattu en deux temps, parce qu'il doit comprendre qu'il n'est pas vaincu par un homme, mais par Dieu lui-même qu'il a défié. Pour l'auteur juif des *Antiquités bibliques*, un ange combattait aux côtés de David, et Goliath le découvre avant de mourir (61, 8). Selon Hippolyte, « Goliath blessé a été renversé, et il est tombé sur sa face pour adorer son vainqueur, le Verbe de Dieu qui était avec David et que personne ne peut vaincre » (*Sur David et Goliath* 15, 2). Dans l'ange qui se bat aux côtés de David, les chrétiens ont vu le Verbe de Dieu, devant lequel Goliath est en quelque sorte prosterné, forcé de reconnaître sa divinité. Pour Augustin, la mise à mort en deux étapes du géant est une figure de l'anéantissement progressif du diable et du paganisme (*Sermon Lambot* 21, 5).

Le front, en latin comme en français, peut désigner l'impudence et l'audace. « Comme tout orgueil se révèle par l'impudence du front, dit Augustin, Goliath fut abattu par une pierre venant en plein front » (*Sermon* 32, 12). Chez le chrétien, le front est marqué du signe de la croix. Aussi l'évêque d'Hippone dit-il que « Goliath a trouvé la mort en cette partie du corps où il n'avait pas le signe du Christ » (*Sur le psaume* 143, 2) ; « le front de Goliath, qui portait l'arrogance de son orgueil, a été anéanti, et le front qui portait l'humilité de la croix du Christ a vaincu » (*Sermon* 32, 12). Césaire d'Arles ajoute un commentaire à l'usage des candidats au baptême : « Quand le catéchumène est marqué au front, le Goliath spirituel est frappé et le diable chassé » (*Sermon* 121, 8).

Autres détails du récit

Une fois bien ancrée l'idée que la lutte de David contre Goliath représente celle du Christ contre le diable, certains auteurs se sont penchés sur d'autres traits du texte. On s'est souvenu que David était le plus jeune des fils de Jessé, et que, s'il en est venu à rencontrer Goliath, c'est parce que son père l'avait envoyé en mission auprès de ses frères. Rabroué comme un enfant par son frère aîné, rencontrant l'incrédulité de Saül, toisé par le Philistin, David est la figure du Christ incarné méprisé par les hommes. La faiblesse physique du jeune homme, qui fait dire à Saül : « tu n'es encore qu'un enfant » (17, 33), symbolise pour Hippolyte la nature humaine assumée par le Fils de Dieu ; en revanche, la beauté de David, mentionnée plus haut dans le texte (16, 12), évoque la puissance du Verbe divin demeurant en lui (*Sur David et Goliath* 10, 3). Pour Ambroise, le gamin qui paît les moutons, travail servile, au lieu d'aller à la guerre comme ses frères, David, que Saül pense incapable de se battre contre le géant, et qui est dédaigné de Goliath lui-même, « était la figure de celui qui devait venir sur terre comme un être méprisé, et qui, sans aide, sans héraut, libérerait le peuple de ce monde par le combat de sa croix » (*Sur le psaume* 118, 18, 25).

Césaire d'Arles précisera encore l'image en faisant de la mission confiée à David par son père un type de l'Incarnation. « Jessé envoya David à la recherche de ses frères, et Dieu le Père envoya son Fils unique au nom duquel il est écrit : “Je dirai ton nom à mes frères” (Psaume 21, 23) ; car le Christ était venu chercher ses frères, quand il disait : “Je n'ai été envoyé qu'aux brebis perdues de la maison d'Israël” » (Matthieu 15, 24). Pour lui, les reproches du fils aîné à David à propos de l'abandon des brebis au désert et de la venue au combat (17, 28) prennent sens à leur tour : « Ce frère aîné qui blâme David, figure du Seigneur, représentait le peuple des Juifs qui accusèrent par jalousie le Christ Seigneur venu pour le salut du genre humain, et l'accablèrent à plusieurs reprises de nombreuses injures. “Pourquoi, dit-il, as-tu laissé ces brebis pour venir au combat ?” Ne te semble-t-il pas que par sa bouche parle le diable, jaloux du salut des hommes, comme s'il disait au Christ : “Pourquoi as-tu laissé les quatre-vingt dix-neuf brebis qui ne s'étaient pas égarées pour venir chercher l'unique brebis qui s'était perdue ?” » (*Sermon* 121, 1 ; 3). Les frères auxquels David est envoyé par son père représentent l'humanité ; c'est pourquoi Césaire s'évertue à trouver une signification symbolique aux victuailles qu'il leur apporte sur le champ de bataille, notamment aux trois mesures de grain (allusion au mystère de la Trinité) et aux dix fromages (le Décalogue), que le Christ apporte « pour libérer le genre humain du pouvoir du diable » (121, 2).

Le retour de David après son combat victorieux contre le géant a été anciennement rapproché de la Résurrection du Christ. Selon le texte biblique, « quand David revint d'avoir tué le Philistin, les femmes sortirent de toutes les villes d'Israël au-devant du roi Saül, pour chanter en dansant au son des tambourins, des cris d'allégresse et des sistres » (18, 6). Pour Hippolyte, ces chœurs représentent les Églises qui acclament le Christ, ou bien encore la louange des anges et des âmes des saints en attente de la résurrection (*Sur David et Goliath* 16, 3-4). Un sermon attribué à Athanase d'Alexandrie voit en David accompagné de ces chœurs le Christ ressuscité sortant des enfers avec les anges et les âmes des justes (Pseudo-Athanase, *Sur la Passion et la croix du Seigneur*). Ambroise adopte quant à lui la première interprétation d'Hippolyte : les jeunes filles qui acclament David sont la figure des âmes renouvelées par le baptême : « Elles chantent, rassurées désormais, tandis qu'auparavant elles pleuraient en raison des peines de leurs péchés. C'est au son des tambourins, c'est-à-dire avec leurs corps morts au péché, qu'elles dansent et disent : Saül a triomphé sur des milliers, et David sur des myriades » (*Sur le psaume* 118, 18, 25).

Ainsi, les monstres combattus par David, ours, lion ou géant, sont autant de figures du mal qui menace l'humanité et que le Christ a vaincu dans le combat singulier par lequel il délivra le monde de la servitude. « En figure du Seigneur, David a à lui seul, par un combat singulier, délivré tout le peuple d'une terrible guerre », écrit Ambroise dans son *Apologie de David* (3, 12). Le combat de David contre le lion et l'ours ne se rencontre pas fréquemment dans l'art antique. Toutefois, le berger qui arrache la brebis au lion sur la pierre tombale de Veratius Nikatoras est probablement une allusion à David. À la fin du IVe siècle, les portes de bois sculpté de la basilique Saint-Ambroise de Milan montrent David assis au milieu de son troupeau, les pieds posés sur le lion vaincu, et l'ours humilié près de lui. Deux plats d'argent du début du VIIe siècle, en provenance de Constantinople, représentent respectivement la lutte de David avec l'ours et son combat contre le lion. Quant au combat de David contre Goliath, il est très ancien dans l'iconographie, où il apparaît dans le baptistère de Doura Europos, avant 256, ce qui n'est pas pour nous surprendre, car plusieurs auteurs parlent de l'épisode dans un contexte baptismal. On rencontre aussi la figure dans la catacombe de Domitille, dans celle de saint Janvier à Naples, et sur quelques sarcophages. À la lumière de la signification de l'épisode que nous avons dégagée, on comprend que l'image ait pu revêtir un sens funéraire. Il lui aura manqué, pour avoir un succès plus large dans l'art funéraire, de se prêter aisément à fournir une image synthétique expressive. De plus, si les luttes de David contre les monstres représentent bien la victoire du Christ sur le diable et la mort, elles évoquent moins le salut de l'individu que ne le faisaient les images de Jonas, Isaac, Noé ou Daniel, dans lesquelles le héros connaît une sorte de mort, suivie d'une délivrance qui apparaît comme une résurrection.

CONCLUSION

Au long de ce parcours sont apparues des constantes. La majeure partie des thèmes que nous avons sélectionnés en raison de leur fréquence dans l'art chrétien primitif et dans les textes, sont des histoires faciles à visualiser et donc à mémoriser, tel Daniel parmi les lions. Ces récits illustrés et commentés dans les premiers siècles reprennent souvent les grands symboles fondamentaux. Le feu et l'eau y jouent un rôle important et ambivalent : feu dévastateur de Sodome ou de la fournaise des trois Hébreux, colonne de feu qui guide et illumine le peuple dans son exode ; eau vivifiante qui coule du rocher, et eaux mortelles du Déluge, de la mer Rouge, de Jonas, qui par la grâce de Dieu deviennent des eaux purifiantes. L'abstraction n'a guère de place dans la pédagogie de l'Église ancienne, empirique, mais efficace.

Jonas, Noé, Isaac, Daniel… : tous ont vécu une mort symbolique, et une vie meilleure leur a été donnée. Le motif du salut accordé dans des conditions d'angoisse mortelle est commun à presque toutes les figures étudiées. Pour les anciens, le fond du message chrétien est là : Dieu offre à l'humanité un salut inespéré. Le Moyen Age et la tradition postérieure nous ont habitués à voir le signe du christianisme dans des crucifix plus ou moins sanglants, dont le sens paraît être : le Christ a souffert et il est mort. Mais le message chrétien primitif est : le Christ, qui a souffert la Passion, est ressuscité des morts.

Toutes les figures fondamentales tournent autour de ce centre du kérygme primitif : « Le Christ, par sa mort, a détruit la mort ; il a foulé aux pieds les enfers ; il a sauvé le monde et délivré l'homme » (Chromace d'Aquilée, *Sermon* 16, 2).

Les images les plus représentées sur les tombes sont celles qui permettaient d'exprimer avec évidence *à la fois* la mort et la résurrection : le berger qui descend et remonte, Jonas avalé et recraché par le monstre. Bien que très fréquentes dans les textes, certaines figures, qui semblaient évoquer surtout la mort, n'apparaissent que tardivement dans l'iconographie, encore est-ce dans l'art basilical plutôt que dans l'art funéraire, et généralement en composition avec d'autres qui pouvaient la compléter : ainsi pour l'immolation de l'agneau ou le serpent d'airain. Les histoires de Lot et de David, qui parlaient du salut de l'homme, mais se prêtaient moins à manifester qu'il était accordé par la médiation de la mort et de la résurrection du Christ, ont eu moins de succès que les autres figures.

Il y a un fond commun à toutes les images usuelles, mais chacune met en lumière un aspect particulier du message. On ne saurait résumer en conclusion tous les points de doctrine, toutes les leçons de vie spirituelle que les figures bibliques étudiées permettaient de faire passer. Contentons-nous de rappeler les principales. À travers les images du Bon Pasteur et du sacrifice d'Abraham était mise en place la théologie de l'Incarnation : le Fils de Dieu a volontairement assumé notre humanité, il est mort et descendu aux enfers pour leur arracher Adam, l'homme, et pour le ramener, dans sa résurrection et son ascension, dans le paradis de Dieu d'où la chute l'avait précipité ; et c'est par sa double nature, divine (il est Isaac et berger) et humaine (il est bélier et brebis) qu'il sauve l'homme. Adam et Ève rappelaient la défaite du serpent, vaincu en juste guerre par les armes qu'il avait utilisées contre l'homme. L'histoire de Jonas et celle de Daniel au milieu des lions annonçaient les fins dernières de l'homme : la résurrection du Christ, qui s'est fait solidaire de l'humanité, lui permet d'espérer une vie nouvelle et la résurrection eschatologique dans un second paradis, après avoir joui de l'agréable repos du *refrigerium* dans l'attente du jugement définitif. Les trois Hébreux, Lot et Noé montraient tous la réalité de ce Jugement dernier auquel le Christ soustrait les justes, mais où périssent les impies. Des sacrements, qui font entrer progressivement le croyant dans la vie nouvelle dès le temps présent, parlaient presque toutes les images : fruit de l'arbre de vie, pain d'Habacuc, rocher frappé par Moïse pour l'eucharistie ; passage de la mer Rouge, déluge et fournaise des trois Hébreux pour le baptême. Moïse frappant le rocher et l'arche de Noé rappelaient aussi le rôle de l'Église, que le Christ a voulue médiatrice de la vie divine pour l'homme.

La simplicité des images anciennes imprimait aussi dans les esprits quelques thèmes fondamentaux de la spiritualité chrétienne. La figure du bon Pasteur montre en l'homme une brebis confiante en son berger tout-puissant, qui donne la vie aujourd'hui et par-delà la mort, éternellement. La brebis qu'il porte sur les épaules enseigne que toute l'humanité est solidaire, et l'attente de Jonas à Ninive rappelle que le désir du salut de tous doit habiter le croyant. Lot et sa femme disent le libre-arbitre de l'homme et la responsabilité personnelle. David manifeste la force de l'humilité et de la foi en Dieu. Toutes les figures, enfin, par le jeu implicite constant qu'elles opèrent entre les deux Testaments, rappellent l'unité du plan de salut voulu par Dieu, en même temps que le caractère central qu'y occupe l'Incarnation du Christ, qui « a apporté toute nouveauté en sa propre personne annoncée par avance », pour parler comme Irénée (*Contre les hérésies* 4, 34, 1).

Nous n'avons pu, dans le cadre de ce petit livre, étudier toutes les figures. Il resterait à étudier les types de l'Ancien Testament qui apparaissent plus épisodiquement dans l'art funéraire comme Jacob, Samson, Élie, Job, ou

Tobie, et ceux, plus nombreux encore, qui décoraient basiliques et baptistères. Il faudrait aussi aborder les scènes du Nouveau Testament qui recevaient elles aussi un sens « spirituel ». Il nous a semblé qu'il valait mieux, pour entrer dans l'esprit de commentaires à première vue déroutants pour nous, traiter à fond quelques thèmes que les survoler tous. À chacun de suivre ce conseil de Jacques de Sarug : « Prends ce que tu as appris en guise de lampe, entre dans l'Écriture, et tu pourras y voir la beauté de ce qui est caché » (*Homélie sur Jacob*).

ORIENTATIONS BIBLIOGRAPHIQUES

L'astérisque désigne les ouvrages les plus aisément accessibles au lecteur.

Encyclopédies souvent mentionnées
à propos des différents chapitres

Dictionnaire d'Archéologie Chrétienne et de Liturgie (*DACL*)
Dictionnaire Encyclopédique du Christianisme Ancien (*DECA*)
Dictionnaire de Spiritualité (*DSp*)
Real Lexikon für Antike und Christentum (RLAC)
Lexikon für Christliche Ikonographie (*LChrI*)

Textes anciens

— *La Bible d'Alexandrie, LXX,* t. 1-7 ; 9 ; 23, Paris 1986-1999 (traduction de la Bible grecque ancienne, avec un très riche appareil de notes et d'introductions).
— On trouvera souvent les traductions des auteurs cités dans le livre dans l'excellente collection *Sources chrétiennes* (éditions du Cerf) ; d'autres existent dans la collection *Pères dans la Foi* (Migne, diffusion Brepols) ; certains textes d'Éphrem de Nisibe sont traduits dans la collection *Spiritualité orientale* (Bellefontaine).
— L'œuvre d'Augustin est accessible presque en son entier en traduction française dans *Les Œuvres complètes de saint Augustin*, par Péronne, Écalle, Vincent, Charpentier, Barreau, Paris, Vivès 1871 suiv. Nombreux volumes traduits dans la collection *Bibliothèque augustinienne* (Institut d'Études Augustiniennes, diffusion Brepols).

— Beaucoup de textes grecs et latins, ne sont pas traduits en français ; le texte original se trouve dans des collections du XIXe siècle comme la *Patrologie grecque* (*PG*), la *Patrologie latine* (*PL*, avec son *Supplément* du XXe siècle : *PLS*) ou des collections toujours vivantes comme le *Corpus de Vienne* (latin : *CSEL*), le *Corpus de Berlin* (grecs : *GCS*), ou encore des collections modernes comme le *Corpus Christianorum* (*CC* : grecs et latins). On peut trouver les textes d'Éphrem de Nisibe en traduction allemande dans le *Corpus Scriptorum Christianorum Orientalium (CSCO)* ; des textes conservés en diverses langues orientales (syriaque, arménien…) sont souvent accessibles en traduction latine dans cette même collection, et en traduction française dans la *Patrologie orientale* (*PO*).

Chapitre I. La mise en place de l'enseignement chrétien

Quelques ouvrages généraux

P. MARAVAL, *Le Christianisme de Constantin à la conquête arabe,* Paris, 1997.

A. D. NOCK, *Christianisme et hellénisme,* Paris 1973.

E. NODET, J. TAYLOR, *Essai sur les origines du christianisme. Une secte éclatée,* Paris 1998.

Ch. PERROT, *Jésus,* Paris 1998 (*Que sais-je ?* n° 3300).

Gr. STANTON, *Parole d'Évangile ?* Paris 1997.

Catéchuménat

J. DANIÉLOU, R. DUCHARLAT, *La catechesi nei primi secoli,* Turin 1982 (1re éd. française, Paris 1968).

M. DUJARIER, *A History of Catechumenate. The first six centuries,* New York 1979.

*V. SAXER, *Les Rites de l'initiation chrétienne du IIe au VIe siècle. Esquisse historique et signification d'après leurs principaux témoins,* Spolète 1988.

Id., « Bible et liturgie », *Le Monde latin antique et la Bible, Bible de tous les temps,* t. 2, Paris 1985, p. 157-183.

D. VAN DEN EYNDE, *Les Normes de l'enseignement chrétien dans la littérature patristique des trois premiers siècles,* Paris-Gembloux, 1933.

Chapitre II. Image et formation dans le christianisme ancien

L'art paléochrétien

F. BISCONTI, « L'iconografia cristiana del IV sec. tra catechesi e esegesi », dans *Esegesi e catechesi nei Padri (sec. IV-VII),* Rome 1994, p. 207-215.

*L. DE BRUYNE, « L'initiation chrétienne et ses reflets dans l'art paléochrétien », *Revue des Sciences Religieuses* 36, 1962, p. 27-85.

P. DU BOURGUET, « Premières scènes bibliques dans l'art chrétien », *Le Monde grec ancien et la Bible, Bible de tous les temps,* t. 1, Paris 1984, p. 233-256.

*J. P. CAILLET, H. N. LOOSE, *La Vie d'éternité. La Sculpture funéraire dans l'Antiquité chrétienne,* Paris 1990.

*M. A. CRIPPA, M. ZIBAWI, *L'Art paléochrétien. Des origines à Byzance,* Paris 1998.

*J. DANIÉLOU, *Les Symboles chrétiens primitifs,* Paris 1961.

E. DASSMANN, *Sündenvergebung durch Taufe, Busse und Märtyrerfürbitte in den Zeugnissen frühchristlicher Frömmigkeit und Kunst,* Münster 1973.

*V. FIOCCHI NICOLAI, F. BISCONTI, D. MAZZOLENI, *Les Catacombes chrétiennes de Rome. Origine, développement, décoration et documentation épigraphique,* Brepols, Turnhout 2000.

A. GRABAR, *Les Voies de la création en iconographie chrétienne. Antiquité et Moyen Age,* Paris 1979.

**Id.*, *Le Premier Art chrétien,* Paris 1966.

A. G. MARTIMORT, « L'iconographie des catacombes et la catéchèse antique », *Rivista di Archeologia Cristiana* 25, 1949, p. 105-114.

Id., « Les symboles de l'initiation chrétienne dans la tradition de l'Église romaine », Mélanges L. C. Mohlberg, Rome 1948, t. 1, p. 193-221.

F. MONFRIN, « La Bible dans l'iconographie chrétienne d'Occident », *Le Monde latin antique et la Bible, Bible de tous les temps,* t. 2, Paris 1985, p. 207-241.

P. PRIGENT, *Le Judaïsme et l'image,* Texte und Studien zum Antiken Judentum 24, Tübingen 1990.

*P. PRIGENT, *L'Art des premiers chrétiens. L'héritage culturel et la foi nouvelle,* Paris 1995.

*F. TRISTAN, *Les Premières Images chrétiennes. Du symbole à l'icône : IIe siècle-IVe siècle*, Paris 1996.

St. WAEZOLDT, *Die Kopien des 17. Jahrhunderts nach Mosaiken und Wandmalereien in Rom,* Vienne-Wiesbaden 1964.

Liturgie

P. BERNARD, « Les chants liturgiques chrétiens en Occident », *Antiquité tardive* 3, 1995, p. 147-157.

P. BRADSHAW, *La Liturgie chrétienne en ses origines, Sources et méthodes,* Paris 1995.

*J. LEMARIÉ, *La Manifestation du Seigneur,* Paris 1956.

*A. G. MARTIMORT, *L'Église en prière. Introduction à la liturgie,* Paris 1961.

J. NTEDIKA, *L'Évocation de l'au-delà dans la prière pour les morts. Études de patristique et de liturgie (IVe-VIIIe siècle),* Louvain-Paris 1971.

E. PALAZZO, *Histoire des livres liturgiques. Le Moyen Âge. Des origines au XIIIe siècle,* Paris 1993.

Exégèse

P. C. BORI, *L'Interprétation infinie,* Paris 1991.

*J. DANIÉLOU, *Bible et liturgie,* Paris 1958.

**Id.*, *Sacramentum Futuri. Les figures du Christ dans l'Ancien Testament,* Paris 1950.

Y. M. DUVAL, « L'Écriture au service de la catéchèse », *Bible de tous les temps,* t. 2, p. 261-288.

*J. FONTAINE, Ch. PIETRI (éd.), *Le Monde latin antique et la Bible, Bible de tous les temps,* t. 2, Paris 1985.

*N. FRYE, *Le Grand Code. La Bible et la Littérature,* Paris 1984.

*H. de Lubac, *Histoire et Esprit. L'intelligence de l'Écriture d'après Origène,* Paris 1950.

Cl. Mondésert, *Le Monde grec ancien et la Bible, Bible de tous les temps,* t. 1, Paris 1984.

Ch. Pietri, « La Bible dans l'épigraphie de l'Occident latin », *Bible de tous les temps*, t. 2, Paris 1985, p. 189-205.

*M. Pontet, *L'Exégèse d'Augustin prédicateur,* Paris, s. d.

F. Young, *Biblical Exegesis and the Formation of Christian Culture,* Cambridge 1997.

Chapitre III. Le berger divin

J. Bayet, *Idéologie et plastique,* Rome 1976, p. 609-656 : « Les sarcophages chrétiens à "grandes pastorales" ».

J. Daniélou, *Bible et liturgie,* ch. 11.

Id., *Études d'exégèse judéo-chrétienne (Les testimonia),* Paris 1966, ch. 9 : « Le Psaume 22 et les étapes de l'initiation ».

M. Dulaey, « La parabole de la brebis perdue dans l'Église ancienne : de l'exégèse à l'iconographie », *Recherches Augustiniennes* 39, 1993, p. 3-22.

J. L. Maier, *Le Baptistère de Naples et ses mosaïques,* Fribourg 1964.

P. Meloni, « La chitara di David », *Sandalion* 5, 1982, p. 233-281.

A. Provoost, *Il significato delle scene pastorali del II secolo dopo Cristo, dans Atti del IX Congresso di Archeologia Cristiana, Città del Vaticano,* 1948, t. I, p. 407-431.

Chapitre IV. Le signe de Jonas

DECA, s. v. *Jonas,* 1343-1344 (D. Mazzoleni).

J. Allenbach, « La figure de Jonas dans les textes préconstantiniens, ou l'histoire de l'exégèse au secours de l'iconographie », *La Bible et les Pères,* Paris 1971, p. 97-112.

F. Cumont, *Recherches sur le symbolisme funéraire,* p. 166-170.

Y. M. Duval, *Le Livre de Jonas dans la littérature chrétienne grecque et latine*, Paris 1973.

A. FERRUA, « Paralipomeni di Giona », *Rivista di Archeologia Cristiana* 38, 1962, p. 7-62.

M. PERRAYMOND, « Ninive, la città del profeta Giona : Iconografia, simbolismo, narrazione », dans E. CAVALCANTI (éd.), *Il De civitate Dei. L'opera, le interpretazioni, l'influsso,* Rome 1996, p. 611-625.

H. RAHNER, *Symbole der Kirche,* Salzburg 1964 : IV. « Antenna crucis » : 2. « Das Meer der Welt » ; 9. « Die Ankunft in Hafen ».

J. ROLDANUS, « Usages variés de Jonas par les premiers Pères », *Cahiers de Biblia Patristica* 2, Strasbourg 1989, p. 159-188.

A. STUIBER, *Refrigerium interim,* Bonn 1957.

P. TESTINI, « Il simbolismo degli animali nell'arte figurativa paleocristiana », *L'uomo di fronte al mondo animale nell'alto medioevo, Settimane di Studio del Centro Italiano di Studi sull'Alto Medioevo* 31, Spolète 1985 (t. 2, p. 1107-1168 ; pl. IX).

Chapitre V : Moïse

DSp, s. v. *Exode,* c. 1957-1995 (R. Le Déaut, J. Lécuyer) ; *Moïse,* c. 1463-1471 (P. M. Guillaume) ; *RLAC,* s. v. *Exodus,* c. 22-44.

Moïse, l'homme de l'Alliance, Paris-Tournai 1955.

G. BIENAIMÉ, *Moïse et le don de l'eau dans la tradition juive ancienne : targum et midrash,* Rome 1984.

J. DANIÉLOU, *Sacramentum futuri,* IV. Moïse et l'Exode.

E. DASSMANN, *Sündenvergebung durch Taufe...,* p. 196-208 ; p. 356-362.

J. DOIGNON, « Le monogramme cruciforme du sarcophage paléochrétien de Metz représentant le passage de la mer Rouge : un symbole de triomphe sur la mort dans le cadre d'une iconographie aulique d'inspiration constantinienne », *Cahiers Archéologiques* 12, 1962, p. 65-87.

F. J. DÖLGER, « Der Durchzug durch das Rote Meer », *Antike und Christentum* 2, 1930, p. 63-69.

M. DULAEY, « Virga virtutis tuae, virga oris tui. Le bâton du Christ dans le christianisme ancien », Mélanges U. M. Fasola, Rome, Cité du Vatican 1989, p. 235-246.

P. VAN MOORSEL, « Il miracolo della roccia nella letteratura e nell'arte paleocristiane », *Rivista di Archeologia Cristiana* 40, 1964, p. 221-251.

Ch. PIETRI, *Roma Christiana,* Paris-Rome 1976, t. 1, p. 323-341 : « Le miracle de la source » ; p. 351-356 : « La *cathedra Petri* ou l'enseignement de Pierre pour la *militia Christi.* »

H. RAHNER, « *Flumina de ventre Christi.* Die patristische Auslegung von Joh 7, 37. 38 », *Biblica* 22, 1941, p. 269-302 ; 367-403.

Kl. WESSEL, « Durchzug durch das Rote Meer », *RLAC,* c. 375-389.

Chapitre VI : Le sacrifice d'Abraham

DECA, s. v. *Abraham,* c. 7-10 (F. Bisconti). *DSp,* s. v. *Isaac (le patriarche),* c. 1987-2005 (J. Gribomont). *LChr I,* s. v. *Abraham,* c. 28. *Dictionnaire de Théologie Catholique,* s. v. *Abraham,* c. 100-106 (E. Mangenot). *RLAC,* s. v. *Abraham,* c. 18-27 (Th. Klauser).

J. DANIÉLOU, *Sacramentum Futuri,* Paris 1950, p. 97-128 ; *id. Abraham dans la tradition chrétienne,* dans *Cahiers Sioniens* 5, 1951, p. 160-179.

M. DULAEY, « La grâce faite à Isaac. Genèse 22, 1-19 à l'époque paléochrétienne », *Recherches Augustiniennes* 27, 1994, p. 3-40.

M. HARL, *La Ligature d'Isaac,* dans *La Langue de Japhet, Quinze études sur la LXX et le grec des chrétiens,* Paris, 1992, p. 59-76.

D. LERCH, *Isaaks Opferung christlich gedeutet,* Tübingen, 1950.

F. NIKOLASCH, *Das Lamm als Christus Symbol in den Schriften der Väter,* Vienne, 1963.

Id., « Zur Ikonographie des Widders », *Vigiliae Christianae* 23, 1969, p. 219-220.

I. SPEYART VAN WOERDEN, « The Iconography of the Sacrifice of Abraham », *Vigiliae Christianae* 15, 1961, p. 214-255.

Chapitre VII : Daniel, les trois Hébreux et Suzanne

RLAC, s. v. *Daniel,* c. 579 ; *Jünglinge im Feuerofen,* c. 346-388. *DECA,* s. v. *Enfants dans la fournaise,* c. 814-816 (C. Carletti). *LChrI,* s. v. *Suzanna,* c. 218-231 (H. Schlosser).

Chr. BOEHDEN, « Die Suzannasarkophag von Gerona », *Römische Quartalschrift* 89, 1994, p. 1-25 (de loin le meilleur travail sur Suzanne).

C. CARLETTI, *I Tre Giovanni Ebrei di Babilonia nell'arte cristiana antica,* dans *Quaderni di Vetera Christianorum* 9, Brescia, 1975.

M. CECCHELLI-TRINCI, « Studio su Susanna nella interpretazione patristica e nell'antica iconografia cristiana », Mélanges G. L. Messina, Rome, s.d., p. 3-31.

E. DASSMANN, *Sündenvergebung durch Taufe, Busse und Martyrerfürbitte in den Zeugnissen frühchristlicher Frömmigkeit und Kunst,* Münster, 1973, p. 258-273.

M. DULAEY, « Les trois Hébreux dans la fournaise (Daniel 3) dans l'interprétation symbolique de l'Église ancienne », *Revue des Sciences Religieuses* 71, 1997, p. 33-59 ; « Daniel dans la fosse aux lions. Lecture de Daniel 6 dans l'Église ancienne », *Revue des Sciences Religieuses* 72, 1998, p. 38-50.

P. PRIGENT, *L'Art des premiers siècles. L'héritage culturel et la foi nouvelle,* Paris, 1995, p. 198-210.

M. RASSART-DEBERGH, *Les Trois Hébreux dans la fournaise dans l'art paléochrétien. Iconographie,* dans *Byzantion* 48, 1978, p. 430-455.

H. R. SEELIGER, ΠΑΛΑΙ ΜΑΡΤΥΡΕΣ, *Die drei Jünglinge im Feuerofen als Typos in der spätantiken Kunst, Liturgie und Patristischen Literatur,* dans H. Becker, R. Kaszynski, *Liturgie und Dichtung. Ein interdiziplinäres Kompendium,* II, S. Ottilien, 1983, p. 257-334 (ici p. 317-328).

Chapitre VIII : Noé

DSp, s. v. *Noé,* c. 378-385 ; *DECA,* s. v. *Noé,* 1757-1758 ; *DACL,* s. v. *Noé.*

N. Cohn, *Noah's Flood. The Genesis Story in Western Thought,* Yale University Press 1999.
J. Daniélou, *Sacramentum futuri,* Noé et le déluge, p. 53-94.
E. Dassmann, *Sündenvergebung durch Taufe...,* p. 208-222 ; p. 411-419.
Y. Frot, « L'interprétation ecclésiologique de l'épisode du déluge », *Augustinianum* 26, 1986, p. 335-348.
F. Garcia Martínez, G. P. Luttikhuisen (éd.), *Interpretations of the Flood,* Leiden 1998.
J. Gutmann, « Noah's Raven in Early Christian and Byzantine Art », *Cahiers Archéologiques A* 26, 1977, p. 63-71
J. P. Lewis, *A Study of the Interpretation of Noah and the Flood in Jewish and Christian Literature »,* Leiden 1968.
P. Lundberg, *La Typologie baptismale dans l'ancienne Église,* Uppsala 1942, p. 73-116.
H. Rahner, « Die Arche Noe als Schiffe des Heils », *Zeitschrift für Katholische Theologie* 86, 1964, p. 137-179.

Chapitre IX : Adam et Ève

G. H. Baudry, « Le retour d'Adam au paradis, symbole du salut de l'humanité », *Mélanges de Sciences Religieuses* 51, 1994, p. 117-148.
J. Daniélou, *Sacramentum futuri,* p. 3-52. *Études d'exégèse judéochrétienne. Les Testimonia,* Paris 1966, p. 53-76 : « La vie suspendue au bois ».
E. Dassmann, *Sündenvergebung durch Taufe...,* p. 232-258 ; 397-404.
J. P. Pettorelli, « Péché originel ou amour conjugal ? Notes sur le sens des images d'Adam et Ève sur les sarcophages chrétiens de l'antiquité tardive », *Recherches Augustiniennes* 30, 1997, p. 279-332.
M. Planque, « Ève », *DSp,* c. 1772-1788.

Chapitre X : Lot et sa femme

M. Dulaey, « Le salut de Lot. Genèse 19 dans l'Église ancienne », *Annali di Storia dell'esegesi* 14, 1997, p. 327-353.

Ch. Munier, « La femme de Lot », *Cahiers de Biblia Patristica* 2, *Figures de l'AT chez les Pères,* 1989, p. 132-133 (repris dans *Autorité épiscopale et sollicitude pastorale,* 1991).

A. Orbe, « Ecclesia, sal terrae segun San Ireneo », *Recherches de Sciences Religieuses* 60, 1972, p. 219-240 ; « Los echos de Lot, mujer e hijas vistos por San Ireneo (adv. haer. 4, 3, 1, 15-3, 71) », *Gregorianum* 75, 1994, p. 37-64.

M. Dulaey, « L'exégèse patristique de Genèse 13 et la mosaïque de la séparation d'Abraham et de Lot à Santa Maria Maggiore (Rome) », *Studia Patristica* 30, Leuven 1997, p. 3-7.

Chapitre XI : Les combats de David

M. Dulaey, « Les combats de David contre les monstres. 1 Samuel 17 dans l'interprétation patristique », *Rois et reines de la Bible au miroir des Pères. Cahiers de Biblia Patristica* 6, Strasbourg 1999, p. 7-51.

M. Philonenko, « *David humilis et simplex.* L'interprétation essénienne d'un personnage biblique et son iconographie », *Comptes rendus de l'Académie des Inscriptions et Belles Lettres,* 1977, p. 533-544.

Id., « L'histoire du roi David dans l'art byzantin. Nouvel examen des plats de Chypre », *Les Pays du Nord et Byzance*, Uppsala 1981, p. 353-357.

AUTEURS CITÉS

Ambroise, évêque de Milan, fin IVe siècle
Ambrosiaster, Rome, IVe siècle
Amphiloque d'Iconium, évêque, IVe siècle, Asie Mineure
André de Crète, évêque, VIIe-VIIIe siècle (Syrie-Grèce)
Aphraate le Persan, mi-IVe siècle
Arnobe le Jeune, moine à Rome, mi-Ve siècle
Astérios d'Amasée (ou Astérios le Sophiste ?), IVe siècle
Athanase d'Alexandrie, évêque, mi-IVe siècle (Égypte)
Augustin, évêque d'Hippone (Afrique du Nord), fin IVe-Ve siècle
Barsabée de Jérusalem, évêque, IIe-IIIe siècle (Palestine)
Basile de Césarée, évêque, fin IVe siècle (Asie Mineure)
Basile de Séleucie, évêque, Ve siècle (Asie Mineure)
Césaire d'Arles, évêque, VIe siècle (Gaule)
Clément d'Alexandrie, fin IIe siècle (Égypte)
Clément de Rome, évêque, Ier siècle
Colomban, VIe siècle, Irlande.
Commodien, poète, probablement fin IIIe siècle
Chromace d'Aquilée, évêque, fin IVe siècle (Italie du Nord)
Cyprien, évêque de Carthage, mi-IIIe siècle
Cyrille d'Alexandrie, évêque, Ve siècle (Égypte)
Cyrille de Jérusalem, évêque, mi-IVe siècle (Palestine)
Didyme d'Alexandrie, exégète, IVe siècle (Égypte)
Éphrem de Nisibe, diacre poète (Syrie-Perse)
Épiphane de Salamine, évêque, fin IVe siècle (Chypre)

Eusèbe de Césarée, évêque, 1re moitié du IVe siècle (Palestine)

Eusèbe d'Émèse, évêque, IVe siècle (Syrie)

Eusèbe Gallican, probablement Ve-VIe siècle (Provence)

Firmicus Maternus, mi-IVe siècle (Sicile)

Fulgence, évêque de Ruspe, VIe siècle (Afrique du Nord-Sardaigne)

Gaudence de Brescia, évêque, fin IVe siècle (Italie du Nord)

Grégoire d'Elvire, évêque, fin IVe siècle (Espagne)

Grégoire de Nazianze, évêque, IVe siècle (Asie Mineure)

Grégoire de Nysse, évêque, IVe siècle (Asie Mineure)

Hilaire de Poitiers, évêque, mi-IVe siècle (Gaule)

Hilaire d'Arles, évêque, Ve siècle (Gaule)

Hippolyte, 1re moitié du IIIe siècle (Rome ?)

Irénée, évêque de Lyon, fin IIe siècle (Gaule)

Isidore de Séville, évêque, fin VIe siècle-début VIIe siècle (Espagne)

Isodad de Merv, évêque, IXe siècle (Mésopotamie)

Jacques de Sarug, évêque, fin Ve siècle (Perse)

Jean Chrysostome, évêque, IVe siècle (Syrie-Constantinople)

Jean Climaque, moine au Sinaï, 1re moitié du VIIe siècle

Jean Damascène, moine, VIIIe siècle (Palestine)

Jérôme, moine, fin IVe siècle-début Ve siècle (Rome-Palestine)

Léonce de Byzance, VIe siècle (Constantinople)

Maxime de Turin, évêque, fin IVe siècle (Italie du Nord)

Méliton de Sardes, évêque, 2e moitié du IIe siècle (Asie Mineure)

Méthode d'Olympe, évêque, fin IIIe siècle (Asie Mineure)

Novatien, 1re moitié du IIIe siècle (Rome)

Origène, exégète d'Alexandrie, 1re moitié du IIIe siècle (Égypte-Palestine)

Paulin de Nole, évêque, fin IVe siècle (Gaule-Italie du Sud)

Philon d'Alexandrie, exégète juif (Ier siècle)

Pierre Chrysologue, évêque de Ravenne, 1re moitié du Ve siècle (Italie du Nord)

Polycarpe, évêque de Smyrne, 1re moitié du IIe siècle (Asie Mineure)

Proclus de Constantinople, évêque, 1re moitié du Ve siècle

Procope de Gaza, début VIe siècle (Palestine)

Prudence, poète espagnol, fin IVe-début Ve siècle

Quodvultdeus, évêque de Carthage, 1re moitié du Ve siècle (Afrique-Italie)

Romanos le Mélode, diacre poète, VIe siècle (Syrie-Constantinople)

Tertullien, Carthage, fin IIe-début IIIe siècle

Théodore de Mopsueste, évêque, IVe-Ve siècle (Syrie)

Théodore le Studite, moine, fin VIIIe siècle (Constantinople)

Théodoret de Cyr, 1re moitié du Ve siècle (Syrie)

Théophile d'Antioche, évêque, IIe siècle (Syrie)

Victorin de Poetovio, évêque, 2e moitié du IIIe siècle, Pannonie (Slovénie)

Zénon de Vérone, évêque, fin IVe siècle (Italie du Nord)

N.B. : Pseudo-Cyprien, Pseudo-Augustin etc. sont la dénomination d'auteurs anonymes, dont les œuvres ont parfois été transmises dans les manuscrits avec celles des auteurs en question, ou qui en sont proches géographiquement, chronologiquement et conceptuellement.

TABLE DES ILLUSTRATIONS

À l'exception de celui de la p. 57 tous les documents proviennent de la Pontificia Academia di Arte Cristiana, Rome.

TABLE

Chapitre I

Chapitre II

Chapitre III

Chapitre IV

Chapitre V

Chapitre VI

Chapitre VII

Chapitre VIII

Chapitre IX

Chapitre X

Chapitre XI

Imprimé en France sur Presse Offset par

BRODARD & TAUPIN

GROUPE CPI

La Flèche (Sarthe).
N° d'imprimeur : 9784 – Dépôt légal Édit. 16227-11/2001
LIBRAIRIE GÉNÉRALE FRANÇAISE - 43, quai de Grenelle - 75015 Paris.

ISBN : 2-253-90574-7

42/0574/6